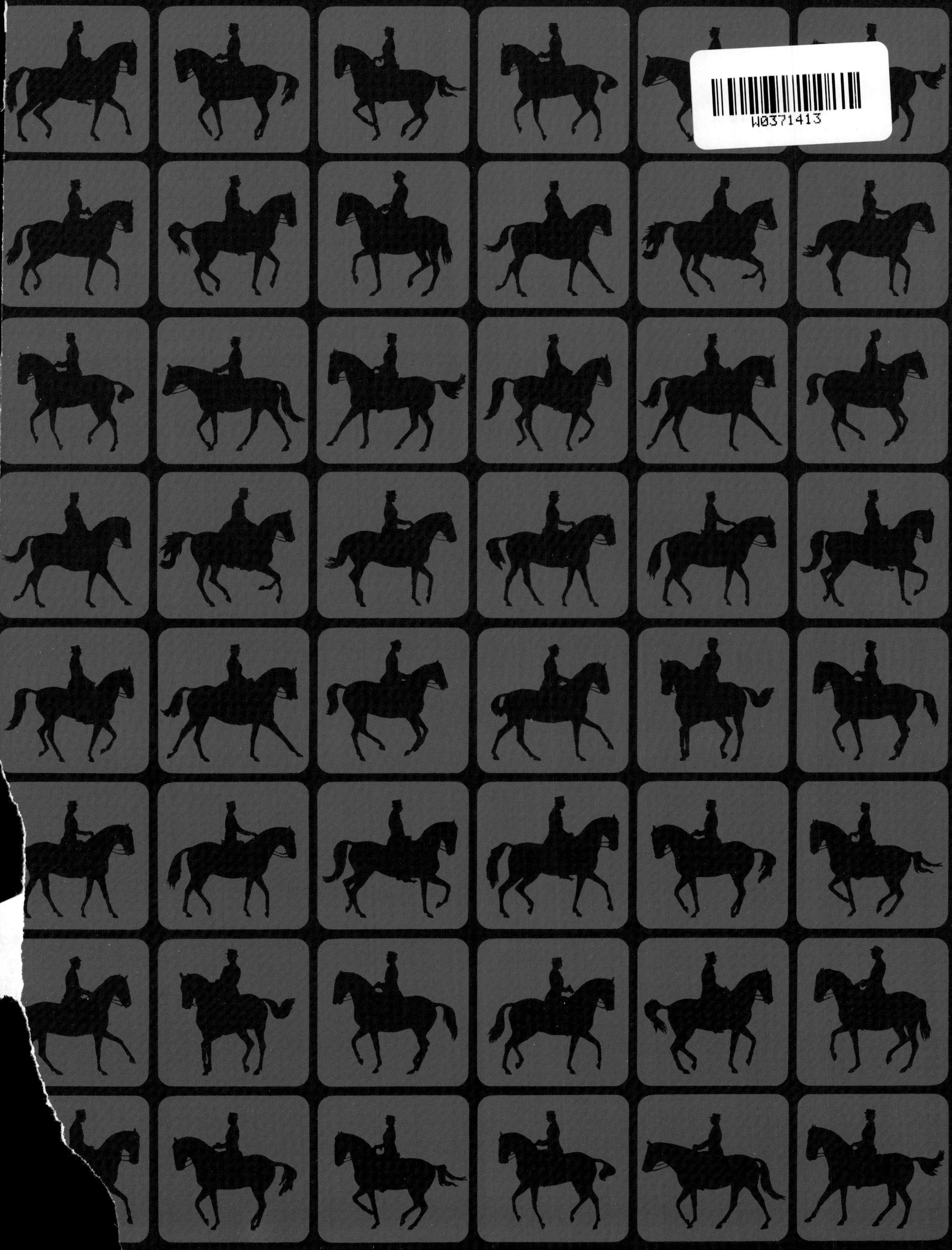

HANS-HEINRICH ISENBART

pa-da-bam

Freude mit Pferden

HANS-HEINRICH ISENBART

pa-da-bam

Freude mit Pferden

Mit Fotos von
Gabriele Boiselle
Monika und Hans D. Dossenbach
Werner Ernst
Jacques Toffi, u. a.

Müller Rüschlikon

Symbol des hochfliegenden Geistes war Pegasus, das Flügelroß. Athene schenkte das aus dem Blut der Medusa geborene Tier dem Sohn des Poseidon, Bellerophon. Mit seiner Hilfe vollbrachte er große kriegerische Taten. Doch als sein Stolz ihn antrieb, sich mit dem Flügelpferd zu den Göttern aufzuschwingen und auf den Olymp zu fliegen, da stürzte ihn Zeus von seinem Reittier zur Erde nieder. (Griechische Silbermünze, um 330 v. Chr.)
Rechts: In der Provence.

Projektentwicklung, Gestaltung und Produktion:
Motovun (Schweiz) Verlagsgesellschaft AG, Luzern

Lektorat der deutschsprachigen Ausgabe: Carola Nowak

ISBN 3-275-01240-1

1. Auflage 1997

Umschlaggestaltung: Anita Ament
Umschlagfoto Vorderseite: © Sorell

Satz: F. X. Stückle, D-77955 Ettenheim
Foto-Lithos: AD.VER srl, Bergamo
Druck und Verarbeitung: Editoriale Libraria, Triest

Printed in Italy

INHALT

PA-DA-BAM

– das ist ein Ausschnitt aus
einer Kette
von Dreitakten.

PA-DA-BAM
das ist ein Walzer,
bei dem der Akzent
auf der *drei* liegt:
eins-zwei-*drei* – eins-zwei-*drei* –
eins-zwei-*drei.*

PA-DA-BAM – PA-DA-BAM –
PA-DA-BAM
– das ist Rhythmus
und Melodie,
das ist Bewegung und
Freude und schwingendes,
schwungvolles Vorwärtsstreben.

PA-DA-BAM
– das ist Wind im Gesicht
und Blick über
zwei gespitzte Pferdeohren
in die Welt
und darunter der rhythmische
Dreitakt des Hufschlags.

PA-DA-BAM
– das ist Glückseligkeit
und das Ziel
aller Wünsche.

PA-DA-BAM – das ist Galopp!

Oben: Das ist das Schweben über dem freischwingenden Rücken des Pferdes. Die Reiter des Ostens ritten im Entlastungssitz mit kurzen Bügeln, lange bevor er im Westen Einzug hielt. Kaukasische Pferdehirten auf ihren kräftigen Kabardiner Pferden im Wettrennen.

Links: Das Vorbild: Freischwingend der Rücken ohne die Last des Reiters, Galopp auf der Weide.

PA-DA-BAM –
DAS IST GALOPP!

So soll galoppiert werden – PA-DA-BAM – in dieser schwingenden Gangart, die den Menschen im Sattel weniger auf- und niederstößt als vielmehr schaukelt, wiegt, die ihn vorwärtsträgt, möglicherweise mit einer Geschwindigkeit, die ihm durch den scharfen Luftzug Tränen in die Augen treibt, die ihm eine ungeahnte Geländegängigkeit verleiht, eine erweiterte Bewegungsmöglichkeit, die er mit den eigenen Gliedmaßen nie erreichen könnte und die ihn die mächtige Kraft spüren läßt in dem federnden Rücken, der ihn trägt.

Ganz nüchtern und präzise wird diese Gangart in allen Reitlehren beschrieben, mit genauer Fußfolge und genauem Bewegungsablauf. Das Prädikat «schwungvoll» wird ihr zugebilligt. Das beseligende Weitegefühl aber kann man nur im Sattel erfahren. Wir immer bewegungsärmer gewordenen Menschen, die wir gerade die hundert Schritte zur Straßenbahn oder zum Bus gehen, die wir oft genug vor der Haustür ins Auto steigen, um zum Briefkasten zu fahren, wir Sklaven des modernen Verkehrs, wir mögen uns wohl im Unbewußten solch ein rhythmisches Dahinschweben wünschen, reitend auf dem Schwung einer Welle im Tosen der Luft, weil wir im Alltag, eingeschlossen von Blech und Glas, mit hundert «Pferdestärken» unter der Motorhaube dahinrasen. Ist dies vielleicht die Wurzel der Faszination durch die Geschwindigkeit, die animalisch erzeugt wird, auf vier Beinen, durch ein Tier, das uns trägt und groß und schnell macht, dessen Heben und Strecken wir unter dem Sattel so deutlich fühlen können?

Der Galopp, das klingende PA-DA-BAM der Hufe, ist die große Sehnsucht der Reiter. Denn,

Links: Der Bewegungsablauf im Rechtsgalopp. Oben fußt zuerst das linke Hinterbein. Es schiebt kräftig an, bis die linke Diagonale auffußt (gleichzeitig hinten rechts – vorn links). Der dritte Takt ist das Fußen des rechten Vorderbeins. Dieses sorgt durch energisches Abstemmen für den Aufwärtsschwung in den Moment der freien Schwebe. Dann rollt die Bewegung in drei Takten weiter.

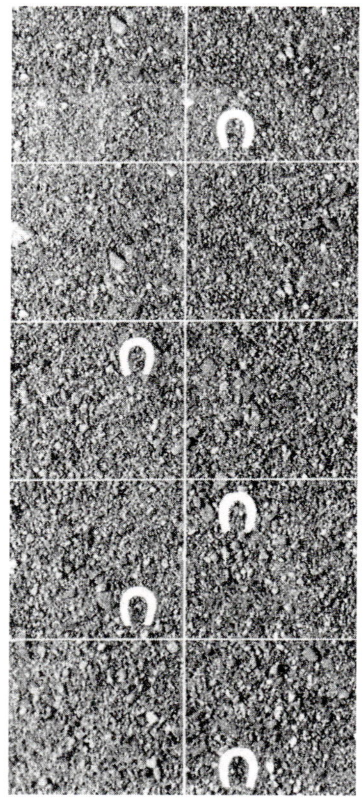

Oben: Die Hufspuren im Rechtsgalopp von unten nach oben: Linker Hinterhuf – linke Diagonale (rechts hinten und links vorn gleichzeitig) – rechter Vorderhuf.

Wenn Du von Deinem Pferd die äußerste Leistung
verlangen mußt, verlasse Dich auf Deinen Freund.
Lasse Dich von ihm tragen und genieße seine Kraft.
Denn Ihr beide liebt den Galopp.

so sagt ein altes Reiterwort: «Das Leben ist zu kurz, um Schritt zu reiten und schlechten Wein zu trinken.»

Ach, wenn man erst einmal ein wenig von der körperlichen Fähigkeit erlangt hat, im Sattel zu balancieren, mit der Bewegung des Pferderückens mitzuschwingen, die Angst vor dem Vorwärtsstürmen zu verlieren, wenn man erst einmal keck geworden ist durch das Lernen mit Pferden, die nicht davonrennen, dann wird die Sehnsucht nach dem Galopp immer stärker. Dann sucht man jede Gelegenheit, um den Walzertakt auf vier Beinen auszukosten. Freilich, jeder Galopp bedarf der Regelung, jede Geschwindigkeit muß beherrschbar bleiben. Takt und Rhythmus müssen stimmen. Das lernt man schnell, wenn man zu früh zu viel gewagt hat. Dann erfährt man, daß ein braves Mietspferd, das man in den Anfängerstunden in der geschlossenen Reitbahn so gut kennengelernt zu haben glaubt, draußen, ohne die beschränkende Bande der Bahn, ganz anders sein kann.

Oben: Galopp, der das Herz jubeln läßt. Kein Huf am Boden. Reiterin und Pferd sind eins, und eines nur sagt beider Blick: Vorwärts! Rennbahngalopp in der Military. Hier ist das Pferd noch heute ein echter Kampfgefährte des Reiters, hier sind beide zu äußerster Leistung bereit. Augenfälliger kann die Einheit von Mensch und Pferd nicht demonstriert werden. Badminton, die berühmteste Military der Welt. Auf der Rennbahn ‹Night Cap› mit Virginia Holgate, die diese Prüfung zwei Jahre später gewann und 1986 Weltmeisterin wurde.

«Wenn ich über eine Wiese
galoppiere, ist das wie
der Himmel auf Erden.»

Martina Hingis, Tennisspielerin

Oben und rechts: Den Jungen und den Kindern kann es nie schnell genug gehen. Galopp, die einzige Gangart, die zu reiten lohnt. Dafür hat man sich geplagt in der Reitbahn, dafür hat man endlose Stunden in der Reitabteilung sitzen gelernt, um dann endlich galoppieren zu können, schnell galoppieren, in einem Ponyrennen.

Wie waren wir froh und stolz, wir Kinder und Halbwüchsige, als wir nach ausgiebiger, gehöriger Übungszeit auf den uns schon so vertraut gewordenen Mietpferden, die lange geduldig unsere zuerst so unbeholfenen Sitzübungen ertragen hatten, als wir nach all der Plage mit den durchrittenen Hintern und den blutig gescheuerten Beinen von unserem Reitlehrer vernahmen, daß wir nun ausreiten durften. Das war in Hamburg, in der Reitschule am Rothenbaum, also mitten in der Stadt. Damals gab es noch Reitwege in der Stadt, Sandstreifen neben den Bürgersteigen, auf denen zwei Pferde nebeneinander gehen konnten. Sie führten, mit einigen kurzen Unterbrechungen, von der Reitschule bis in den Hamburger Stadtpark. Dort gab es dann breitere Wege und auch eine Wiese, auf der in allen Gangarten geritten werden konnte. Aber der Weg dahin war doch ziemlich lang.

Eine Reitabteilung von zwölf Jungreitern machte sich auf den Weg. Vorn der Reitlehrer, ein vorzüglicher Ausbilder und glänzender Reiter, der viele, auch schwierige Pferde zu Turnierehren gebracht hatte, dazu ein Pädagoge mit einem Herzen auch für die Kinderseelen. In seiner Sprache verleugnete er seine Heimat im hohen Norden nicht, der Inhalt seiner Sätze war wichtiger als die Grammatik. Sorgfältig kontrollierte er Sattel- und Zaumzeug seiner Abteilung und führte uns aus dem Tor, sechs Reiterpaare in übersichtlicher Formation. Ganz hinten drei Jungs, so zwischen zwölf und vierzehn. Mein Freund Kurt ritt einen großen, etwas knochigen Braunen namens *Pompejus*, der in der Reitbahn im Trab ein elender Knochenschüttler war, weil er so steile Fesseln hatte. Auf ihm konnte man wirklich sitzen lernen. Von ihm wird in diesem Buch später noch die Rede sein. Jonny, der älteste von uns, in der Schule zwei Klassen über mir, saß auf *Brillant*, einem etwas schmalbrüstigen Fuchs, der eine bessere Dressur gehen konnte, wenn man ihn vorsichtig ritt, und der für die fortgeschrittenen Schüler schon zuweilen auf Kandare ging. Ich durfte *Perle* reiten, eine zierlich kleine Fuchsstute, die viel Blut hatte und von der es hieß, sie sei mal auf der Rennbahn gelaufen. Ich ritt also ein Rennpferd und war sehr stolz darauf.

INTER
SPORT

Wir drei Lausbuben hatten uns listig ganz hinten in der Abteilung eingeordnet. Denn natürlich hatten wir uns was vorgenommen. Aber zunächst mal ging es in geschlossener Formation durch die Straßen auf den Reitwegen, über eine Brücke, dann ein Stück über das Pflaster mit hellem Geklapper der Hufeisen auf den Steinen. Und die Autos fuhren ganz langsam und vorsichtig an der Abteilung vorbei.

Als dann aber wieder die Reitwege begannen, wurde auch schon mal angetrabt. Ganz ruhiges Tempo, die Abteilung dicht geschlossen. Immer wieder Kontrollblicke des Reitlehrers nach rückwärts, aber alles ging tadellos. Anständige Pferde. Dann aber war unsere Ungeduld denn doch zu groß. Wir drei da hinten nahmen die Zügel etwas fester in die Hand, verlangsamten das Tempo immer mehr und gewannen so einen gehörigen Abstand zur Gruppe vor uns. Meine gute *Perle* wurde schon ganz zappelig, und auch *Brillant* ging mächtig gegen den Zügel. Sie wollten zu den anderen Pferden. Na, also dann: Ab, Galopp! Wer ist zuerst wieder bei der Abteilung? Das war es, was wir wollten. Wir wollten doch galoppieren! Na schön, das ging ja auch zwei- oder dreimal ganz gut. Aber wir hatten doch mächtig zu ziehen, um unsere Pferde hinter den anderen wieder abzubremsen.

Na, dann noch mal. Da war aber meine *Perle*, das «Rennpferd», immer hitziger geworden. Die Sache machte ihr Spaß. Nur daß sie nach fünfzig Metern Galopp dann hinter den anderen Pferden bleiben sollte, das paßte ihr gar nicht. Das hatte sie wohl auf der Rennbahn anders gelernt. Nach vorn wollte sie, ganz nach vorn. Also machte sie dann beim nächsten Mal trotz der verzweifelten Bemühungen ihres Reiters hinter den letzten Pferden der Abteilung einen Satz zur Seite, statt durchzuparieren, sprang vom Reitweg aufs Straßenpflaster, daß unter den Hufeisen die Funken stoben, und klabasterte mit hell klingendem PA-DA-BAM an der ganzen Abteilung – und am Reitlehrer – vorbei an die Spitze, dorthin, wo sie hingehörte. Auf ihrem Rücken, krampfhaft in den Zügeln hängend, die Steigbügel nach vorn ausgetreten, mit ganz vergeblichen Bremsversuchen der Knabe, der so gerne galoppieren wollte, nun aber wirklich im Angstschweiß.

Perle zog, als sie die anderen überholt hatte, wieder nach rechts auf den Reitweg, denn auf den Pflastersteinen hatte sie doch wohl ein unsicheres Gefühl in den Hufen. Und nach hundert Metern im flotten Galopp ließ sie sich ganz brav durchparieren. Ihr Ziel hatte sie erreicht: Wenn man sie schon galoppieren ließ, dann wollte sie auch an die Spitze des Feldes.

Kehrt und im Schritt zurück, der Abteilung entgegen. Und auch das war keine Schwierigkeit, denn nun wollte auch die Stute wieder zu den anderen Pferden. Die waren in Schritt gefallen, und die Reiter hatten mit Entsetzen dem davonbrausenden Rennreiter nachgesehen. Und der Reitlehrer machte ein Gesicht – ein Gesicht ...

«Wo'ans kömmt es, mein Sohn, daß du dein Pferd nicht beherrschen tust?» So klang es in rauhem Baß dem Knaben entgegen, bei dem *Perle* nun mit gerundetem Hals vorbildlich am Zügel ging. «Das kömmt von der Juxerei da hinten! Glaubt ihr, das seh ich nicht? All drei hier vorne zu mir. Euch Bengels kann man ja nicht aus den Augen lassen. Disziplin gehört da rein, das ist das erste bein Reiten!»

Na ja, wie drei begossene Pudel ritten wir nun unter direkter Aufsicht des Reitlehrers ganz brav den ganzen Weg in den Stadtpark und wieder zurück. Ich hatte was auszuhalten von den Freunden, denn ich hatte doch mit meiner Extratour den beiden anderen das Galoppieren hinter der Abteilung vermasselt. Das Wort des Reitlehres aber blieb geflügelt in der Reitschule an Hamburgs Rothenbaum. Wenn irgendwo in der Reitbahn oder im Stall etwas schiefging, wenn einem ein Pferd auf den Fuß trat oder in der Reitstunde ein Tier überhaupt nicht in den Galopp zu kriegen war, dann kam's von allen Seiten: «Wo'ans kömmt es, mein Sohn ...»

Die Glückseligkeit des PA-DA-BAM beginnt eben nicht gleich mit dem Dreitakt des Galopps. Nein, die Lehre, in die das Pferd den Menschen nimmt, der von der Passion für die Reiterei ergriffen ist, fängt viel früher an. Sie beginnt schon im Stall mit der Fürsorge und dem Schutz, die der Mensch dem Tier angedeihen lassen muß, wenn er selbst an ihm Freude haben will. Dies ist

Linke Seite: Auch Pferde lieben den Galopp. Zwar ist es ihre Fluchtgangart. Aber auch die Bewegung des Spielens und Tobens. Das Pa-da-bam der Hufe auf dem Boden scheint sie zu ermuntern, und manchmal erklingt es aus ihrer Kehle wie ein Jauchzer, wenn sie einen fröhlichen Bocksprung einlegen. Das Rauschen des Wassers läßt sie hohe Bogensprünge machen, wie ein Reh im hohen Gras. Ist man sich seines Sitzes sicher, ist es eine wahre Lust, die Bewegungsfreude des Pferdes zu teilen.

Man glaubt das wohlige Prusten des Pferdes zu hören. Ausritt in der Stille ohne Sattel, ohne Gebiß im Pferdemaul, einfach nur Halfter, zwei Stricke als Zügel und blanker Pferderücken. Ein kleiner Galopp auf der Wiese, und dann – spazierengehen. Die zwei kennen sich.

ja ein Tier, dem der Mensch seine Welt genommen hat, sein weites, freies Reich, in dem es einst ungehindert schweifen konnte, im Herdenverband mit seinen Artgenossen. Das müssen wir uns und jedem Anfänger immer wieder klarmachen: Die Welt des Pferdes ist nicht die Welt des Menschen, und wenn es uns dienen soll, müssen wir zuerst dieses Wesen zu erkennen suchen, um zu begreifen, daß wir mit menschlichen Begriffen allein nichts ausrichten können gegen die Natur des Pferdes. Gerade bei diesem Tier, dem wir in seinem Leben so enge Grenzen gegen seine Natur gesetzt haben, erfahren wir unversehens unsere eigenen Grenzen.

Und wenn wir uns denn, von der Passion getrieben, bereit finden, bei den Pferden, die wir doch beherrschen und an denen wir Freude haben sollten, wirklich in die «Lehre» zu gehen, muß unsere Vernunft uns zum Gefühl führen, zur Einfühlung in ein unvernünftiges Tier, in seine instinktgemäßen Reaktionen. Und diese Vernunft muß uns lehren, aus unseren menschlichen Kategorien herabzusteigen, um dem Tier näherzukommen. Ist es denn wirklich ein «Herab»-steigen? Wenn wir die erste Lehre, die der Mensch vom Pferd empfängt, ganz ernst nehmen, besteht schon hier die Chance, daß wir dabei menschliche Eigenschaften ablegen, die uns schon immer auch im Umgang mit unseresgleichen im Wege gewesen sind: Hochmut und Eitelkeit.

Wer aber zu Pferde steigt, um ernsthaft zu lernen, fängt ja nicht nur mit dem Körper an. Er lernt nicht nur seine ängstlichen Verkrampfungen loszuwerden, lernt Losgelassenheit und Balance im Sattel und das Eingehen in die Bewegungen des Pferdes. Er lernt nicht nur das «Sitzen» als Grundlage alles weiteren Lernens. Er muß auch das andere lernen: die Losgelassenheit des Geistes, die Balance des Gefühls und das Eingehen auf das Wesen des Pferdes. Und hier beginnt schon von Anfang an der Kampf gegen sich selbst, der Kampf gegen Feigheit, Dünkel, Trägheit und ungezügelten Zorn. Wer diese ersten Lehren der Pferde – im Sattel, aber auch im Stall und auf der Weide – nicht ernst nimmt, wird sich später nicht mit Fug und Recht als Reiter bezeichnen dürfen.

Das Pferd ging einen langen Weg mit den Menschen – bis heute – bis in das Zeitalter des Sport- und Freizeitkameraden. Krieg und Arbeit bestimmten einst sein Dasein. Es hat sich nicht geändert. Auf dem Rücken der Pferde lag unsere Geschichte. Nie ging ein Tier so völlig im Dienst des Menschen auf.

Es braucht keine Meisterschaft im Sattel, um ein guter Reiter zu sein. Auch ein «Sonntagsreiter» darf reines Glück empfinden im Gefühl des Zusammenwachsens mit seinem Pferd, wenn er Vertrauen empfängt von einem Wesen, das gelernt hat, selbst zu vertrauen. Durch die Schule des Gefühls aber muß ein jeder gehen, der mit Pferden Freude haben will.

Unten: Das Pferd im Kampf. Alexander der Große und sein Pferd Bucephalos in der Schlacht von Issos (333 v. Chr.). Das Alexander-Mosaik aus dem Hause des Fauns in Pompeji, Kopie eines griechischen Werks aus dem 4. Jahrhundert v. Chr., Museo Nazionale, Neapel.

Rechts: Das Sinnbild friedlicher Arbeit mit Pferden. Die stille, unauffällige Rolle, die das Pferd bei der Arbeit für das tägliche Brot über Jahrhunderte spielte, und die es in manchen Ländern bis heute leistet, war – und ist – vielleicht die wichtigste. Das Bild des Landmanns mit Pflug und Pferd steht am Anfang der Kulturgeschichte der Menschheit. Die ruhige Gewißheit friedlichen Dienstes ist in der Geschichte der Gemeinsamkeit von Mensch und Pferd das innigste und beglückendste Verhältnis.

Den Menschen Freude zu machen, das ist die heutige, in den hochzivilisierten Ländern wohl noch die einzige Aufgabe, die den Pferden geblieben ist. Ist es vielleicht auch die schönste Aufgabe? Nicht nur *von* Pferden zu lernen, auch *über* Pferde zu lernen gehört zum Weg des Menschen, der ein Reiter werden will. Dazu ist ein kurzer Rückblick schon vonnöten.

In der Steinzeit jagten die Menschen die umherschweifenden Pferdeherden des Fleisches wegen. Neben den Wildrindern malten sie Pferde als ihre Beutetiere an die Höhlenwände. Zweitausend Jahre vor Christi Geburt sehen wir Pferde im Dienste der Menschen vor ihren Streitwagen als Kriegsinstrumente. Im 13. Jahrhundert vor Christus kämpften ägyptische Krieger auf ihren Streitwagen gegen die Hethiter, die auch schon auf die Pferde gestiegen waren und als Kavalleristen fochten. Von ihnen lernten die Griechen das Reiten. Schon zu dieser Zeit waren Pferde ganz gegen ihre Natur abgerichtet, Menschen auf ihrem Rücken zu tragen und einem klirrenden, brüllenden Kampfgetümmel entgegenzustürmen, vor dem sie als Fluchttiere, ihrem Instinkt folgend, am liebsten geflohen wären.

Die Perser ritten besser als die Assyrer. Unter dem Großkönig Kyros durfte kein Reiterkrieger je zu Fuß gehen. Alexander der Große besiegte die Perser mit dem makedonischen Heer – auf dem Rücken seines Pferdes Bukephalos. Schwergepanzerte Ritterheere auf kaltblütigen Rössern hielten die maurischen Reiter auf ihren leichten edlen Pferden von ihrem Ausfall aus der Iberischen Halbinsel nach Europa ab. In der Schlacht bei Roßbach, 1757, siegte General Seydlitz für seinen König Friedrich mit den Attacken von 38 Schwadronen Kavallerie über Reichsarmee und Franzosen. Am 18. Juni 1815 ritten bei Waterloo fünfzehntausend französische gegen siebzehntausend englische und alliierte Reiter. Zwanzigtausend Pferde blieben auf dem Schlachtfeld. Die letzte Massenattacke der Militärgeschichte wurde 1898 bei Omdurman geritten, als ein britisches Kavallerieregiment unter General Kitchener eintausend Mahdi-Krieger angriff. Doch schließlich wurde das Feld durch das Feuer aus britischen Karabinern behauptet.

Kriege – Kämpfe – lange Märsche – Wanderungen, das war das Schicksal von Pferdemassen bis in unser Jahrhundert. Und schwere Arbeit – auf den Feldern der Bauern und tief unter Tage in den Kohlegruben. Überall, wo es zu ziehen und zu tragen galt, war das ohne Pferde aller Rassen nicht zu bewerkstelligen – bis die Maschinen die Pferde entbehrlich machten. Von all diesen Aufgaben sind sie erlöst. Heute sind sie Freizeit- und Sportkameraden der Menschen. Nun dienen sie weiter, und nun mögen zuweilen Zweifel auftauchen, ob sie damit von ihren Leiden durch die Menschen erlöst sind. Denn Pferde sind Pferde geblieben, ihrer Natur und dem, wofür sie ursprünglich geschaffen waren, treu bis auf den heutigen Tag.

DAS PFERD FÜR DIE FREUDE

Man kann an vielen Pferden Freude haben, ohne sie zu besteigen. Jene aber, die wir reiten wollen, sollten sorgfältig ausgesucht sein. Wir suchen keine Ware für Geld. Wir suchen einen Freund.

Freundschaft ist ein Pakt auf Gegenseitigkeit. Freude *an* einem Freund ist Freude *mit* einem Freund. Freundschaft mit einem instinktgefesselten Tier beruht auf gegenseitigem Verständnis, und man sagt, daß das Pferd den Menschen schneller und besser verstehe als der Mensch das Pferd. Wer Freundschaft mit Pferden sucht, muß viel von ihnen lernen, vor allem: das Pferd wie ein Pferd zu behandeln und nicht wie einen Menschen.

Dazu muß der Mensch das Bestreben aufgeben, zu regieren, ohne zu verstehen. Erst wenn der Mensch das Pferd verstanden hat, kann er auf Verständigung mit ihm hoffen. Nachgeben können lehrt die erste Lektion, denn Mißverständnisse führen oft zur offenen Widersetzlichkeit, und da ist der Mensch allemal der Schwächere.

Wer sich einen Freund wählt, sollte viel von ihm wissen. Ohne einen Blick auf Herkommen und Wurzeln sind Gegenwart und Zukunft nicht in den Blick zu nehmen. Dazu sollte ein Blick in die faszinierende Vergangenheit dieses Lebewesens gut sein. Denn: Das Pferd lebte auf der Erde schon seit Millionen Jahren, als es zum ersten Mal dem Menschen begegnete.

Das Pferd ist das stolzeste unter den Tieren, da es auch dem eigenen Herrn gegenüber nicht unterwürfig ist, und das höflichste, da es dem Fremden gegenüber nicht widerwillig ist: Es behandelt jeden gleich.

ALESSANDRO ALVISI (1887–1951)

Oben: So sah das Tier aus, das die Wissenschaftler ‹Erstpferdling› nennen: Eohippus oder Hyracotherium, das klippschlieferähnliche, fuchsgroße Säugetier. Vor fast sechzig Millionen Jahren durchstreifte es den feuchtheißen Urwald unter Mammutbäumen und Sumpfzypressen und nährte sich von Blättern. Dies ist der früheste Vorfahr unserer heutigen Pferde.

Linke Seite: Das Pferd für die Freude. Ist es nicht eine Freude, ein Pferd zu sehen, das sich seines Lebens freut? Hier, in Freiheit und ohne Reiter, sieht man am besten, was für ein Pferd das ist. Und da sind manche, die man lieber mit Freude an ihnen auf der Weide betrachten möge, statt sie als Reitpferd für sich auszuwählen. Denn Sattelfestigkeit und reiterliche Fähigkeiten sollten dem Tier angemessen sein.

Wie ich diese Kaltblüter liebte! Sie waren das Glück meiner Sommerferien. Kaum waren wir angekommen – in Schlesien, auf dem großen Hof, bei meinem Onkel, jedenfalls nannten wir ihn so –, war ich schon im Pferdestall. Da standen sie in einer langen Reihe in ihren Ständern mit den massiven Wänden dazwischen. Und ich saß dann im Stroh unter der Krippe, dicht neben ihren stämmigen Vorderbeinen mit den langen Haaren um die Fesseln über den großen, schweren Hufen. Sie beugten die mächtigen Köpfe herunter und sahen mich kleinen Floh aus ihren guten Augen mit freundlicher Gelassenheit an.

Mein Freund ist ein Riese. Wir kennen uns. Er steht immer ganz still, wenn ich ihn streichle.

Wenn ich einen der Stalleimer erwischen konnte, die meist sauber aufgestapelt in einer Ecke der Futterkammer standen, dann konnte ich von dem umgekehrten Eimer aus mit einigem Gewackel eine der Trennwände erklimmen. Und dann gelang es mir manchmal, von der Wand aus auf den breiten Rücken eines Pferdes zu gelangen. Da saß ich nun mit den Händen in der dicken, nach beiden Seiten herabhängenden Mähne und fühlte unter mir die Wärme des Rumpfes, das Spiel der Muskeln und das leichte Schwanken, wenn das Pferd sein Gewicht von einem Bein auf das andere verlagerte. Ich durfte da auch sitzenbleiben, wenn gefüttert wurde. Und wenn dann die großen Portionen Hafer, mit Häcksel vermischt und angefeuchtet, in die Krippen geschüttet waren, dann war der ganze Stall bis zur Bogendecke voll mit dieser Sommermusik, dem Schnurpsen und Mahlen vieler Pferdemäuler. In diese Melodie der Ruhe mischte sich zuweilen ein dumpfer Paukenschlag, das Aufstampfen eines schweren Hufes, und als heller Ton darüber das Klirren der Ketten, mit denen die Pferde angebunden waren. Und bei genauem Hinhören konnte man auch das leise «Witsch-Witsch» vernehmen, wenn die dicken, lockigen Schweife gegen die Flanken schlugen, um die Fliegen zu vertreiben.

Das waren meine ersten Ritte, und wachgeblieben ist ihre Poesie mit dem einlullenden Geräusch und mit dem Gefühl absoluter Sicherheit auf dem Pferderücken.

Später dann, größer und kecker geworden, zuerst unter Aufsicht, dann allein, kamen die Ritte in die Schwemme, am Abend nach der Feldarbeit. Oh, das war was! Der schwingende Schritt, das Schaukeln da oben, das erst etwas bängliche Abwärts auf der Rampe ins Wasser. Die Pferde bis über den Bauch im Wasser, das gewaltige Schlagen mit den Vorderbeinen, daß die Fontänen bis über den Rücken spritzten, die Angst, das Pferd könne sich vielleicht hinlegen. Und der Ritt zurück in den Stall, wo jedes Pferd von selbst seinen Stand ansteuerte, ohne gelenkt zu werden, denn sie trugen nur Halfter, sonst nichts. Nur unter der Stalltür mußte man sich tief in die dicke Mähne bücken, da war nicht viel Platz unter dem Türbalken.

Diese Pferde mußten schwer arbeiten. Ich erlebte sie in meinen Sommerferien, die in die Erntezeit fielen. Und ich durfte später auch ein Gespann fahren, vor dem langen Leiterwagen, im Trab hinaus aufs Feld, wo die Hocken schon in langer Reihe standen und die Männer mit den langstieligen Gabeln. Da wurden die Wagen hoch bepackt mit den Garben, die Stengel nach außen, die Ähren nach innen. Und die beiden Kaltblüter gingen ohne Leine, nur auf Zuruf von Hocke zu Hocke. Sie kannten ihre Aufgabe genau, und je schwerer der Wagen wurde, um so wuchtiger warfen sie sich auf das «Hüühoo» in die schweren Kumte und brachten die Last ins Rollen. Sie arbeiteten während der Ernte acht bis zehn Stunden am Tag mit vier Futterpausen. Sie fraßen ihre fünfundzwanzig Pfund Hafer täglich und waren dabei kerngesund.

Kaltblüter, belgisches und rheinisch-deutsches Kaltblut, waren die ersten Pferde meiner Sommerfreuden. Und nicht viel später das abso-

Zu Kindern haben Pferde ein besonderes Verhältnis.
Kinder üben durch bedingungsloses Vertrauen
eine zarte Macht über sie aus,
und Rücksicht auf junges Leben ist
eine Regel der Natur.

lute Gegenstück: Vollblüter. Denn auf dem Gut, wo die Schwergewichte vor den Erntewagen gingen, standen auch edelste Pferde für die Rennbahn. Da wurden Vollblüter gezüchtet.

Du meine Güte, als ich zum ersten Mal auf so einem Tier saß, bei einem Familienausritt! Wo war da der breite, bequeme Sitz? Vor mir diese schmalen Schultern, der schlanke Hals, und man hatte sozusagen überhaupt nichts zwischen den Beinen. Nun, ich hatte da schon Warmblüter geritten, ich konnte ein bißchen sitzen, auch im Gelände, ich war auch schon ein wenig Tempo gewohnt, ich kannte die Ecken der Reitbahn, die Waldwege und freie Wiesen. Aber das hier, und so ein komischer Schritt ...

Vollblüter sind Rennpferde, so dachte ich, und ein paar von jenen, mit denen wir unterwegs waren, hatten die Rennbahn auch schon kennengelernt. Mein Vater ritt auf einer älteren Zuchtstute, die gute Rennen gelaufen war, *Burg Brohl* hatte sich schon einen Namen gemacht. Aber mein Vater, Renn- und Jagdreiter, konnte so ein Tier auch halten, wenn es weglaufen wollte. Und ich? Saß auf einer zierlichen jungen Apfelschimmelstute, *Graukehlchen*, ein wenig zappelig kam sie mir vor. Also bloß die Beine weg und die Hand dranlassen. Ich hatte so meine Sorgen. Und da kam der Bahnübergang, den wir passieren mußten. *Burg Brohl* vorneweg, wir hinterher. *Graukehlchen* aber waren die blanken Schienen zu unheimlich. Sie scheute, ging rückwärts.

«Na komm schon», rief es von vorn. Da nahm ich die Beine ran. *Graukehlchen* machte einen kleinen Satz und landete zwischen den Schienen. Da hatte ich wohl einen sehr strammen Zügel in der Hand. Vollblüter und «Weglaufen», das war meine Angst. Der Zügel aber war zu stramm, denn nun stieg die kleine Stute. Und weil sie das noch nicht richtig konnte, gab es einen Krach. Und als ich wieder sehen konnte, stand ich neben *Graukehlchen*, die sich mitten auf dem Bahnübergang gerade wieder aufrappelte. Wir hatten uns überschlagen. Mein Vater sah sich um.

«Hast du dir weh getan?» – «Nee.» – «Dann halte dein Pferd fest!» Gleich neben dem Bahnübergang saß ich wieder auf. Es war alles so schnell gegangen.

Und wieder saß ich auf diesem zarten Geschöpf und wußte nicht, wie vorsichtig ich mit ihm umgehen sollte. So ging es weiter, bis zum ersten Stoppelfeld.

«Ganz ruhig angaloppieren, nur ganz ruhig kantern! Stillsitzen, und ruhig mit der Hand! Und nicht ziehen!!!»

Und dann ging's ab. Natürlich zog ich aus Angst, das Rennpferd würde mir durchgehen. Ich zog, und *Graukehlchen* packte das Gebiß und zog los. Vor mir zwei gespitzte Ohren, ein langer Pferdehals, unter mir alles stramm und fest, und im Rhythmus des Galopps zog es mir bei jedem Ausgreifen die Arme nach vorn. Ich hatte richtig «die Hände voll».

«Nun laß doch los», hörte ich, als ich neben meinem Vater war. «Und wenn du mal annimmst, mach die Beine zu!»

Loslassen! Du meine Güte, auch noch loslassen! Ging das? Vor mit der Hand. Nanu? Kein Blitzstart? *Graukehlchens* Kopf kam tiefer. Annehmen – und Beine – und loslassen! Tatsäch-

Wir können schon reiten – und alle auf einmal. Unser Pferd heißt Hannibal. Und von ihm ist noch keiner runtergefallen.

Ein Vollblüter auf der Weide. Galopp ist seine Gangart. Fürs Galoppieren geboren genießt er die Bewegung auch ohne Reiter und Rennbahn.

lich, der Hals wurde weicher. Mal nicht so hoch in den Bügeln stehen. Mehr ran an den Sattel. Dann wieder mal annehmen – und Beine – und wieder loslassen. Und da plötzlich fing es unter mir zu federn an. Lange Galoppsprünge, atemberaubend lang. Das hatte ich noch nie zuvor gefühlt. Vollblütergalopp. Das darf schon schneller sein als alles andere. Aber diese Feder, dieses Schwingen im Rücken. Mir tränten schon etwas die Augen vom Luftzug, aber nun war es ein taktmäßiges Abfedern und kein Ziehen und Zerren in der Hand. Nun konnte ich das Spiel des Gebisses im Maul spüren. Und unter mir klopfte es in gleichmäßigem Takt: PA-DA-BAM – PA-DA-BAM – PA-DA-BAM – Vollblütergalopp.

Das sind zwei Beispiele aus zwei weit voneinander entfernt liegenden Regionen: Vollblut und Kaltblut. Und doch war die Freude mit beiden die gleiche – freilich in verschiedenen Lebensaltern. Und da könnte man sagen, die Größe der mächtigen Kaltblüter sei dem kleinen Jungen ganz unangemessen gewesen. Aber ihr freundliches Temperament und ihre Gutmütigkeit sind natürlich für einen kleinen Knaben genau das richtige gewesen.

Vollblüter verlangen im Umgang wie im Reiten schon ganz andere Fähigkeiten. Aber dem Reiter, der sitzen gelernt hat, der sich auf diese Tiere einstellen kann, auf ihre Sensibilität, dem schenken sie ein ganz besonderes Glück. Denn: «Blut ist der Saft, der Wunder schafft.» Dieser Spruch, der am Stallfirst eines großen deutschen Gestüts in Neustadt an der Dosse angeschrieben steht, ist eine über mehr als hundert Jahre bewiesene Wahrheit.

Für junge und leichte Reiter, die schon etwas können und viel Gefühl mitbringen, ist der Vollblüter eine feine Wahl für die Freundschaft. Viel Gefühl, ja, der Vollblüter stellt da höhere Ansprüche an den Menschen als andere Pferde. Ungeschmeidiges, ungeschicktes Sitzen im Sattel, eine harte Hand und vor allem ein unbeherrschtes Temperament, Zorn und Grobheit machen eine Beziehung zwischen Mensch und Pferd, vor allem bei Vollblütern, ganz unmöglich.

Eine seltsame Ruhe
strahlt aus dem Auge
des Pferdes,
eine Gelassenheit,
welche die Umwelt
mit gemessener
Distanz betrachtet.
Der Blick scheint in die
Ferne gerichtet.
Nah vor einem Pferd
stehend vermutet man
zuweilen, das Pferd blicke
durch einen hindurch
auf etwas anderes.
Ein Blick wie aus
einem tiefen Traum.
Im Auge des Pferdes
glänzt wohl seine
Sehnsucht nach der Weite
seiner Urheimat.
Und manchmal offenbart
sich im Weiß um
die dunkle Iris
auch die Angst,
die Urangst des
schweifenden
Steppentieres,
dessen einzige Waffe
die Flucht ist.
Aber auch Gehorsam
und Unterordnung liegen
im Blick des Pferdes,
also die Eigenschaften
des Herdentieres,
das sich vertrauensvoll
dem Willen eines andern
fügt – ob Leithengst
oder Mensch.

Im Grunde ist es gleichgültig, welcher Rasse das Pferd für die Freude entstammt, wenn es vom Bau und vom Temperament her zu «seinem» Menschen paßt. Aber es gibt doch eine Reihe von Pferderassen, die sich für verschiedene Gebrauchszwecke unterschiedlich gut eignen. Man wird für ein kleines Mädchen nicht gerade einen großen Warmblüter mit 1,75 Meter Stockmaß aussuchen, und ein hoch aufgeschossener Sechzehnjähriger von 1,80 Meter und mehr wird sich auf einem «Doppelpony» von 1,50 Meter nicht so ganz wohl fühlen. Der Ausdruck «Doppelpony» ist die überlieferte Bezeichnung für ein kleines Pferd, das, gemessen am Widerrist, nur wenig höher ist als ein Pony, das nicht mehr messen darf als 1,48 Meter.

Ja, wie sieht es denn nun aus, das «Pferd für die Freude»? Nein, dies wird kein Kurs in Pferdebeurteilung, und außer ein paar Stichworten ist nichts zu erwarten, was die Erfahrung ersetzen könnte. Ein Reitpferd zu beurteilen, das trauen sich viele zu, und es gehört doch so unendlich viel Übung dazu und jahrelange Erfahrung und Meinungsaustausch mit Kennern und Lehrgeld, das man zu zahlen hatte, wenn man einem «Blender» aufgesessen war. Wer keine lange Erfahrung hat, sollte sich beraten lassen. Und das ist eine Vertrauenssache.

Bei der «Materialbeurteilung» eines Pferdes, und so ist das heute auch in den turniermäßigen Reitpferde- beziehungsweise «Material»prüfungen üblich, wird erst einmal das zu beurteilende Pferd wie ein Denkmal hingestellt, «aufgebaut». Und dann gibt es eine «Gebäudenote». Dafür gibt es Schablonen, was wie aussehen soll: Exterieur-Betrachtung. Lange, schräge oder kurze, steile Schulter? Ausgeprägter oder flacher Widerrist? Schräge oder steile, lange oder kurze Fesseln? Gute oder schlechte Sattellage? Weicher oder strammer Rücken? Gerade oder abfallende Kruppe? Starke, bemuskelte oder mickrige Hinterhand? Über allem die Harmonie der Körperpartien: Genick, Hals, Sattellage, Rücken und Kruppe in ausgeglichenem Verhältnis zueinander. Und der Kopf! Groß oder klein, grob oder fein, Auge groß und offen oder klein und verkniffen? Gesamteindruck: ästhetisch, nobel oder plump, fett oder mager, edel oder ordinär?

Da steht es, das «Denkmal», und es paßt in die Schablone – oder stellenweise nicht. Und es ist nicht mehr als das. Es ist ein statisches Gebäude ohne Leben. Die Poesie erwacht erst, wenn es sich bewegt, mit Leben erfüllt, mit Schwung und Kraft. Die Beurteilung bleibt eine Vermutung, erst die Bewegung verrät, was in dem Pferd steckt. Da gibt es eben superkorrekt gebaute «Blender», die in der Bewegung büffelig oder stumpf werden, holzig oder derb. Und ein unscheinbarer Typ wird in der Bewegung zum schwebenden Monument.

Und dann noch einmal hintreten vor das Pferd – und ihm ins Gesicht schauen. Das Auge! Wie sieht es den Menschen an?

Hier bereiten uns die Wissenschaftler, die die Augen des Pferdes näher untersucht haben, eine Enttäuschung: Das Pferd kann uns gar nicht so gezielt ins Gesicht oder in die Augen schauen wie z. B. der Hund. Das läßt die Konstruktion seiner Augen gar nicht zu. Das Pferd kann kaum focussieren, also über die Augenlinse auf nah und fern ‹scharfstellen› wie eine Kamera. Die unterschiedliche Schärfe für fern und nah wird durch eine ungleich gekrümmte Netzhaut und durch die Kopfstellung erreicht. Durch diese Eigenart und durch die seitliche Augenstellung am Kopf kann das Pferd einen Nahbereich und die Ferne gleichzeitig scharf erfassen, und zwar auch weit seitlich bis schräg rückwärts. Die meisten Lauftiere, die durch Raubtiere gefährdet sind, haben solche Augenanordnung, die sie eine Bewegung schräg hinter sich rechtzeitig für die Flucht erkennen läßt. Alle Sinne des Pferdes, auch sein Sehen ist auf Alarm vor Gefahr ausgerichtet. Und so deuten wir den Blick des Pferdes nach dem, was wir zu sehen glauben.

Poesie, Gefühl, das Horchen nach innen auf die eigenen Reaktionen, auf den Anblick, auf das Benehmen, auf die Annäherung des Pferdes, das sind schließlich die wichtigsten Kriterien zur Beurteilung eines Pferdes. Hier muß noch einmal gewarnt werden: Viele Menschen vertrauen sich einem Pferd an – oder kaufen es, bezaubert von seiner Schönheit, von der Poesie seiner Bewegungen, von seinem Adel, seiner Kraft, ein Pferd, das weit über ihren eigenen Fähigkeiten im Umgang mit Pferden oder gar ihrer Reit-

fähigkeit liegt. Das wird dann ein auffallendes Pferd sein, eine Pracht zum Bestaunen, die Leute werden sich danach umsehen – aber ein Pferd für die Freude wird das nicht. Denn Freude zu Pferde kann man nur haben, wenn man sich sicher fühlt auf dem Rücken des Tieres. Und Freude kann es nicht sein, wenn man jeden Augenblick mit einer Unbotmäßigkeit des Tieres rechnen muß, wenn man immer in Angst vor einer schnellen und bewegungsgewaltigen Reaktion im Sattel sitzt, die man nicht aussitzen kann. Oft sind die weniger schönen Pferde jene, die am meisten Freude machen.

Die Rasse spielt also keine entscheidende Rolle, die Größe schon. Ponys sind für Kinder, Großpferde für große Leute. Man kann schon sehen, was gut zusammenpaßt. Die Palette der Pferderassen ist fast unüberschaubar, sie würde ein ganzes Buch füllen, und es gibt eine Menge guter Bücher über Pferderassen.

Das Familienpferd, auf dem auch die Kinder reiten sollen, muß nicht sehr groß sein. Auf Islandpferden zum Beispiel, die alle noch unter dem Höchstmaß für Ponys (1,48 Meter) rangieren, können auch Erwachsene reiten. Und viele junge Reiter bleiben dieser liebenswerten Rasse

Man kann den natürlichen Stolz
und Adel des Pferdes
an seinem Widerstreben gegen
Gewalt und Betrug ermessen.

Alessandro Alvisi (1887–1951)

ihr Leben lang treu. Das ist dann allerdings schon eine reiterliche Spezialität, und vielfach empfiehlt es sich doch, die heranwachsenden Kinder zur rechten Zeit vom Pony auf das Großpferd wechseln zu lassen.

Wer spazierenreiten oder zu Pferde wandern will, braucht ein Tier, das einen raumgreifenden,

Oben: Kein Ausritt ohne die Freude des Walzers zu Pferde – wenn man sich seines Sitzes und seines Pferdes sicher sein kann.

Rechte Seite: Das Pferd ist das einzige Haustier, zu dem der Mensch aufblicken muß.

fleißigen Schritt hat, das gelassenen Temperaments und scheufrei ist und dessen Trabbewegungen bequem auszusitzen sind. Es gibt schon Unterschiede zwischen einem harten, stöckerigen Trab und federnden, weichen Bewegungen. Ein ausdauerndes Wanderreitpferd muß natürlich ein gutes Fundament haben, klare, stabile Beine und feste, harte Hufe. Es sollte besonders freundlich und aufgeschlossen sein und sich auch mit anderen Pferden gut vertragen. Futterdankbar, anspruchslos und auch auf fremden Weiden zufrieden, das sind gute Eigenschaften für diesen Zweck.

Westernpferden ist in diesem Buch ein eigenes Kapitel gewidmet. Das Quarter Horse ist für diese Reitweise das ideale Pferd. Die Ruhe, die Wesensfestigkeit, die freundliche Gelassenheit in allen Gangarten flößen dem Reiter Vertrauen ein. Quarter Horses sind, rein zahlenmäßig, die größte Pferderasse der Welt. Mehr als dreieinhalb Millionen Quarter Horses sind beim Zuchtverband in Texas offiziell eingetragen.

Wer seine Freizeit- und Wanderaktivitäten bis zum Dauerritt, zum Distanzreiten steigern will, braucht ein Pferd von höchster Ausdauer. Neben der Bequemlichkeit für den Reiter, der hundert Kilometer und mehr im Sattel durchstehen muß, sind Härte, eine eiserne Konstitution und Leistungsbereitschaft gefordert. In großen Wettbewerben hat sich im allgemeinen bis jetzt fast immer das Arabische Vollblut am erfolgreichsten gezeigt.

Wer ein Turnierpferd sucht, wer sich in Dressur und Springen mit anderen messen will, wird unter den erprobten Warmblutrassen Umschau halten. Er braucht ein korrekt gebautes Pferd mit guten Bewegungen, für Springen und Geländeritte viel Galoppiervermögen, für die Dressur möglichst auch noch Schönheit. Alle sollen lerneifrig, aufmerksam und bewegungsfreudig sein.

Ein ganzes Kapitel voller Adjektive. Und kein Pferd wird sie alle auf sich vereinen können. Man muß auch Abstriche machen können.

Und: Viele Pferde können trotz erkennbarer Unvollkommenheiten viel mehr Freude und Glück verschenken als manche bis zur «Vollkommenheit» gezüchteten und ausgebildeten Tiere, denen bei der Ausmerzung alles Unvollkommenen ihr natürlicher Glanz und Charme genommen wurde.

Und: Der Mensch nimmt sich das Recht, über eigene Fehler und Mängel hinwegzusehen. Kleine Mängel des Pferdes aber wägt er mit der Apothekerwaage ab.

Und: Wer nach einem Pferd sucht, mit dem er Freude haben will, muß mit aller Ehrlichkeit sich selbst, seine Absichten, seine Eigenschaften und auch seine Schwächen zu erkennen suchen. Er muß den guten Vorsatz haben, sich dem großen, starken Tier, das er be-«sitzen», dem er sich anvertrauen will, mit Respekt zu nähern. Er muß sein Einfühlungsvermögen trainieren und viel lernen – von der Art und vom Wesen des Pferdes, das ihm Freude machen soll.

DIE EVOLUTION

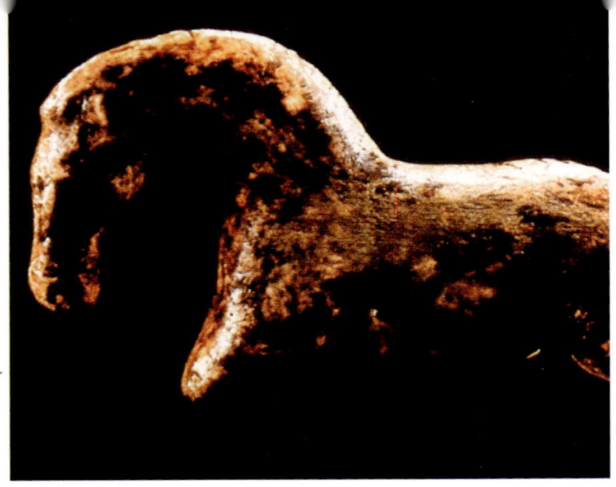

Links: Prähistorische Kleinplastik. Ein Glücksbringer?

Eohippus – Pferd des Eozäns – heißt das Tier, mit dem vor etwa 60 Millionen Jahren die Entwicklung des Pferdes begann. Die Wissenschaft nennt es auch *Hyracotherium*, von griechisch *hyrax* (der Klippschliefer) und *thaer* (das Tier, Säugetier), also klippschlieferähnliches Säugetier. Es war verbreitet in Europa und Amerika. Seine Merkmale sind vor allem neben seiner Größe von 25 bis 45 cm der vierzehige Vorderfuß, der dreizehige Hinterfuß sowie das Gebiß eines Laubfressers.

Etwa zehn Millionen Jahre später finden wir das Tier in Amerika etwas verändert. Es ist größer geworden, das Gebiß hat sich gewandelt, die Mahlzähne sind stärker beansprucht, das Tier frißt offenbar härteres Futter, mehr Gras als Laub. Sieben Arten sind von diesem Tier bekannt, das man *Orohippus* nennt, wohl von *oros* (Grenze) und *hippos* (Pferd). Ein Tier also, das an der Grenze zum Pferde steht.

Die durch Klima- und Florawechsel bedingte Entwicklung zum Steppentier ging weiter. Die auf festem Lande überflüssigen Stützzehen der Gliedmaßen bilden sich zurück und erreichen nur mehr mit den Spitzen den Erdboden. Das Tier, das sich am Ende des Eozäns in Amerika findet, heißt *Epihippus.* Zur gleichen Zeit lebt in Europa ein ganz ähnliches Tier, das *Paloplotherium,* zu deutsch Althuftier, das allerdings bald ausstirbt. Während der gewaltigen Überschwemmungen des Oligozäns in Europa muß es zugrunde gegangen sein.

Nun weiß man nicht genau, ob das größer und lauftüchtiger erscheinende Epihippus Amerikas tatsächlich die Weiterentwicklung der Reihe von Orohippus und Epihippus ist oder ob andere ‹Pferdlinge› von Asien her über die Landbrücke zwischen den Kontinenten zugewandert sind. Es gibt darüber zwei Theorien. Jedenfalls begegnen wir in Amerika bald einem Tier, das einen halben Meter hoch, langbeiniger als zuvor ist und dessen Seitenzehen sich noch weiter zurückgebildet haben: das *Mesohippus.* Und mit fortschreitender Zeit – immer sind es Millionen Jahre – wächst und wächst dieses Tier, hat völlig gleichgebildete Backenzähne und heißt *Miohippus* nach der ersten Stufe des Jungtertiärs, dem Miozän. Nun sind die Seitenzehen so klein geworden, daß sie den Boden nicht mehr berühren und das Tier allein auf einem immer kräftiger werdenden ‹Mittelfinger› läuft.

Aus dem späten Miozän kennen wir zwei Seitenzweige: Eine Gruppe, das *Anchitherium,* wanderte nach Asien und Europa, wo es noch Millionen Jahre existierte. Ein anderer Seitenzweig, das *Hypohippus,* blieb in Amerika bis zum Beginn der nächsten Tertiärstufe, des Pliozäns, dann erreichte auch er Europa, erlosch aber hier zur gleichen Zeit wie das Hypohippus in Amerika.

Der Hauptstamm aber, der in ununterbrochener Entwicklungsfolge zu unserem Pferd, dem *Equus caballus,* führt, lebte weiter in Amerika. Aus ihm entwickelte sich das reine Steppentier. Die Seitenzehen bilden sich mehr und mehr zurück; um so kräftiger wird die Mittelzehe. *Parahippus* nennen wir die neue Stufe, von der uns heute achtzehn Arten bekannt sind. Jetzt kann man zum erstenmal an den Schneidezähnen die Kauflächen erkennen – die für die Altersbestimmung unseres Pferdes so wichtigen ‹Kunden›.

Nun kommen wir an den Punkt einer neuen Abzweigung. Wieder kreuzen Pferde (wenn man sie schon so nennen darf) die Landbrücke der Beringstraße und ziehen nach Eurasien. *Hipparion* heißen diese Tiere, und sie stammen von der Pferdeform ab, die sich im mittleren Miozän in Amerika ausgebildet hatte, vom *Merychippus.* Und wieder gibt es zwei Theorien. Die eine nimmt an, daß von diesem Hipparion, das vor etwa fünfzehn Millionen Jahren begonnen haben muß, nach Asien und Europa zu wandern, und dessen Strom bis in die nächste, die jüngste Tertiärstufe anhielt, daß von diesem Tier die asiatischen Halbeselrassen Onager, Kulan und Kiang und die Esel- und Zebrarassen Afrikas abstammen. Die andere, und wahrscheinlichere Theorie meint, daß das Hipparion in Asien und Europa ebenso ausstarb wie seine Vorfahren.

In Amerika aber entwickelte sich aus dem Merychippus das Tier, das seinen Namen nach der jüngsten Tertiärzeit, dem Pliozän, erhalten hat, das *Pliohippus.* Dieses Tier nun hatte überhaupt keine Seitenzehen mehr und ist der erste echte Einhufer oder Unpaarzeher der Entwicklungsgeschichte.

Als im neuen Erdzeitalter des Quartärs die große Eiszeit begann, spaltete sich noch einmal der Pferdestamm in Amerika. Die Pferde flohen vor der Kälte. Ein Teil nahm den Weg nach Südamerika, wo er unterging, ein anderer schaffte erneut den Weg über die Beringstraße, an der immer noch die Kontinente zusammenhingen. Sie kamen nach Asien und nach Europa, und sie wurden die direkten Vorfahren unserer heutigen Pferde, während nun der ganze amerikanische Kontinent von Pferden verlassen war. *Plesippus* heißt die letzte Vorstufe, bevor wir auf den Namen *equus* stoßen, *Equus caballus* – das Pferd.

Zusammenfassend kann man es wohl kaum besser, präziser und knapper sagen als Dr. Gavin de Beer, Professor der Zoologie und Direktor der naturhistorischen Abteilung des Britischen Museums, in seinem «Bildatlas der Evolution»: «Die Pferde sind die Nachkommen von Eohippus, das im Eozän sowohl in Europa wie in Amerika verbreitet gewesen ist. In Nordamerika wandelten sich dessen Nachkommen schrittweise bis zur neuzeitlichen Gattung Equus. Wiederholt wanderten einige dieser Formen von Nordamerika nach anderen Kontinenten: Anchitherium im Miozän und Hipparion im Pliozän nach Asien, wo beide ausstarben, Pliohippus im Pliozän nach Südamerika, wo es ebenfalls ausgestorben ist, Equus im Pleistozän nach Südamerika, wo es ausstarb, und nach Asien, Europa und Afrika, wo es überlebte. Auch in Nordamerika ist die Gattung Equus während der Eiszeit ausgestorben.»

ERDZEITALTER	EOZÄN etwa 60 bis 40 Millionen Jahre v. Chr.		OLIGOZÄN etwa 40 bis 25 Mio Jahre
	EOHIPPUS = ▲	OROHIPPUS = ●	MESOHIPPUS = ▲

Rechts: So sah die Welt in den verschiedenen Erdzeitaltern im Verhältnis zu ihrer heutigen Gestalt aus. Eingezeichnet sind die Fundstellen der jeweils dargestellten Vorfahren des Pferdes

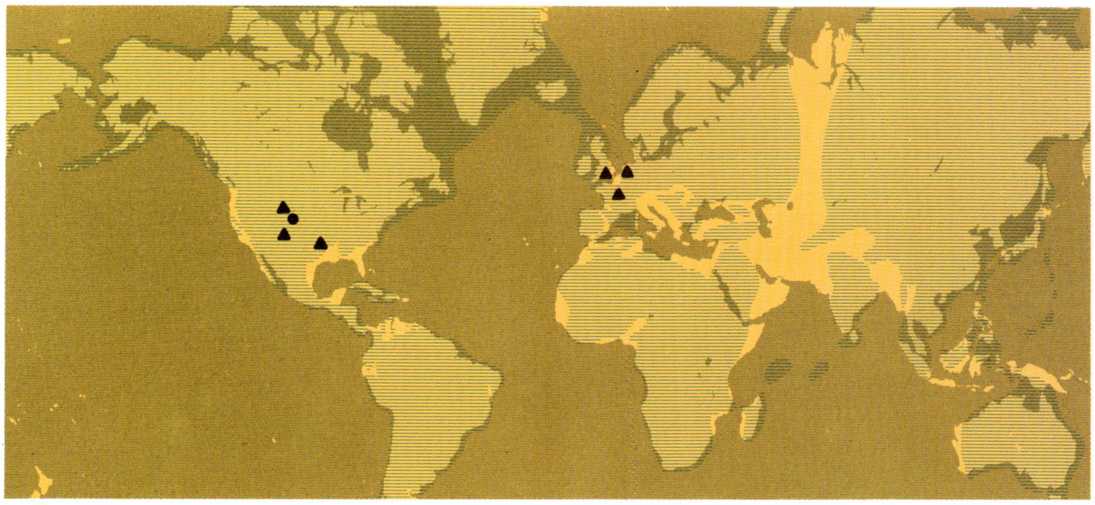

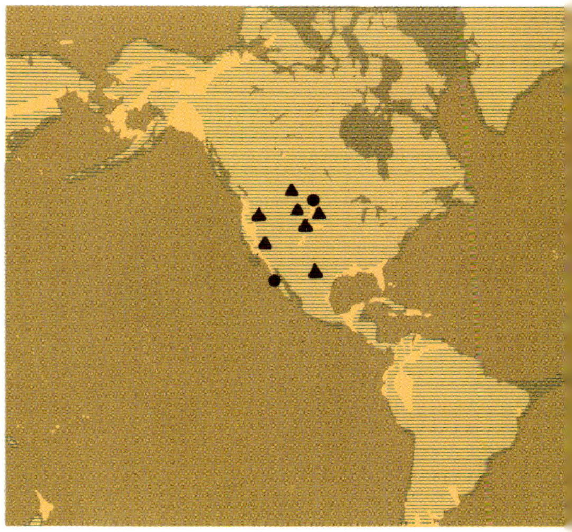

Das Skelett. Die Zeichnungen wurden ausgeführt auf Grund von Originalfunden, die im American Museum of Natural History in New York präpariert sind.

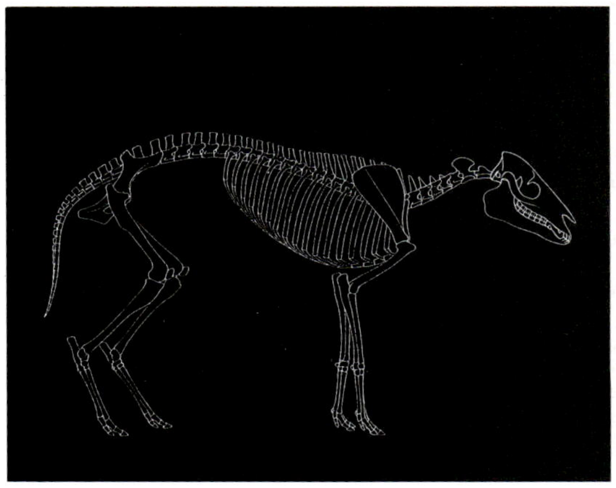

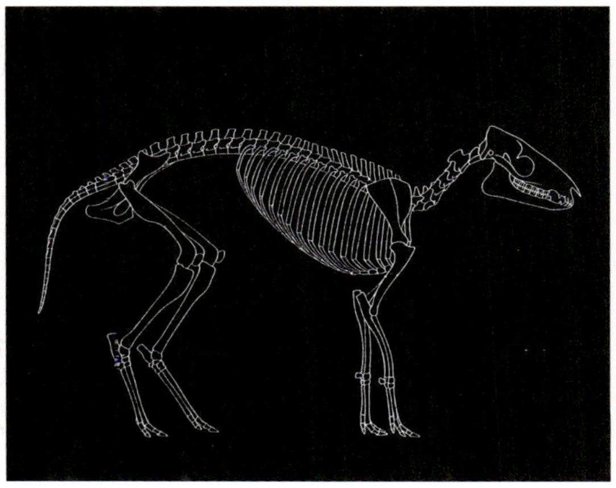

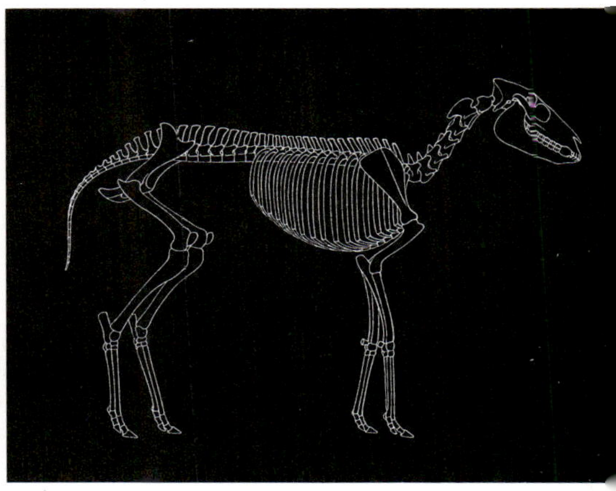

Das äußere Erscheinungsbild. Rekonstruktionen, die von wissenschaftlichen Zeichnern auf Grund der Skelettdaten ausgeführt wurden. Es sind zwar nur Hypothesen, aber so könnten diese Tiere ausgesehen haben.

Gliedmaßen und Größe. Links jeweils das Bild der Füße in der Entwicklung vom Vielzeher zum Einhufer. Rechts die Silhouetten in ihrem entsprechenden Größenverhältnis.

Die Maßangaben stammen aus dem American Museum of Natural History, New York.

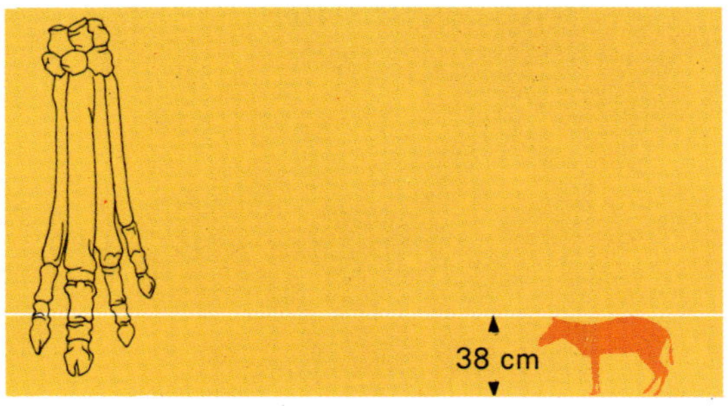

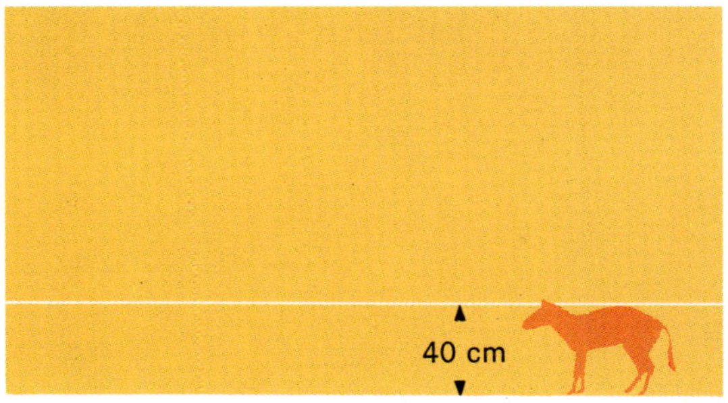

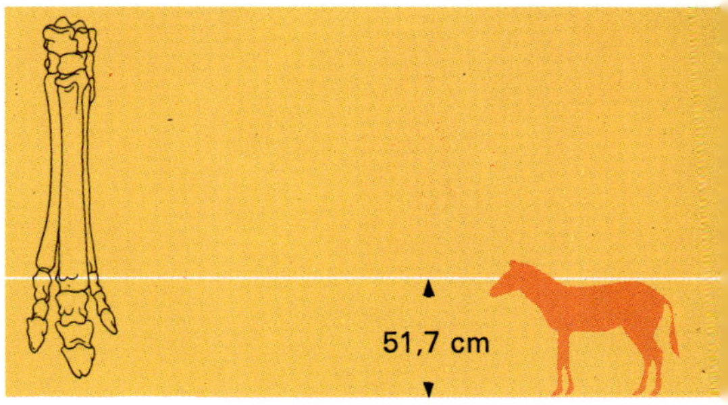

Entwicklungstendenz und Seitenzweige der dargestellten Arten in Stichworten.

Von Blättern ernährten sich diese kleinen, fuchsgroßen Tiere, die sie in einem hitzebrodelnden Sumpfwald ästen. Sie bewegten sich leicht auf ihren mehrzehigen Extremitäten über den weichen Sumpfboden. Ihr geringes Gewicht ließ sie nicht einsinken.

Im Laufe des Tertiärs sinkt die Temperatur, es wachsen mehr Nadelhölzer als Laubbäume, mehr Gras, der Boden wird fester. Das Gebiß des Hippus verändert sich, aber noch ist es dem Eohippus sehr ähnlich.

Zu Beginn des Oligozäns starben die Urpferde in Europa aus. Zwischen Orohippus und Mesohippus gab es das Epihippus, das schon weit mehr für schnellen Lauf zur Flucht vor seinen Feinden gebaut war als seine Vorfahren. Mesohippus ist wegen des Waldschwundes in Amerika noch besser dem Dasein in der Grassteppe angepaßt.

OLIGOZÄN etwa 40 bis 25 Mio Jahre

MIOHIPPUS = ●

MIOZÄN etwa 25 bis 10 Millionen Jahre v. Chr.

PARAHIPPUS = ▲ **MERYCHIPPUS** = ●

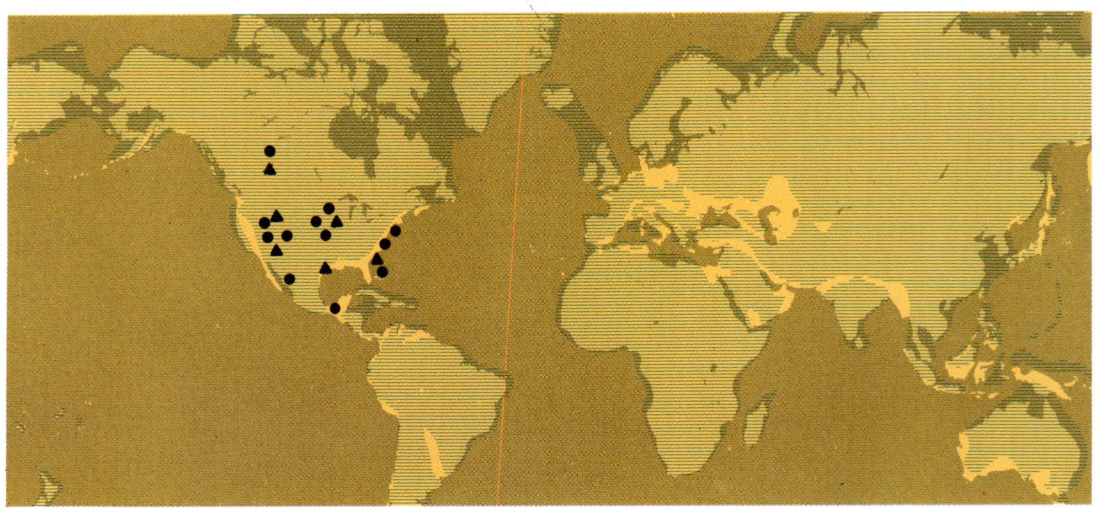

PLIOZÄN

HIPPARION = ▲

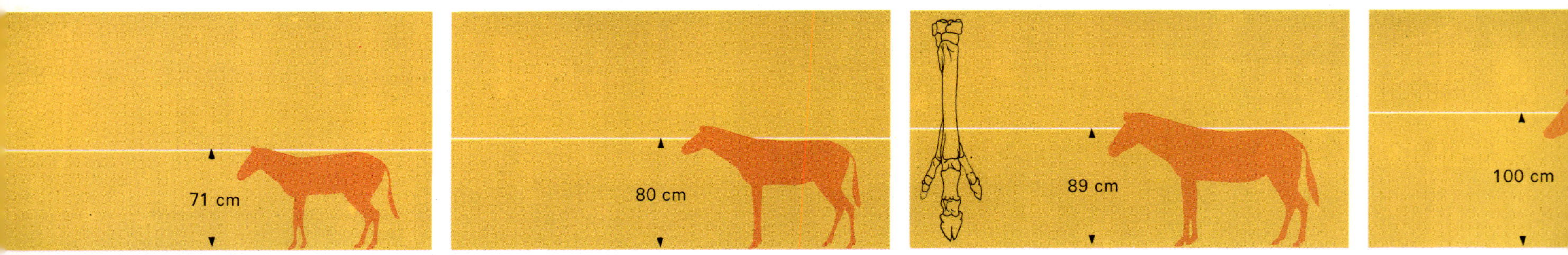

Miohippus ist nicht die einzige Art, die während des Übergangs in das Jungtertiär existierte. Eine Anzahl seiner Verwandten entwickelte sich in großen Waldgebieten wieder zur Form des Eohippus zurück. Ein Teil dieser Gruppe des Kalobatippus wanderte von Amerika nach Asien und taucht als Anchitherium in Europa auf.

Zwei Gruppen entwickeln sich neben dem Parahippus: das Anchitherium, das in Europa ausstarb, und das Hypohippus, ebenfalls ein kleinerer Waldpferdetyp, der später den Weg über die Landbrücke nach Eurasien fand. Aus dem Hauptstamm aber, der weiter in Amerika lebte, entwickelte sich das reine Steppentier.

Merychippus ist die weiterentwickelte Parahippus-Stufe, die wieder einen großen Wanderstrom nach Europa entsandte, das Hipparion. Die Pferdearten entwickelten, wohl wegen des harten Steppengrases, ein Gebiß, das dem der heutigen Pferde schon ganz ähnlich ist.

Man weiß es nicht: Ist dieses Tier der Vorfahre der asiatischen Halbesel- und der afrikanischen Esel- und Zebrarassen? Oder

etwa 10 bis 1 Million Jahre v. Chr.

PLIOHIPPUS = ●

PLEISTOZÄN etwa 1 Million bis 8150 Jahre v. Chr.

PLESIPPUS = ▲

EQUUS PRZEWALSKIJ = ●

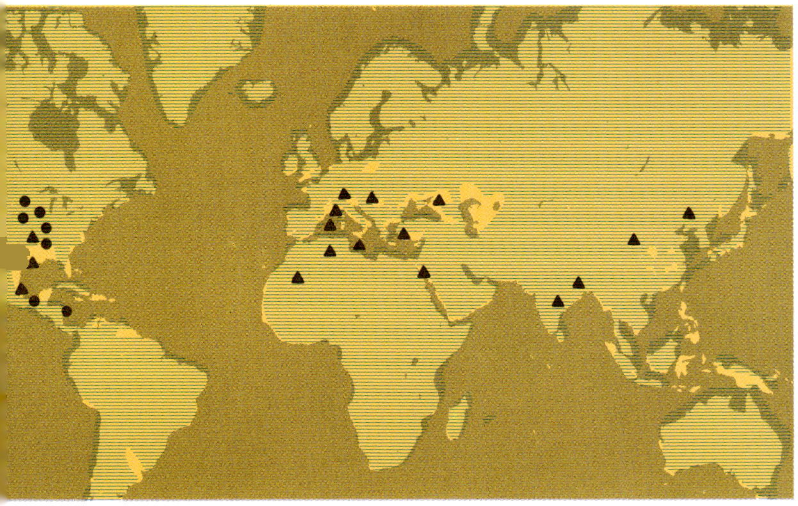

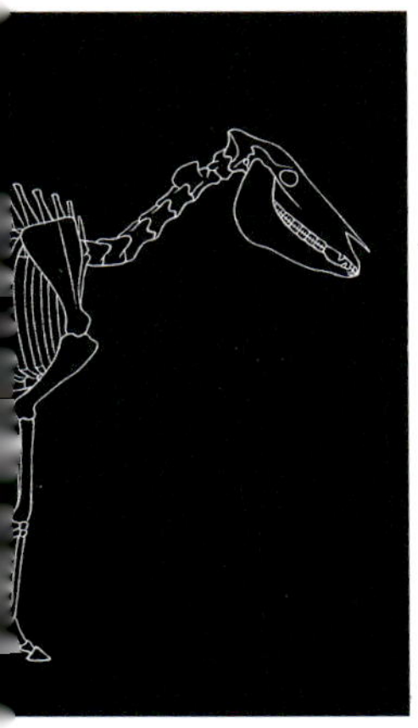

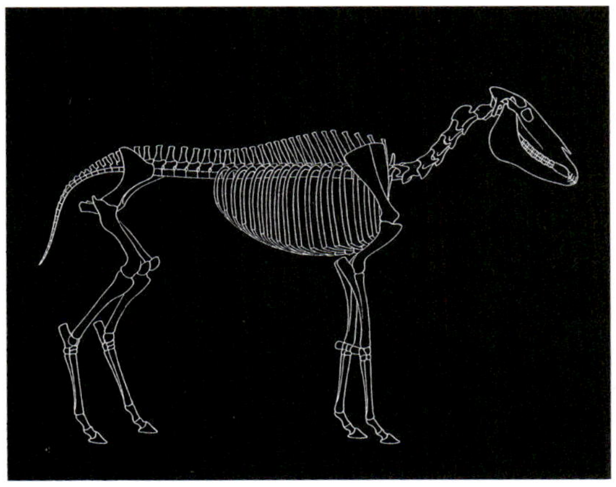

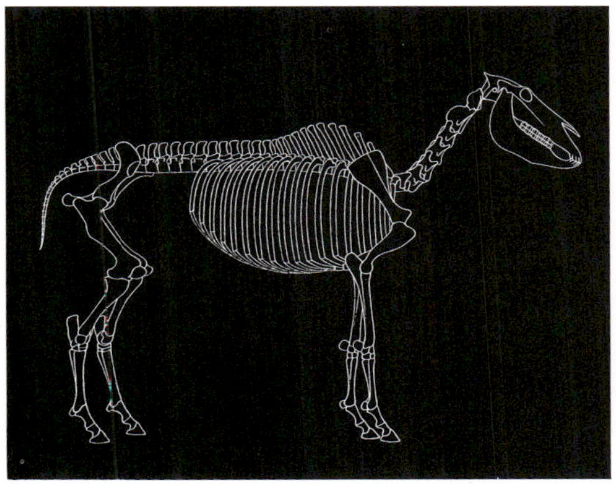

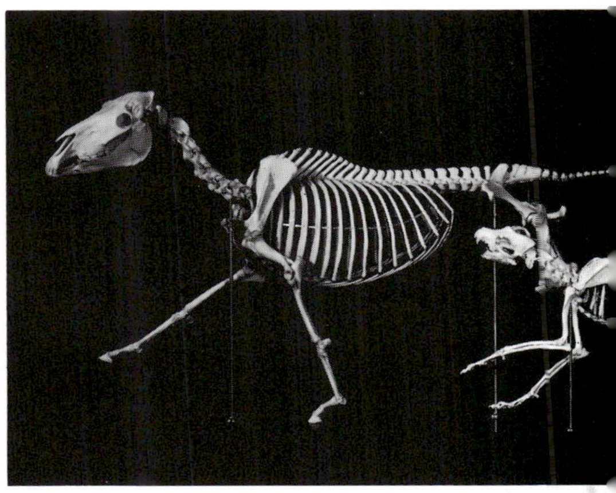

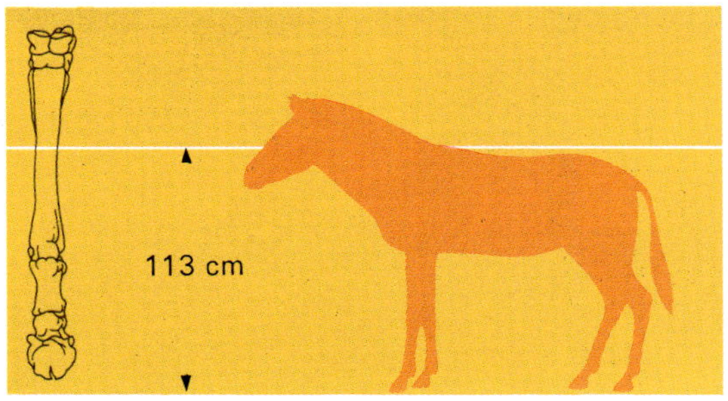

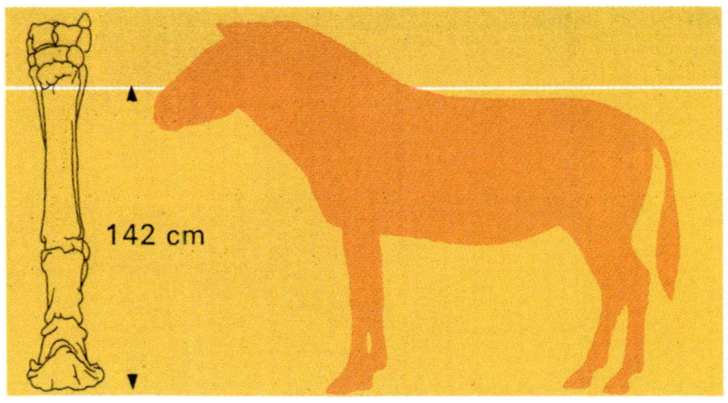

st das Hipparion ebenso ausgestor- en wie alle frü- eren Europa- vanderer unter den Urpferden?

Pliohippus, der erste echte Einhufer der Entwicklungsgeschichte und mit dem Hipparion zu seiner Zeit der einzige Vertreter des Stammes der Equiden auf der Welt. Diese Art kam hinsichtlich des Gebisses und der Extremitäten unseren heutigen Pferden am nächsten.

Mit dieser Entwicklungsstufe verlassen wir das Tertiär. Nun nähert sich die Zeit, in der der Mensch auftaucht. Die Pferdeart, die noch im Pliozän begann, von Nordamerika nach Süden zu wandern, heißt Hippidion. Sie lebte dort bis in die Mitte des Pleistozäns und starb dann aus.

Das Urpferd, das heute noch unter uns lebt. Die letzte Stufe der Wildpferdarten, bevor der Mensch begann, durch planmäßige Züchtung die Kulturrassen aufzubauen. Über das Equus przewalskij führt der Weg in gerader Linie zurück zum Urpferd ins Eozän.

Das Przewalski-Pferd

Drei Przewalski-Pferde im Tierpark von Langenberg, Zürich.

Das asiatische Wildpferd, das nach seinem Entdecker, dem russischen General Nikolaj Michailowitsch Przewalskij, benannt wurde, ist die einzige Ursprungsform unserer Pferde, die bis in unsere Tage überlebt hat.

Als der russische Kartograph, der für militärische Zwecke in der Mongolei arbeitete, 1879 zum ersten Mal eine Herde dieser Tiere beobachtete zwischen den Nordhängen des Tienschan-Gebirges und dem Hohen Altai am ‹Tachin-Schara-Nuru›, dem ‹Bergrücken der gelben Pferde›, am Rande der mongolischen Gobi, hielt er sie zunächst für Halbesel, Verwandte des Kulan oder des Onager. Und tatsächlich ähneln sie diesen Rassen mit ihrer gelb-grau-braunen Farbe, ihrer Stehmähne, dem geraden Rücken und dem kaum erkennbaren Widerrist, mit dem Aalstrich und dem Schulterkreuz sowie den Zebrastreifen an den Vorderbeinen. Dennoch sind sie eindeutig Pferde. Sie unterscheiden sich allerdings in einem einzigartigen Merkmal von den heutigen Hauspferden. Wissenschaftler fanden, daß ihre Erbinformationen in 66 Chromosomen gespeichert sind; ihre Nachfahren haben nur 64.

Lange Zeit gab es hitzigen wissenschaftlichen Streit um den Urahn unserer Pferde. Der südrussische Tarpan, mausgrau, mit straffer, harter Hängemähne, wurde ebenso als Urwildpferd angesehen. Die Höhlenforscher trugen zur Schlichtung der Auseinandersetzung bei: Die steinzeitlichen Wandmalereien, die man in der Grotte von Lascaux und in der Höhle von Altamira fand, glichen völlig dem Equus przewalskii und ganz und gar nicht dem Tarpan.

Rückzüchtungen von Przewalski-Pferden, die aus verschiedenen zoologischen Gärten stammen, werden in ihrer Urheimat in der Mongolei wieder ausgewildert. Vielleicht gelingt es, ein Urwesen unserer Welt in seiner Urheimat wieder ansässig zu machen.

Shetland Pony

Die nördlich von Schottland liegenden Shetlandinseln sind die Heimat einer der ältesten heute noch existierenden Pferderassen: der Shetlandponys, der kleinen, harten, zähen, dickpelzigen Pferdchen mit den langen, dichten Mähnen und den lockigen Schweifen, die bis auf die Erde reichen.

Dieses Pony ist eines der stärksten und kräftigsten der Welt. Es kann einen erwachsenen Menschen tragen und hat als Grubenpferd unter Tage in den Kohlengruben enorme Zugleistungen erbracht. Seine Kleinwüchsigkeit und seine große Kraft haben die Menschen seit Beginn der Industrialisierung genutzt.

Über die Ursprünge der Rasse weiß man nichts Genaues, aber gesichert sind orientalische Einflüsse durch die Ponys aus den keltischen Siedlungen, und sicher scheint auch eine Verwandtschaft mit den skandinavischen Rassen zu sein. Unter den Ponyrassen der Welt kann man die «Shettys» als die Aristokraten bezeichnen, denn sie weisen die längsten Ahnenreihen auf.

1870 wurde der erste Versuch einer Gestützucht auf den Shetlandinseln unternommen, und Lord Londonderry zeichnete Abstammungen auf, um die Rasse rein zu erhalten. Seit 1891 gibt es die Shetland Pony Studbook Society, die die Reinzucht dieser urtümlichen Rasse zu sichern sucht. Die Größe dieser Kleinen ist vorgeschrieben: von 87 Zentimetern bis 1,07 Meter. Kleinere Pferdchen werden als «Minis» bezeichnet, größere entsprechen nicht dem Zuchtziel des Herkunftslandes. Die Zucht hat sich über die ganze Welt verbreitet. Es ist wohl das beliebteste Kinderpferd, ein gutmütiger, gelehriger, wenn auch gelegentlich durchaus eigenwilliger Kamerad.

Shetlandponys sind gesellige Naturen. Sie leben am glücklichsten in der Herde, und zwar sommers wie winters im Freien. Mit ihrem dichten Unterhaar und dem langen Pelzmantel darüber können sie auch bei Eis und Schnee im Freien bleiben, wenn sie mit viel Rauhfutter und wenig Kraftfutter versorgt werden. Langlebig, robust und gesund sind die kleinen Athleten.

Links: Altamira bei Santander in Spanien, eine Höhle mit kostbaren, farbigen, altsteinzeitlichen Zeichnungen in Rot, Braun und Schwarz. Zur gleichen Zeit, als der russische Forscher Przewalskij die Urwildpferde in der Mongolei zum ersten Mal sah, wurde diese Höhle entdeckt. Die Ähnlichkeit mit den asiatischen Wildpferden ist unverkennbar.

Stockmass: bis 1,07 m

Pferde, die im slowenischen Lipica geboren werden, erhalten bis heute den Brand des Original-Lipizzaners, das große L auf der linken Ganasche.

Lipizzaner

Lipizzaner werden nach ihren Eltern benannt. Vorname ist der Vatername, und das ist immer einer der sechs Stammhengste der Rasse: Pluto, Conversano, Neapolitano, Maestoso, Favory, Siglavy. Der zweite Namensteil stammt von der Mutter, zum Beispiel Pluto Theodorosta.

Das eher quadratisch gebaute Pferd mit seiner großen Begabung für starke Versammlung kommt den Forderungen hochklassiger Dressur entgegen. Seine Schönheit entfaltet sich in stolzen, bodenverachtenden Tritten und Sprüngen in allen Gängen und Touren der Hohen Schule.

Der Lipizzaner ist kein großes Pferd. Die durchschnittliche Größe liegt bei 152 Zentimetern. Aber er «deckt seinen Reiter» durch die hohe Versammlung. Das Pferd ist spätreif, aber sehr langlebig. Dreißigjährige Hengste sind in Wien keine Seltenheit. Auch in Gestüten in Ungarn, in der ehemaligen Tschechoslowakei und Rumänien werden Lipizzaner gezogen, ja sogar in den USA. Alle Gestüte haben sich der Erhaltung der sechs Hengstlinien verpflichtet. Es gibt sie überall in der Welt, die Pferde mit dem Namen des Dorfes im slowenischen Karstgebirge.

Stockmass: 1,52 m

Araber

Der hippologische Uradel kommt von der arabischen Halbinsel. Dort, unter unsäglich harten Lebensbedingungen, wuchsen die edelsten Pferde auf, im Hochland der Nedschd, wo nur die Gesündesten und Härtesten überleben konnten. Und alle anderen ließen auch die wandernden Beduinen gnadenlos zugrunde gehen. So entstand die Rasse der Araber, die in fast alle Pferderassen der Welt als Veredler ihre Härte und ihre Schönheit eingebracht hat. Am entscheidendsten ist ihr Beitrag zur Entstehung des Englischen Vollbluts, das die Araber inzwischen sicher an Schnelligkeit überflügelt hat, nicht jedoch an Gesundheit, Intelligenz und Ausdauer.

Das Schönste am Araber ist vielleicht der feine, kleine, trockene, edle Kopf mit den ausdrucksvollen, großen, dunklen Augen, den feinen, weiten Nüstern und den kleinen, gebogenen, beweglichen Ohren. Der Araber ist kürzer gebaut als andere Pferde. Und er ist ein kleines Pferd, durchschnittlich nicht größer als 1,50 Meter. Gerade darum hat er auch so entscheidenden Einfluß auf viele Ponyrassen gewonnen.

Das Wüstenpferd, das es schon zweitausend Jahre vor unserer Zeitrechnung in Arabien in Reinzucht gab, ist durch die islamischen Eroberungen weit verbreitet worden. Heute wird es in vielen Gestüten in Europa und Amerika gezüchtet.

Stockmass: 1,50 m

Welsh Pony (A)

Die Welshponys aus der unwirtlichen, gebirgigen Gegend der Brecon Beacons in Wales sind in vier Sektionen eingeteilt. Die kleinsten Ponys sind die der Sektion A. Sie dürfen nur bis 122 Zentimeter groß sein. Typ und Ausdruck werden von vielen Einkreuzungen geprägt, die im 18. und 19. Jahrhundert zur Veredelung der Rasse beigetragen haben. Ein sehr typvoller kleiner Vollblüter, der auf Darley Arabian zurückgeht, hatte im 18. Jahrhundert so großen Einfluß, daß viele Waliser heute ihre Ponys nach ihm benennen: Merlin.

Welsh-Mountain-Ponys, die man auf allen englischen Turnieren unter hochelegant herausgebrachten Kindern antrifft, sind bildhübsche «Merlins», die viel Gang haben, brillant springen können und ihre kleinen Reiterinnen – viel mehr Mädchen als Jungen – glanzvoll schmücken. Sie sind leicht zu halten, hart und gesund, und sie erreichen ein hohes Alter. Misty, eine Ponystute, die in der Schweiz lebt, geht mit ihren siebenunddreißig Jahren noch immer frisch vor der Kinderkutsche.

In der Zucht von Reitponys für Kinder herrscht in vielen Ländern eine verwirrende Vielfalt. Gesucht wird überall das schicke kleine Reitpferd mit viel Adel und Schönheit, korrekt im Gebäude, gerade und schwungvoll im Gang und möglichst mit Springbegabung. In der Zucht des Deutschen Reitponys, des französischen Poney Français de Selle und in anderen Ländern spielen immer wieder kleine Vollblüter und Araber eine Rolle. Und in allen Zuchten taucht immer wieder neben dem irischen Connemara und dem englischen New Forest das Welshpony auf. Eines der elegantesten Reitponys der Welt, das Dartmoorpony, verdankt die Erhaltung seines Typs der Einkreuzung von Welsh-Mountain-Ponys.

Stockmass: bis 1,22 m

Hannoveraner

Der Hannoveraner, geborenes Reitpferd, voller Adel, Härte, Geschmeidigkeit, Leichtfüßigkeit, Leistungsbereitschaft, von gutem Charakter, ist der herausragende Vertreter der deutschen Warmblutzucht, die außer diesem größten geschlossenen Warmblutzuchtgebiet der Welt noch die anderen Landeszuchten, beispielsweise in Holstein, Oldenburg und Westfalen, sowie den Trakehner Verband umfaßt. In den neuen Bundesländern Sachsen, Sachsen-Anhalt, Brandenburg und Mecklenburg-Vorpommern greift die Pferdezucht auf alte Tradition zurück, in der vielfach Hannoversches Blut eine Rolle gespielt hat.

Hannover hat mehrere Jahre hintereinander die offizielle Weltmeisterschaft der Zuchtgebiete in den Disziplinen Dressur und Springen gewonnen, die nach den Turniererfolgen der Pferde vergeben wird. Beständig und zuverlässig steht die Zucht auf bäuerlicher Grundlage. Der größte Teil der Mutterstuten lebt auf kleinen und mittleren Bauernhöfen. Gelenkt wird die Pferdezucht im Lande vom Verband Hannoverscher Warmblutzüchter und vom staatlichen Landgestüt Celle, das den größten Teil der Hengste für die Züchter zur Verfügung stellt.

Oben: Olympiasieger mit der deutschen Mannschaft 1996 in Atlanta Lars Nieberg auf dem Hannoveraner Hengst «For Pleasure» von Furioso-Grannus, geb. 1986.

Stockmass: 1,60–1,68 m

Quarter Horse

Das Quarter Horse ist ein kompaktes Pferd, leicht überbaut, dessen Unterlinie länger ist als die Oberlinie. Futterdankbar, anspruchslos, von freundlichem Charakter und gelehrig, so waren die Quarter Horses die idealen Partner für die amerikanischen Rinderhirten. Aufgrund ihres gedrungenen Körperbaus mit dem tiefangesetzten Hals, ihres natürlichen Gleichgewichts, das durch das Reitergewicht kaum gestört wird, und ihrer Wendigkeit eignen sie sich für diese Arbeit ebenso wie für die modernen Turnierdisziplinen der Westernreiter. Ihr «Cow-sense», das Gespür für Rinder, läßt sie vieles ganz selbständig machen. Beim «Cutting», dem Aussondern eines Kalbes aus der Herde, darf der Reiter keinen Zügel anfassen, wenn das Pferd dem Kalb immer wieder den Weg zur Herde abschneidet.

Das American Quarter Horse ist rein zahlenmäßig die größte Pferderasse der Welt. Mehr als dreieinhalb Millionen sind im Register in Amarillo in Texas eingetragen. Der Name der Rasse stammt von den Renneigenschaften der Pferde. Auf einer Viertelmeile (circa 400 Meter), so sagt man, sind diese Pferde schneller als jeder Vollblüter. Den Blitzstart ermöglicht die ungewöhnlich kräftige Hinterhand. Quarter-Horse-Rennen gehen auf gerader Linie über die Distanz und sind bei Wettern beliebter als bei Pferdefreunden, denn die Pferde gehen die vierhundert Meter oft unter der sehr energisch gebrauchten Peitsche.

Die Zucht dieses praktischen Pferdes mit seinem gutmütigen, gelassenen Temperament breitet sich immer mehr aus. Denn Quarter Horses erweisen sich als ideale Freizeitpferde.

Stockmass: 1,52–1,60 m

Englisches Vollblut

Das Englische Vollblutpferd ist ein Produkt menschlicher Züchtung und Zuchtprüfung durch Rennen. Der Beginn der Zucht liegt in der Wende des 17. zum 18. Jahrhundert, als die drei Stammväter der neuen Rasse aus dem Orient nach England kamen: Byerley Turk, Godolphin Barb und Darley Arabian. Diese drei Hengste kreuzte man mit Ponystuten der schottischen Galloway-Rasse.

Auf der Basis der Erkenntnis, daß in der Natur nur die gesündesten, das heißt die schnellsten der Pflanzenfresser die Verfolgungsjagd der Fleischfresser überleben konnten, prüfte man die Pferde in Rennen. Und nur diese wurden in das 1793 erstmals herausgegebene General Studbook aufgenommen.

Englische Vollblüter sind also Pferde, die in internationalen Gestütbüchern verzeichnet sind und deren Ahnen sich väter- und mütterlicherseits lückenlos auf das englische «Allgemeine Gestütbuch» zurückführen lassen. Der deutsche Ausdruck «Vollblut» trifft nicht ganz eindeutig zu. Im Englischen heißen diese Pferde «thoroughbred», durchgezüchtet, im Französischen «pur sang», reinblütig.

Natürlich gab es die eine oder andere Ausnahme, und manche Pedigrees weisen einzelne dunkle Punkte auf. Aber niemals ist einer der

Amerikanisches Vollblut aus Kentucky

Seiteneinsteiger in die reinblütige Nobilität der Pferde eingedrungen, ohne die härteste Prüfung im Rennsport bestanden zu haben.

Seit Beginn des 20. Jahrhunderts werden auf der ganzen Welt Vollblüter gezüchtet und Rennen nach englischen Regeln veranstaltet. Und seitdem ist auch das Englische Vollblut unentbehrlich als Veredler und Verbesserer aller Warmblutzuchten.

Stockmass: 1,57 m

Shire Horse

Das riesige, wuchtige einstige Wirtschaftspferd hat seine Arbeit auf dem Acker und auf den Landstraßen verloren, wie viele andere Pferderassen auch. Es ist ein Schaupferd geworden. Auf den Landwirtschaftsschauen in England ziehen nun die mehr als eine Tonne schweren Kolosse gelassen schreitend vor dem Pflug ihre schnurgeraden Furchen, wie sie es früher alltäglich tun mußten.

Die Brauereien gehören heute zu den Hauptabnehmern der Züchter in den Grafschaften Leicestershire, Staffordshire und Derbyshire. Und als Blickfang vor den Brauereiwagen in den Städten gewinnen die Riesen immer neue Bewunderer.

Zuchtgrundlage waren in erster Linie flandrische Pferde, die von den Holländern bei der Trockenlegung der Sümpfe in Lincolnshire ins Land gebracht wurden. Königin Elisabeth II. pflegt hin und wieder ein besonders prächtiges Exemplar einem Regiment der Household Cavalry zu schenken, damit es als Paukenpferd mit den zentnerschweren, aus reinem Silber getriebenen Kesselpauken bei zeremoniellen Anlässen vor dem Trompetercorps des Regiments paradiere.

Stockmass: über 1,73 m

Verwandte in aller Welt

Es ist ganz gleich, wie das Pferd für die Freude aussieht oder welcher Rasse es entstammt. Nur eines ist wichtig: Man muß es gern haben können. Struppig, zottig, langmähnig, schlank, elegant, temperamentvoll, phlegmatisch, frech, anbiedernd, vornehm zurückhaltend, riesengroß oder winzig klein, es ist ganz gleich – wenn es nur zu dem Menschen paßt, der sein Freund werden will. Eine Eigenschaft wohnt in allen Pferden gleichermaßen: Nie werden sie zu kriecherischen Knechten, immer werden sie ihre Persönlichkeit bewahren. Eben darum müssen wir viel von ihnen lernen, auch wenn wir uns umschauen – unter den Verwandten in aller Welt.

Ganz oben links: Fjordpferd
Ganz oben rechts: Islandpferd
Oben: Dartmoor Pony
Oben rechts: Haflinger

Das **Dartmoorpony,** eine der neun einheimischen, offiziell registrierten englischen Ponyrassen, ist nach seiner Heimat im Südwesten Englands benannt. Das hübsche Pony, begabt mit einer außerordentlichen Springveranlagung, ist das Produkt vieler Kreuzungen und Blutmischungen. Bis vor siebzig Jahren gab es drei verschiedene Herden auf dem Moor. Heute werden die Ponys fast ausschließlich in Privatgestüten gezogen. Sie gehören zu den *Mountain and Moorland Ponies,* die ursprünglich auf den Hochmooren oder in den Berglandschaften von England und Wales lebten. Sie heißen: Dartmoor, Exmoor, New Forest, Welsh, Fell, Dales, Highland, Shetland und Connemara. Das Dartmoorpony ist eines der elegantesten Kinderreitpferde. Es darf nur bis 127 Zentimeter groß sein. Manchen sieht man das Araberblut vor allem im Gesicht deutlich an.

Islandpferd: Die Freunde dieser Rasse werden ganz böse, wenn man die Isländer als Ponys bezeichnet, obwohl sie nach dem Zuchtprogramm in der Größe der Ponys rangieren (circa 130 bis 140 Zentimeter).

Der Isländer ist unter allen Pferderassen vielleicht das am reinsten gezogene Pferd. Auf der windumbrausten Insel im Nordatlantik gab es seit mehr als achthundert Jahren keine fremde Blutzufuhr für die Pferde, die einst die Wikinger mitgebracht hatten. Das älteste Parlament der Welt, das Althing, hatte schon 930 n. Chr. die Einfuhr von Pferden verboten.

Wie die meisten Ponyrassen, so ist auch der Isländer robust und genügsam. Und er ist ein richtiges «Transportreitpferd». Auf ihrer Heimatinsel waren diese kleinen Pferde oftmals das einzige Mittel, mit dem die Einödhöfe zu erreichen waren – und das auf äußerst bequeme Weise, denn der Isländer ist ein Fünfgänger. Außer Schritt, Trab und Galopp beherrscht er auch den *Tölt,* eine Art «Rennschritt» im Viertakt – sehr bequem für den Reiter, der in dieser Gangart schnell durch unwegsames Gelände kommen kann. Dazu geht der Isländer auch *Paß,* und zwar im höchsten Tempo. Der Rennpaß heißt auf Island *skeid.*

Der schönste Schmuck des Isländers ist sein schier unglaublicher Haarwuchs. Die lange Mähne kann im Winde den ganzen Reiter einhüllen, und der Schweif reicht bei vielen Pferden wie eine Schleppe bis auf die Erde.

Fjordpferd: Auf den alten Runensteinen aus der Wikingerzeit sind Pferde abgebildet, die im Typ genau den heutigen Fjordpferden entsprechen. Und wenn man Bilder von den letzten Urwildpferden – den Przewalskipferden – sieht, dann leuchtet einem das gleiche fahle Hellbraungelb entgegen wie bei den Fjordpferden. Diese skandinavische Rasse sieht von allen dem asiatischen Urwildpferd am ähnlichsten. Das typische Kennzeichen ist der Aalstrich, der sich vom Stirnschopf über den Rücken bis zur Schweifspitze zieht.

Fjordpferde sind harte, ausdauernde Arbeiter auf den skandinavischen Bergbauernhöfen und dienen auch auf den Saumpfaden im Gebirge als Tragtiere. Sie sind unter dem Sattel und im Geschirr gleichermaßen gut zu gebrauchen.

Dies waren die Pferde, die von den Wikingern auf ihren Langbooten nach Island und auf die Inseln an der schottischen Westküste gebracht wurden.

Heute sind die laut Zuchtziel 133 bis 148 Zentimeter großen Pferde wegen ihrer Vielseitigkeit, ihres freundlichen Charakters und ihrer Verträglichkeit mit anderen Pferden beliebte Freizeitkameraden in ganz Europa.

Haflinger: Die Ursprünge der Haflingerrasse sind nicht ganz geklärt. Immerhin steht fest, daß diese kleinen, kräftigen, harten und edlen Gebirgspferde viele Eigenschaften dem arabischen Blut zu verdanken haben, das in ihren Adern fließt. Es gibt zwei gegensätzliche Theorien: Die eine behauptet, die Rasse stamme von schweren Kaltblutpferden ab, die an-

Rechts: Freiberger

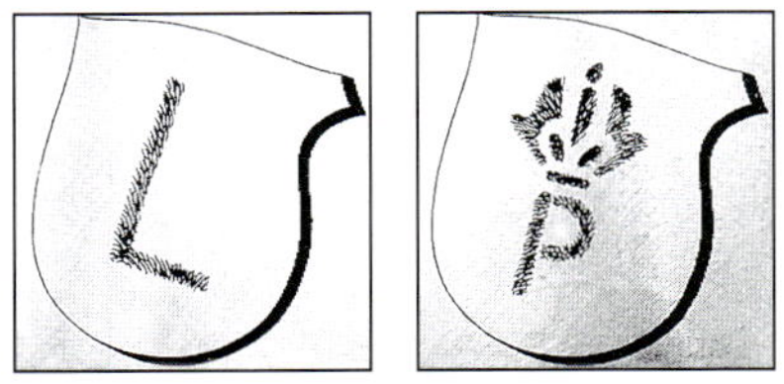

Links: Ganaschenbrand für alle in Lipica geborenen Pferde. Rechts: Brand für Lipizzaner aus dem österreichischen Bundesgestüt Piber in der Steiermark.

dere sagt, ihr Ursprung liege in einem leichten Bergpferdeschlag, der überdies durch orientalisches Blut veredelt worden sei.

Die gezielte Zucht begann 1874 mit der Geburt eines Hengstes namens *249 Folie* in Schlunders in Südtirol. Fest steht auch, daß *Folies* Vater ein Halbblutaraber war. Von dem kleinen Bergdorf Hafling auf dem Salten-Mölten-Plateau, tausend Meter oberhalb von Meran, hat die Rasse ihren Namen erhalten. Sieben Blutlinienbegründer prägen den Typ bis heute. Vier der sieben Hauptlinien gehen auf Söhne, Enkel und Urenkel von *El Bedavi* zurück, eben von jenem Halbblutaraber aus dem österreichisch-ungarischen Gestüt Radautz.

Nach den Vorstellungen des Zuchtverbandes ist der Haflinger ein edles, hartes, trockenes, kleines Universalpferd mit starken Knochen, um die 140 Zentimeter groß, gesund und widerstandsfähig, genügsam, leistungsfähig, trittsicher, gutmütig, lebhaft, treu und anhänglich, ein Pferd für jeden Verwendungszweck. Er soll Fuchsfarbe und helles Langhaar haben, korrekte, gerade und raumgreifende Gänge.

Der Haflinger ist kein elegantes Dressurpferd. Er wird keine internationalen Springprüfungen gewinnen, er ist – mit wenigen Ausnahmen – kein Pferd für den Hochleistungssport. Aber der Haflinger ist ein Gebrauchs-, Arbeits- und Freizeitpferd mit einem Charakter zum Liebhaben. Seine Qualitäten stammen aus seiner Bergheimat. Sie haben ihn in aller Welt beliebt gemacht. Man kann ihm überall begegnen, im ehemaligen Jugoslawien ebenso wie in Indien oder Kalifornien. In seinen heimatlichen Bergen zeigt er sich am ursprünglichsten. Und seine Heimat ist, wie die aller Pferde, nicht der Stall des Menschen, sondern die Herde seiner Artgenossen.

Freiberger: Aus dem Westen der Schweiz, aus dem Mittelgebirgsmassiv des Jura, an dessen Plateau an der französischen Grenze die Schweiz mit den Freibergen Anteil hat, kommt eine urschweizerische Pferderasse, die ihren Namen, wie viele andere Rassen auch, von ihrer Heimat hat: die Freiberger.

Die Pferdezucht der Schweiz, die heute ja eigentlich als Pferdeimportland gilt, ist tatsächlich fast tausend Jahre alt. Und vielfach wird vergessen, daß die Schweiz im 19. Jahrhundert Pferde nach Frankreich, Deutschland und England ausgeführt hat.

Der Freiberger mit dem Schweizerkreuz als Brand war über lange Zeit ein nützliches Militärpferd, nicht so sehr für die Kavallerie, sondern in erster Linie für die leichte Artillerie. Wie die andere Schweizer Rasse, der Einsiedler, hat dieses Pferd normannische Vorfahren, und eine wichtige Blutlinie geht auf einen am Ende des vorigen Jahrhunderts importierten Anglo-Normannen zurück. Mit einem Durchschnittsmaß von etwa 150 bis 160 Zentimetern ist der Freiberger eher klein, aber sehr kräftig. Diese Pferde dienten früher fast ausschließlich als Tragtiere der Gebirgstruppen und als Helfer der Bauern auf den Berghöfen. Heute sind sie auch als vielseitige Freizeitpferde gefragt.

Hackneypony: Ein Luxuspferdchen, das durch menschliche Formung und strenge Zuchtauswahl entstand, ist das Hackneypony. Es darf nicht größer als 142 Zentimeter sein und wird für Schauzwecke gezüchtet und gehalten. Seine aufsehenerregenden Gänge, seine Trabaktion und seine hohe Vorhandaktivität vor dem leichten Wagen erzeugen Staunen und Begeisterung beim Publikum.

Die Rasse ist eigentlich noch sehr jung, und dennoch reicht die Reihe der Ahnen des Hackneyponys weit zurück, bis zu einem der berühmtesten Rennpferde seiner Zeit: *Flying Childers* (geb. 1715), der ein Urenkel eines der Stammväter der Englischen Vollblutzucht, *Darley Arabian,* war. Seine Nachkommen prägten die Rassen der Norfolk und Yorkshire Trotter. Und einer dieser berühmten Traber wurde der Vater des ersten Champion - Hackneyponyhengstes namens *Sir George*. Der eigentliche Schöpfer der Rasse war der Züchter Christopher Wilson. Nach ihm wurden die ersten Generationen der Hackneyponys als «Wilson-Ponys» bezeichnet. Er hielt seine Pferde immer auf der Weide. Sie blieben auch im – relativ milden – englischen Winter draußen, was sie abhärtete und nicht zu groß werden ließ.

Das Hackneypony ist eine echte Luxuspferderasse, schön, brillant vor dem Wagen und auffallend. Und zu keinem anderen Zweck wird es gezüchtet.

Unten: Hackney im Einspänner, paradiert mit seiner Aufsehen erregenden Trabaktion.

Die **Lipizzaner,** die bis auf den heutigen Tag die «Kaiserschimmel» genannt werden, sind die vielleicht berühmteste Pferderasse der Welt. Lipizzaner kennen auch alle, die sich nicht mit Pferdezucht und Reiterei beschäftigt haben. Und die Pferde sind ein Wahrzeichen der österreichischen Hauptstadt Wien.

Nicht nur Schimmel, auch Braune wachsen im österreichischen Bundesgestüt Piber heran – schon seit langer Zeit. Es ging sogar die Sage, daß dem Kaiserhaus Unheil drohe, wenn in der Hofburg in Wien nicht wenigstens ein brauner Lipizzaner stünde.

Urheimat und Namensgeber der Rasse ist das Dorf Lipica in Slowenien, eine grüne Oase im kargen Karst zwischen Triest, Postojna und Rijeka. Erzherzog Karl II., Bruder Kaiser Ferdinands II., gründete hier am 19. Mai 1580 «Ihro Durchlaucht Gestüt», und die weißen Hengste, die von dort an den Kaiserhof nach Wien zum Dienst gebracht wurden, erhielten den Namen des Dorfes.

Nach dem Ersten Weltkrieg verlor Österreich Lipica an Italien. Die Zuchtherde wurde geteilt. Italien bekam hundertundneun, Österreich achtundneunzig Pferde. Die österreichischen Lipizzaner kamen nach Piber in der Steiermark, wo die Zucht fortgeführt wurde. Nach dem Zwei-

Andalusier (rechts) und Anglo-Araber (ganz rechts)

ten Weltkrieg überließen die Alliierten dem damaligen Jugoslawien elf Pferde, die nach Lipica zurückkehrten und die dort heute wieder bestehende Zucht begründeten.

Die Spanische Reitschule in Wien ist nicht nur ein Schaustück der Hauptstadt, sondern auch die Leistungsprüfungsanstalt für das Gestüt in Piber. Hier werden die Eigenschaften der Hengste geprüft, ihre Begabung für die Hohe Schule, ihre Kraft und Leistungsfähigkeit, ihre Intelligenz und Gelehrigkeit, ihr Charakter.

Andalusier heißt dieses Pferd auf der ganzen Welt. Und Andalusien im Süden Spaniens um Jerez de la Frontera ist auch das Hauptzuchtgebiet. Der spanische Zuchtverband hat allerdings schon 1912 diesen Namen abgeschafft, um Klarheit in die vielen unterschiedlichen Namen zu bringen, mit denen man die iberischen Pferde bezeichnete: Kartäuser, Lusitano, Alter-Real, Peninsilar. Daher heißt die Rasse der Andalusier heute *Pura Raza Espanola* – reine spanische Rasse.

Das hochedle, kleine bis mittelgroße Pferd mit dem üppigen, wallenden Langhaar und den auffallenden, erhabenen Gängen, mit seinen weichen, geschmeidigen Bewegungen, die den Reiter wie in einem Schaukelstuhl sitzen lassen, ist feurig, temperamentvoll und zugleich sanftmütig und sehr gelehrig. Sein Körperbau macht ihm die versammelten Lektionen unter dem Reiter leicht. Bei seinem eher quadratischen Bau treten die Hinterbeine von Natur aus weit unter den Pferdekörper.

Das Blut des iberischen Pferdes hat fast alle Kulturpferderassen der Welt beeinflußt, von den amerikanischen Mustangs über zahlreiche englische Ponyrassen und die niederländischen Friesen bis hin zu den Lipizzanern der Spanischen Reitschule. Wenn diese Pferde heute unter dem Stierkämpfer zu Pferde, dem «Rejoneador», in der Arena paradieren, in vollendeter Mitarbeit mit Eleganz den Angriffen des Stiers ausweichen, wenn sie bei der Fiesta den stolzen Caballero und seine Senorita tragen, dann sind sie rechte Schaupferde. Zugleich aber arbeiten sie mit Geschick und Schnelligkeit unter den Hirten auf den Weiden, wenn dort die Jungstiere mit der langen Stange, der «Garrocha», gehütet und auf ihre Angriffslust geprüft werden. Der Andalusier ist wahrlich ein stolzer Spanier.

Angloaraber: Araberhengst und Englische Vollblutstute oder umgekehrt – das ergibt den Angloaraber. Diese Kreuzung ist als Rasse anerkannt und wird mit einem eigenen Stutbuch vorwiegend in Frankreich und England weitergezüchtet.

In England muß ein angloarabisches Pferd für die Eintragung im Gestütbuch mindestens 12,5 % Araberblut haben, in Frankreich werden 25 % gefordert. Bei vorhandener Vollblutgrundlage sind also immer wieder reine Araberhengste oder -stuten für die Zucht erforderlich. Die Angloaraberzucht ist in Frankreich weit verbreitet. Die Staatsgestüte lieferten früher nicht nur Pferde für den königlichen Hof, sondern seit dem Ende des 18. Jahrhunderts auch die Kavallerieremonten für das Heer.

Der moderne Angloaraber vereint die Vorzüge beider Rassen in sich. Das Englische Vollblut bringt Schnelligkeit, Größe und guten Gang, der Araber Härte und Ausdauer. Das Cadre Noir der ehemaligen Kavallerieschule in Saumur, die prächtige Schauquadrille Frankreichs, ist durchweg auf reinen Vollblütern, Angloarabern oder französischen Reitpferden beritten. Im Spitzen-Turniersport findet sich der Angloaraber dagegen im Vergleich zu anderen Warmblutrassen relativ selten.

Trakehner: Unter dem Namen eines der berühmtesten Gestüte der Welt lebt eine Pferderasse fort, die einst die Bezeichnung «Das edle ostpreußische Warmblutpferd Trakehner Abstammung» trug.

Trakehnen, 1732 gegründet, war nach den Worten des langjährigen Gestütsleiters Graf Siegfried v. Lehndorff «der Born, aus dem die ostpreußische Pferdezucht schöpfte, nachdem die Landrasse die Grundlage für die Trakehner Zucht gebildet hat».

Nach der Flucht aus dem Osten im Zweiten Weltkrieg kamen ostpreußische Stuten und einige wenige Hengste vor den Treckwagen ostpreußischer Bauern und Pferdezüchter nach unvorstellbaren Strapazen im Westen Deutschlands an. Kaum je zuvor ist Pferden eine härtere Leistungsprüfung auferlegt worden. Mit diesen so geprüften Stämmen wurde dann in Westdeutschland weitergezüchtet. Und die Abkömmlinge dieser qualitätsvollen Rasse tragen heute den Namen des Hauptgestüts ihres einstigen Heimatlandes: Trakehnen.

Durch wohldosierten Zuchteinsatz von Vollblütern und Arabern entstand in Ostpreußen ein Pferd, das dem Ideal des modernen Reitpferdes entspricht. Außergewöhnliche Bedeutung für die Zucht hatte der Hauptbeschäler *Tempelhüter* von *Perfectionist.* Dieser Vollblüter wiederum war der Sohn von *Persimmon,* der 1896 das englische Derby und das St. Leger gewann. Das Blut dieser Linie lebt über Tempelhüter in fast jedem modernen Trakehner fort.

Tempelhüters lebensgroße Bronzestatue, errichtet noch vor seinem Tod im Jahr 1932, stand einst vor dem Landstallmeisterhaus in Trakehnen.

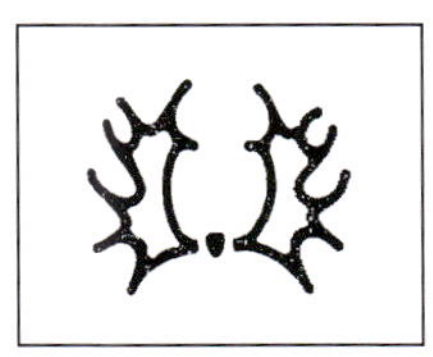

Oben: Ostpreußischer Stutbuch-Brand, den alle heutigen Trakehner tragen.

Links: Der Trakehner Elite-Hengst Caprimond von Karon-Mackensen, geboren 1985 unter Dolf D. Keller, der international sowohl S-Springen wie Grand-Prix-Dressur reitet.

Links: Selle Français
Rechts: Holländisches Warmblut, KWPN
Ganz rechts: Schwedischer Warmbluthengst

Als Kriegsbeute nach Moskau gebracht, steht das Denkmal heute vor dem Russischen Pferdemuseum. Ein Originalabguß wurde am 18. Mai 1974 vor dem Deutschen Pferdemuseum in Verden an der Aller aufgestellt und steht dort heute noch, verehrt von allen Freunden des Trakehner Pferdes.

Selle Français: In vielen Abstammungsnachweisen moderner französischer Springpferde taucht der Name *Furioso* auf. Und kaum ein anderer Hengst hat in jüngster Vergangenheit einen so großen Einfluß auf die französische Warmblutzucht gehabt wie dieser Englische Vollblüter, der kein gutes Rennpferd war, der aber in der Zucht sein Gebäude, seine hervorragenden Bewegungen und sein gutes Temperament vererbte.

«Selle Français» heißen die französischen Reitpferde erst seit 1958. Früher wurden sie einfach Halbblüter genannt, «demi-sangs». Die Wiege der Zucht stand vor fast zweihundert Jahren in der Normandie im Südwesten Frankreichs. Und wieder spielten Englische Vollblüter bei der Veredlung der ursprünglich ziemlich gewöhnlichen normannischen Pferde eine große Rolle. Der Anglo-Normanne, ein harmonisches, ausdrucksvolles Pferd mit guten Bewegungen und viel Springvermögen, galt immer als gutes Kavallerie- und Reitpferd und in einem zweiten Zweig der Zucht als schnelles Wagenpferd. Und so zeigt auch heute das Selle Français in seinem Pedigree eine Besonderheit: das oft reichlich vorhandene Traberblut.

Immer wieder bestätigt sich die Erkenntnis, daß Traber Springvermögen vererben können. Die weltberühmte deutsche Stute *Halla* stammte von einem Traberhengst. In der französischen Zucht gibt es ein ähnliches Beispiel: Ein höchst erfolgreiches Springpferd war der Hengst *Galoubet,* heute Vater vieler berühmter Springpferde. *Galoubet* war der Sohn des französischen Hengstes *Alm* und einer Traberstue, *Viti,* in deren Abstammung sich zahlreiche Spitzentraber finden.

Holländisches Warmblut: «KWPN» steht in vielen Turnierkatalogen hinter den Namen bekannter Spring- und Dressurpferde. Das heißt «Königliches Warmblut-Pferde-Stutbuch der Niederlande». Und das holländische Warmblutpferd ist über die ganze Welt verbreitet. Amerikaner, Deutsche, Engländer, Spanier, viele Turnierreiter setzen niederländische Pferde als Turnierpferde ein. In kurzer Zeit ist diese Zucht berühmt und erfolgreich geworden.

In den Provinzen Groningen und Gelderland lebte seit langem eine bodenständige Pferderasse, die von den holländischen Züchtern gekreuzt und mit Englischem Vollblut veredelt wurde. Strenge Auswahl, Prüfung der Hengste, die alle in Privatbesitz sind, Stutenprüfungen auf Gebäude, Rittigkeit und Temperament sowie die Hilfe des Staates, der die Pferdezucht als landwirtschaftliche Nutztierzucht fördert, ließen die Züchter in kurzer Zeit hohe Qualität erzielen.

Das niederländische Warmblut erfüllt in hohem Maße die Forderungen, die alle Reitpferde-Zuchtverbände stellen: ein gut gebautes, elegantes Reitpferd mit weiträumigen, geraden Bewegungen und gelassenem, lernbereitem Temperament.

Schwedisches Warmblut: Karl X. von Schweden gründete 1658 das Staatsgestüt Flyinge in der südschwedischen Provinz Skane. Nachdem dort zuerst ein buntes Sammelsurium von Pferden aus den verschiedensten Importen entstanden war, konsolidierte sich die Zucht im 19. und 20. Jahrhundert. Zuerst waren es Hannoversche Hengste, die auf die Blutlinien Flyinges starken Einfluß nahmen. Später, nach dem Zweiten Weltkrieg, war es ostpreußisches Blut, das den Pferden aus dem schwedischen Staatsgestüt seinen Stempel aufdrückte. Besonders die Hengste *Heristal,* Sohn des 1926 in Trakehnen geborenen Hauptbeschälers *Hyperion,* und *Polarstern,* leistungsgeprüft in Deutschland in der Military unter Ottokar Pohlmann, taten sich hervor.

Die Brüder Ericsson machten Pferde aus Flyinge als Springpferde und als Fahrpferde vor dem Viererzug in aller Welt berühmt. Die finnische Reiterin Kyra Kyrklund brachte hervorragende Dressurpferde aus dem schwedischen Staatsgestüt heraus. Im großen Sport hat das schwedische Warmblut seine Vielseitigkeit bewiesen.

Schweden züchtet ein modernes, elegantes Pferd mit guten Reitpferdepoints und regelmäßigen, geraden und schwungvollen Bewegungen. Gefühl für Pferde, Horsemanship und Reiterei sind seit Jahrhunderten in Schweden verankert. Es waren die Schweden, denen in erster Linie die Einführung der Reitsportdisziplinen in das Programm der Olympischen Spiele zu verdanken ist, und Schweden gehört bis heute zu den erfolgreichsten olympischen Reiternationen.

Hannover

Der **Hannoveraner** stammt aus dem Bundesland Niedersachsen, das ein springendes weißes Roß im Wappen führt. Die Pferdezucht ist hier ein wichtiger Wirtschaftsfaktor. Früher mußten sich die Zuchtstuten auf den Bauernhöfen durch Ackerarbeit ihr Futter verdienen. Am Wochenende ritt der Sohn sie auf Turnieren, und die Fohlen, aufgezogen und angeritten, trugen beim Verkauf zum Lebensunterhalt des Hofes bei.

Die Hengste sind zum kleineren Teil in Privathand, zum größeren Teil stellt der Staat sie aus seinem Landgestüt in Celle gegen eine relativ geringe Gebühr zur Verfügung. Die allerersten Vatertiere aber, die den Stall in Celle bezogen, waren erstaunlicherweise – Holsteiner.

Als König Friedrich Wilhelm I. von Preußen sein Hofgestüt Trakehnen schon seit drei Jahren eingerichtet hatte, verkündete 1735 König Georg II., «Georg der Andere von Gottes Gnaden, König von Großbritannien, Hertzog zu Braunschweig und Lüneburg ect. ...» folgendes:

«Demnach wir zum Besten unserer Unterthanen und zur Erhaltung einer guten Pferdezucht in Unseren Teutschen Landen ... allergnädigst befunden und resolvirt haben, ein Landgestüt vorerst mit zwölf Hengsten anlegen zu lassen ...»

Da reiste der Oberjäger der Celleschen Hirschmeute, Gabriel Roger Brown, der beste Pferdekenner am Hofe, nach Holstein. Der König hatte gehört, daß dort zur damaligen Zeit die renommiertesten Pferde zu finden waren, die in aller Herren Länder gutes Geld brachten. Dort also kaufte Brown zwölf «ausländische» Hengste, von denen «der große goldbraune Güllenstein», «der kleine schwarze Rantzau», «der feine schwarze Reventlow» und andere, edel, nervig und großrahmig, ausdrucksvoll in allen Körperteilen, durch ihre leicht vorgewölbte Nasenlinie ihre spanischen Ahnen verrieten.

Die heutigen Hannoveraner sehen anders aus. Die Pferde mit dem hannoverschen Brandzeichen, den stilisierten gekreuzten Pferdeköpfen, die ein H bilden, sind entstanden aus bäuerlicher Züchterpassion, aus generationenlanger Erfahrung, zäher Beständigkeit alter Familien, aus einer gewissen Bereitschaft, das Risi-

Links: Friese
Rechts: Orlow-Traber im Zweispänner

ko des Zuchtabenteuers auf sich zu nehmen, und schließlich auch aus der Fortune der Tüchtigen. Auf ihren heimatlichen Höfen sind diese Pferde – wie in allen Zuchten – Familienmitglieder. Erfolgreich und liebenswert werden sie sein, wenn sie von ihren Reitern und Fahrern ebenso behandelt werden.

Friesen: «Die schwarzen Perlen» – so nennen die Züchter in ihrer niederländischen Heimat diese stattlichen, langbemähnten Rappen, die ebenso feurig wie sanft und zutraulich viele Reiter und Fahrer glücklich machen. Diese uralte Kulturpferderasse führt Blutströme orientalischer Pferde und, ganz unverkennbar, auch Merkmale des Andalusiers, mit dem sie während der spanischen Besetzung der Niederlande im achtzigjährigen Krieg (1568–1648) gekreuzt wurde.

Ihre engen Verwandten, die früheren Oldenburger, gewannen Weltruhm unter dem Herzog Anton Günther, der durch das kluge Verschenken wertvoller Pferde im dreißigjährigen Krieg sein Land vor manch drohender Plünderung und Brandschatzung bewahrte.

Die aufsehenerregende hohe Vorhandaktion des Friesen im Trab ist seine Spezialität und macht ihn zum beliebten Schaupferd, auch vor dem Wagen und bei zirzensischen Vorführungen. Dazu sind die Friesen harte, genügsame Arbeitspferde, die lange genug ihr Futter mit der Feldarbeit verdienen mußten. Heute noch werden die Friesen zuweilen die «trabende Rasse» genannt, vielleicht in Erinnerung daran, daß eine der Stammütter der Orlow-Traber eine Friesenstute war.

Heute werden die Friesen auch außerhalb ihrer Stammheimat, der Provinz Friesland im Norden der Niederlande, gezüchtet. Aber vielleicht nehmen sie sich doch am prächtigsten aus, wenn sie im Einoder Zweispänner vor der «Friesensjees» gehen, dem traditionellen Bauerngefährt, der hochrädrigen, kunstvoll bemalten zweisitzigen Karre, auf der der Bauer mit Zylinder und die Bäuerin mit der kostbaren friesischen Goldhaube ihren Wohlstand zu Schau stellten, wenn sie sonntags zur Kirche fuhren.

Orlow-Traber in der Troika

Orlow-Traber: Die Troika ist die traditionelle russische Anspannung vor dem leichten Wagen oder vor dem Schlitten. Dabei werden drei Pferde nebeneinander angespannt. In der Mitte läuft ein großer Traber, rechts und links von ihm zwei nach außen ausgebundene Pferde, die galoppieren, wenn der Traber richtig loslegt, denn sie können im Tempo sonst nicht mithalten. Der mächtig ausgreifende Traber geht in der Gabel des Gefährts unter der Duga, einem Bogen aus leichtem Birkenholz. Die Seitenpferde müssen ehrlich ziehen, über das Gabelpferd wird die Troika gelenkt. Dieses Gabelpferd unter der Duga ist in aller Regel ein Orlow-Traber.

Graf Alexej Gregorjewitsch Orlow, Gardeoffizier Katharinas II., war der Schöpfer dieser einzigartigen Rasse in einem Land, in dem das Pferdegespann das einzige Transportmittel war. Und auf den russischen Wegen brauchte man starke, kräftige und schnelle Pferde. Der vielseitig begabte Graf führte das russische Geschwader, das 1770 die türkische Flotte vernichtete. Und als das Geschwader nach dem Sieg weiter im ägäischen Meer kreuzte, sah Graf Orlow sich in den angrenzenden Ländern um. Er kaufte Pferde aus türkischer, arabischer und persischer Zucht, darunter den Araberhengst *Smetanka*. Im Bezirk Woronesch gründete der Graf sein neues Gestüt Chrenowoje. Und dort brachte ihm der Araber mit einer dänischen Stute den Hengst *Polkan I.* Dessen Sohn wiederum, *Bars I,* 1784 aus einer niederländischen Harddraver-Stute geboren, wurde der Stammvater der Orlow-Rasse. Die «Orlows» erbten von den Arabern die Eleganz und Ausdauer, von europäischen Rassen die Kraft und Größe. In Chrenowoje trieb man massive Inzucht auf *Bars I,* und so gehen alle dort geborenen Orlow-Traber väterlicherseits auf diesen Hengst zurück.

In der Sowjetunion wurden auf der Grundlage Orlowscher Blutlinien zahlreiche Trabergestüte gegründet, aber die besten, typvollsten Pferde kommen noch heute aus Chrenowoje. Einer der großen Vertreter dieser Zucht, *Pion,* trabte eine englische Meile (1.600 Meter) in 2:00,1 Minuten!

Orlow-Traber findet man heute überall in der Welt. Ein Viererzug in deutschem Besitz erregt immer wieder Aufsehen, wenn in der Marathonprüfung der Gespannmeisterschaften die vier Orlow-Schimmel in einem Trab durchs Gelände brausen, daß manch ein Viererzug im Galopp nicht mitkommt. Die Zahl der reinrassigen Orlow-Traber im heutigen Rußland wird auf dreißigtausend geschätzt.

Der **Appaloosa** darf ein «marble» sein oder ein «leopard» oder ein «snowflake»; er darf eine «frosted hip» haben oder eine «spotted» oder «white blanket». Das sind die sechs zugelassenen Farben, die einen Appaloosa kennzeichnen.

Die Geschichte dieser aparten gefleckten oder getupften Pferde ist in

Appaloosa-Hengst

ihrem Ursprung eine Indianergeschichte. Die nordamerikanischen Indianer liebten seit jeher bunte Pferde. Am meisten schätzten sie Pferde mit einer Fellzeichnung, die

Links: Tennessee Walking Horse Champion «Time it Perfect» aus Alabama im «Rack», der Viertakt-Gangart, die die gleiche Fußfolge hat wie der Schritt, die aber in ihrer schnellen Folge viel schneller vorwärtskommt. Die Hinterbeine greifen dabei weit vor die Hufspuren der Vorderbeine. Pferde wie diese können auch galoppieren, werden aber im Wettbewerb nie in dieser Gangart vorgestellt. Der schwere Beschlag unterstützt die aufsehenerregende Knieaktion.

Rechts: Camargue-Pferde im nordwestlichen Waldgebiet ihrer Heimat.

Unten: Prinz Philip, Herzog von Edinburgh, mit einem Viererzug in der Geländestrecke in Windsor Great Park. Lange Zeit fuhr der Prinz Cleveland Bays in internationalen Wettbewerben.

sie «medicine hat» nannten. Die Nez-Percé-Indianer aber scheinen der erste, wenn nicht der einzige Stamm gewesen zu sein, der eine planmäßige Pferdezucht aufbaute. Sie züchteten in der ersten Hälfte des 18. Jahrhunderts gefleckte Pferde, wie sie sie zuerst bei ihren Nachbarn, den Shoshoni, gesehen hatten. Weil die Nez Percé im Tal des Flusses Palouse lebten, bekam das gesprenkelte Pferd bald den Namen «a palouse horse». Daraus ist die Rassebezeichnung Appaloosa entstanden.

Die Nez Percé wurden 1877 vertrieben, in ein Reservat gesperrt – und dabei verloren sie auch ihre Pferde. Das wäre fast der Untergang dieser Rasse gewesen. Erst 1937 wurde mit dem *Appaloosa Horse Club* ein eigener Zuchtverband gegründet, der drei Jahre später fünfundfünfzig Mitglieder und hundertunddreizehn eingetragene Pferde hatte. Dann aber gab es einen riesigen Aufschwung, und bis heute wurden beim *Appaloosa Horse Club* über 550 000 Pferde eingetragen.

Neben den geschilderten Fellzeichnungen muß ein Appaloosa ein gesprenkeltes Krötenmaul haben; in den Augen muß die Iris weiß umrandet sein, und die Hufe müssen senkrecht gestreift sein. Die spanischen Vorfahren dieser Pferde hatten häufig eine leichte Ramsnase. Der praktische, kompakte Körperbau der Appaloosas weist auf ihre Verwandtschaft mit dem Quarter Horse hin.

Tennessee Walking Horse: Dieses großrahmige, hübsche Pferd mit der enorm schrägen Schulter und der kräftigen, weit untertretenden Hinterhand besitzt wohl den eigenartigsten Gang, den irgendeine Pferderasse der Welt aufzuweisen hat: den *Running Walk,* eine Art Rennschritt. Das Tennessee Walking Horse war das gegebene und auch planmäßig gezüchtete Pferd für die Plantagenbesitzer im Süden der USA, die auf bequeme Art lange herumreiten und ihre Arbeiter beaufsichtigen wollten. Darum hießen Pferde dieser Rasse auch «Southern Plantation Walking Horses». Und wirklich: Der weiche, gleitende Gang im Rennschritt läuft für den Reiter ganz ohne Erschütterungen ab und ist sehr bequem. Dabei können die Pferde zehn Stundenkilometer schnell sein.

Der Tennessee Walker ist heute ein Schaupferd, dem man des «besseren Aussehens» wegen zuweilen die Schweifrübe brach, damit der volle Schweif auf der Kruppe lag, und das man mancherorts mit schwerem Hufbeschlag und Schrotringen um die Fesseln zu immer höheren und raumgreifenderen Gängen zu bringen versucht.

Camarguepferd: Wenn im Winter der eiskalte Mistralwind über die Salzpflanzen und das Riedgras im Rhonedelta pfeift, mag man sich wundern, daß in dieser immer wieder vom Meer überschwemmten Landschaft tatsächlich Pferde überleben können. Und doch ist hier eine Schimmelrasse zu Hause, die zum Wahrzeichen des Landes geworden ist.

Es sind harte, genügsame Pferde, die oft nur von dem leben, was sie in der Landschaft zu fressen finden. Es sind Hirtenpferde, die mit einem angeborenen Instinkt die «Gardians» beim Hüten der Rinderherden unterstützen. Sie gehen unter einem Sattel, der sehr an die spanischen Sättel erinnert, und auch der Korbsteigbügel, durch den der Reiter den Fuß nicht ganz hindurchstecken kann, wurde einst in Spanien entwickelt.

Der Ursprung der Rasse liegt im dunklen, doch scheint ein Einfluß des Berbers, den die maurischen Eroberer mitbrachten, deutlich erkennbar zu sein. Auch der kurze Trab deutet darauf hin. Dafür können die Camarguepferde raumgreifend galoppieren. Die Schimmel des Rhonedeltas sind spätreif und, wohl darum, besonders langlebig. Die breiten, harten Hufe tragen sie sicher auch in sumpfigem, wasserüberflutetem Land. Die Menschen dort haben für ihre Pferde den passenden Namen gefunden: Pferde des Meeres.

Cleveland Bay: Cleveland ist eine Grafschaft im Nordosten Englands, die Heimat der ältesten bodenständigen Pferderasse in Großbritannien. Und «bay» heißt nicht nur rötlich-kastanienbraun, sondern auch Lorbeer. Die Pferde, die Cleveland Bays heißen, «carried off the bays»: Sie ernteten die Lorbeeren, als sie in den zwanziger Jahren dieses Jahrhunderts statt der Hannoveraner Rappen als Wagenpferde in den königlichen Marstall am Buckingham Palace einzogen. Seitdem stehen diese eleganten, starken Pferde mit der vornehmen braunen Jacke und dem schwarzen Langhaar in königlichem Dienst. Schon lange zuvor trug eines der nobelsten Kavallerie-Regimenter, die zweiten Gardedragoner, den Titel «The Queen's Bays».

Ursprünglich war dies eine Zugpferderasse, die auf den schweren

Lehmböden im Nordosten Englands auf den Farmen gut zu gebrauchen war. Später züchtete man durch Einkreuzung von Vollblütern auch ein schnelles Kutschpferd, geeignet für die Eilpostwagen: das Yorkshire Coachhorse. Aber auch springgewaltige Reitpferde entstanden aus den Cleveland Bays, kräftige Hunter für schwergewichtige Reiter. Prinz Philip, Herzog von Edinburgh, fuhr zeitweise einen Viererzug mit Cleveland Bays in internationalen Fahrkonkurrenzen.

FELL-FARBEN

Die Farbtafel der folgenden Doppelseite gibt einen Begriff von der Vielfalt der Pferdefarben, die Aufzählung der Bezeichnungen ein Beispiel für die Phantasie der Pferdezüchter, die immer neue Namen erfanden. Doch die Mannigfaltigkeit der Natur läßt sich nicht katalogisieren. Deshalb sind die angegebenen Farbbezeichnungen gewissermaßen Vorschläge, die sich auch ändern könnten, bekäme man das ganze Pferd zu Gesicht. Von links nach rechts könnte man die Pferde vielleicht so nennen:

Erste Reihe: Albino – Glanzschimmel – Milchschimmel – Eisenschimmel – Rotschimmel – Blaßisabell oder Hermelin – gemeiner Isabell – Goldisabell.

Zweite Reihe: Schwarztiger – Fliegenschimmel – Grauschimmel – Blautiger – Sammetschimmel – Hellisabell oder Semmelfalb (bei schwarzer Mähne) – Goldfuchs – Lichtfuchs.

Dritte Reihe: Aschfalb – Mausfalb – Lichtfalb – Apfelschimmel – Brandschimmel – Zimmetschimmel – Lehmfuchs – Rotfuchs.

Vierte Reihe: Rehfalb – Goldbraun – Kastanienbraun – Stichelbraun – Schwarzschimmel – Rappschimmel – Leberfuchs – Brandfuchs.

Fünfte Reihe: Fahlbraun – Rotbraun – Gelbbraun – Rehbraun – Rappe – Sommerrappe – Kohlrappe – Glanzrappe.

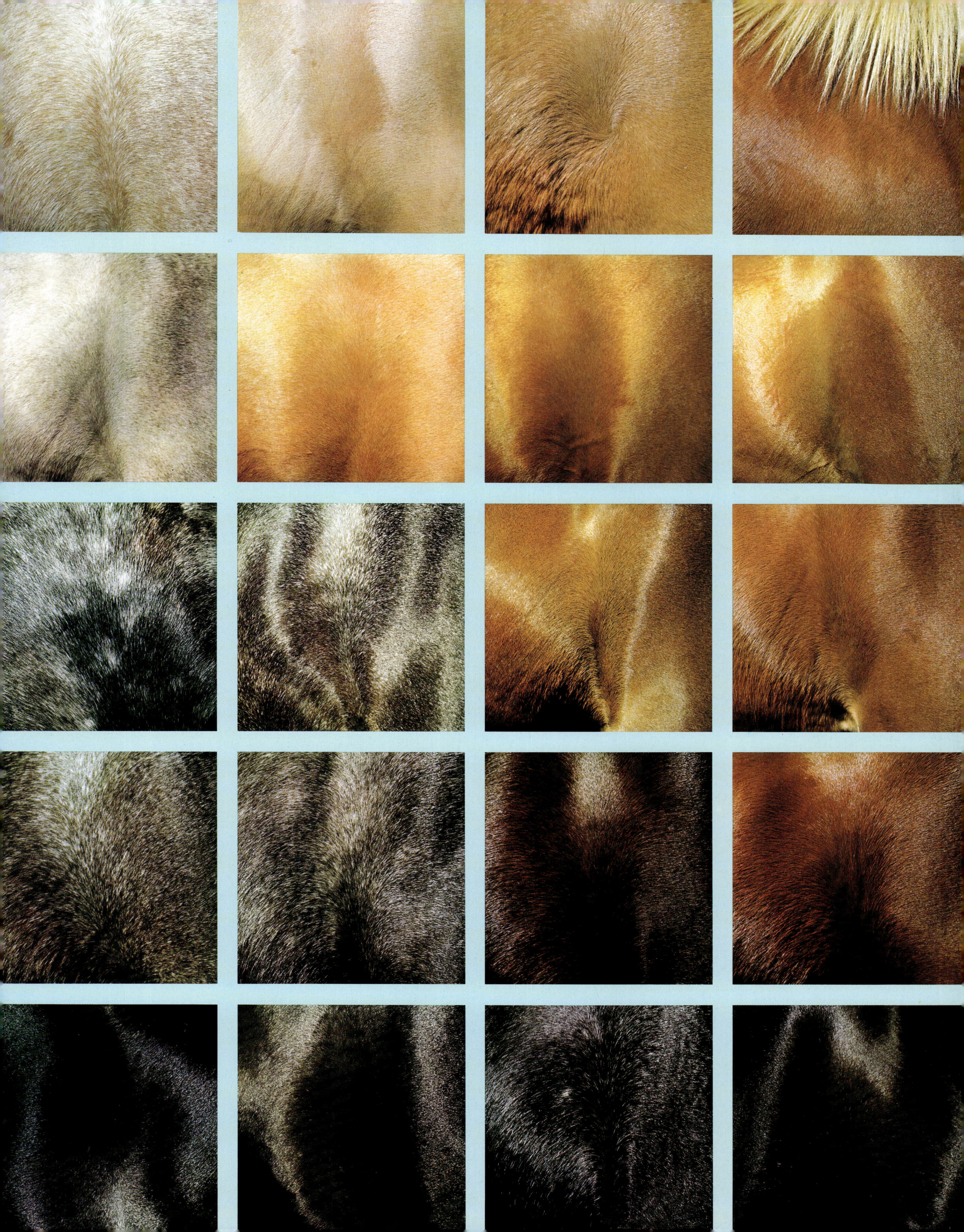

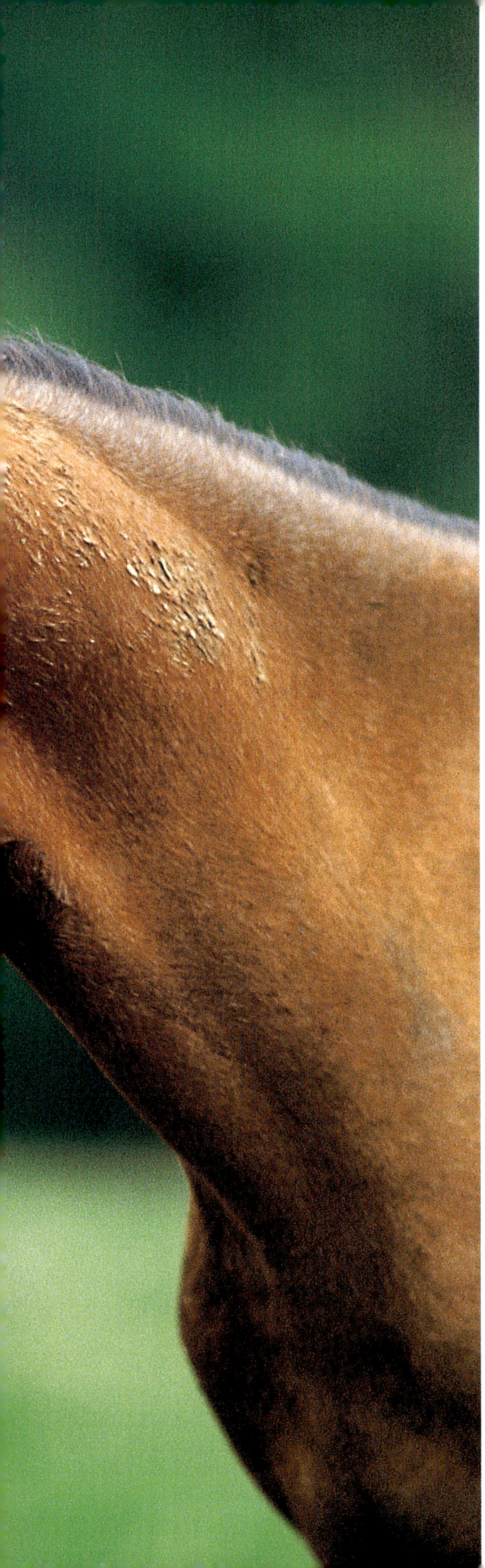

Kontakt-Partnersuche

Der erste Eindruck, wenn Pferd und Pferd – oder Mensch und Pferd sich begegnen, ist Behutsamkeit, das Verhalten: abwartend. Wer sich einem Pferd nähert, möchte ja nicht Erschrecken hervorrufen oder Ablehnung. Der Kontakt will sacht hergestellt werden, und die Nase des Pferdes spielt dabei eine besondere Rolle. Dem allzu Forschen wird schnell die Tür gewiesen. Doch keine Angst, bei gutem Willen kann auch gleich Freundschaft geschlossen werden, anständiges Benehmen vorausgesetzt. Wie überall haben es auch hier die Kinder leichter, freundlich aufgenommen zu werden.

Links und oben: Mit Pferden nehmen Pferde genau so Kontakt auf wie mit Menschen. Erst mal sehen, ob man den andern riechen kann. Ob kleines Pony oder großer Warmblüter, es ist immer die gleiche Zeremonie.

Oben und rechts: Zu Kindern haben Pferde ein besonderes Verhältnis. Ihre Jugend und ihr Vertrauen wecken meist vorbehaltlose Zuneigung. Und das beruht auf Gegenseitigkeit, sobald man sich kennengelernt hat. So dürfen sich beide sicher fühlen. Doch sollte man immer wieder vor allzu großer Sorglosigkeit warnen.

Ich war noch ein Junge und ziemlich klein, in einem Alter, in dem es immer wieder einmal Gelegenheit gab, neben meinem großgewachsenen, Respekt und Vertrauen einflößenden Vater in bestimmten Situationen dessen Hand zu suchen, um mir Sicherheit zu holen. Mein Vater war ein Pferdemann. Er kannte Pferde und wußte alles über sie. Und ich war glücklich, einen solchen Vater zu haben, denn ich war mit dem Pferdebazillus infiziert. Erbgut von allen Seiten. Onkel, Tanten, Freunde, Bekannte, alle hatten mit Pferden zu tun. Und ich auch.

Wo immer möglich, kroch ich in allen erreichbaren Pferdeställen herum, zwischen den Pferdebeinen, unter den Krippen und – wo es irgend ging – auch auf den Boxentrennwänden. Und wenn ich von da aus auf einen Pferderücken gelangen konnte, dann saß ich da zu Pferde und ritt – im Stall. Aber ich war auch schon draußen geritten, auf dem Bauernhof in den Ferien, auf einem Ackerpferd vor dem Pflug. Ich hielt mich am Kammdeckel fest, an den Ringen, durch die

die Leine lief, und manchmal packte ich diese Leine vor den Ringen und hielt sie in meinen Händen und spürte die Bewegungen des Pferdekopfes im Schreiten und fühlte das Gebiß im Pferdemaul, und *ich* lenkte dann das Pferd. Stolze Augenblicke!

Ich hatte auch schon Reitunterricht bekommen, von meinem Vater, an der Longe, auf einem braven, ruhigen Pferd, das in einem benachbar-

ten Stall zu mieten war. Ich war auch schon im Galopp geritten. Ich kannte diese ruhige Schaukelbewegung, die einen im Sattel wiegte, ganz anders als der etwas stöckerige Trab, der einen auf und nieder stieß, daß einem ganz dumm im Kopf wurde und man sich in der Kniekehle wundrieb an der Hose, die sich über den Gummistiefeln bauschte. Ich hatte also schon viel von Pferden gelernt, im Stall bei ihrer Rast und Ruhe und von oben, auf ihrem Rücken.

Da nahm mein Vater mich eines Tages mit hinaus vor die Stadt, und wir standen bald am Zaun einer von grünen Hecken eingesäumten Pferdeweide. Wir gingen durch das Weidetor, schlossen es sorgfältig hinter uns und gelangten bis zu einem Baum, der Schatten spendete. Dort, an diesen Baum gelehnt, betrachteten wir eine Gruppe von etwa einem Dutzend Pferde, die in einiger Entfernung grasten. Ich kannte sie alle. Es waren die Mietpferde aus unserem benachbarten Stall. Sie hatten regelmäßig einige Tage Ferien auf der Weide.

In der geruhsam grasenden, kleinen Herde warfen ein paar Pferde die Köpfe auf und sicherten kurz zu uns herüber. Aber sie wendeten die gespitzten Ohren und die weiten Augen bald wieder von uns ab und blickten in andere Richtung. Doch wohin? Da war nichts. Sie schauten wie ins Grenzenlose, standen straff, gespannt, ohne die geringste Bewegung. Doch bald senkten einige wieder die Hälse und steckten die Nasen schnaubend ins Gras.

Ein zierlicher, drahtiger Brauner aber steilte plötzlich auf, stand auf den Hinterbeinen, schlug mit den Vorderhufen wild in die Luft. Aber da war doch nichts in der Richtung seiner Drohgebärde, gar nichts war da, was hatte er denn?

«He, du da», rief mein Vater ihn an, «Angeber, was ist denn, komm doch mal her, laß dich anschauen! Na, komm schon ...»

Da schaute er zu uns unter unserem Baum herüber. Und, wahrhaftig, er kam. Und wie er kam! Er machte einen Rennstart, daß zwei Stuten sich erschrocken zur Seite warfen. Der

Oben: Ein paar Pferde werfen die Köpfe auf und sichern zu uns herüber. In jeder Herde gibt es einige besonders wachsame Tiere, die alles Neue, Unbekannte erst einmal mißtrauisch beäugen. Umso beruhigter grasen die anderen.

Links: Einer blickt aufmerksam in die Kamera: Was macht der da? Der andere weiß schon Bescheid: Ein Mann, der fotografiert. Zwei menschengewohnte Lipizzanerschimmel, wie man an dem großen ‹L› auf der Ganasche sehen kann.

Boden dröhnte. Attacke auf zwei Menschen, die da in seinem grünen Reich, auf seiner Weide standen. Er würde doch nicht ...? Er legte ja noch zu im Tempo. Ja, wollte der uns wirklich über den Haufen rennen?

«Bleib ruhig stehen», sagte mein Vater, «der tut uns nichts, er gibt nur an.» Ich aber war längst hinter den Baum geflitzt und lugte hinter dem Stamm hervor.

Ein Pferd rennt keinen stehenden Menschen um, das macht kein Pferd. Zwei Meter vor uns setzte der Braune den Bogen an. Er zischte an uns vorüber, daß uns die Erdklumpen an die Beine klatschten. Dann stob er noch eine Strecke weit fort. Ein Scheinangriff? Plötzlich stand er, stand wie eingerammt, den Hals zu uns zurückgebogen. Er prustete und schnarchte, und dazwischen kamen scharfe Töne, die fast wie ein Bellen klangen. Kamen sie aus der Kehle oder aus den Nüstern ...?

Da stand er nun, stolz und wie unbesiegbar. Und am Abend würde der Pferdebursche die Herde wieder in den Stall holen, und am nächsten Tag würde der Braune wieder brav als Verleihpferd unter dem Sattel gehen. Ein kleines Kind konnte ihn reiten. *Ich* hatte ihn geritten!

«Siehst du», sagte mein Vater, «wie anders sie sind hier draußen? Hier sind sie eben Pferde, so wie sie sind. Im Stall sind es nur unsere Kreaturen. Aber sie bleiben eben solche Pferde, das bleibt ihre Natur. Vergiß das nicht.» Und ich habe es nie vergessen, wenn ich zu Pferde saß.

Wer Kontakt sucht zu Pferden, wer ihren Charakter kennenlernen will, wer wissen will, wie Pferde wirklich sind, der sollte immer wieder einmal ein paar Stunden am Koppelzaun verbringen und Pferde unter sich ganz still beobachten. Vielleicht lernt man hier sein eigenes Pferd, das man schon eine Weile im Stall oder unter dem Sattel kennt, dessen Wesen man erkannt zu haben glaubt, von einer ganz anderen Seite kennen. Wie lehrreich können solche Stunden sein. Man muß sich Zeit nehmen und warten, bis die Pferde den Menschen da am Zaun vergessen haben. Und dann sehen wir sie unter ihresgleichen, sehen, wie verschieden sie sind.

Das uralte Gesetz der Herdenbildung lebt immer in diesen Tieren, eine Rangordnung wird

Rechts: Ein kontaktfreundlicher Stall, ein Segen für Pferde. Aus den offenen Boxen können sie alles Geschehen im Blick behalten. Sie können auch ihre Nachbarn sehen. Hier fühlt sich kein Pferd einsam.

Oben: Das kleine Mädchen und sein großer Freund. Hier geht, wie so oft, die Liebe über den Magen. Aber die Vertrautheit ist gewachsen. Der Schimmel kennt die Kleine, und bald ist es nicht nur das Futter, das die Freundschaft immer mehr festigt.

immer entstehen, wenn ein paar von ihnen zusammentreffen. Die Stärkeren, die Klügeren, die mit dem schärferen Instinkt, den schnelleren Reaktionen, die tun sich hervor. Dort, der kleine, drahtige Braune drängt sich durch die anderen, bedroht sie in der typischen «Treiberhaltung» mit gesenktem Kopf und angelegten Ohren. Mit schneller Wendung und blitzartigem Auskeilen erteilt er ein paar Aufsässigen eine schmerzliche Lektion. Grob knallen seine Hufe ihnen auf die Rippen. Andere jagt er herum, und wer nicht gleich folgt, wird in den Hals oder in die Schulter gebissen.

Und jetzt, als er sich an die Spitze setzt, folgt ihm die Masse. Das Leittier ist gefunden. Ein paar Frechlinge sind zwar in der Herde und ein paar Angeber auch, aber trotz Aufmüpfigkeit und Imponiergehabe zollen sie ihm Gehorsam. So verschieden auch die Charaktere sind, Pferde haben sich im Dienst der Menschen in Lebensbedingungen gefügt, die nicht ihrer Natur gemäß sind. Ja, sie fügten sich über Jahrhunderte in Knechtschaft. Denn Arbeit, Erniedrigung, Einsamkeit, Qual und Blut war die Münze, in der die Menschen ihnen vergalten, was sie leisteten. Doch was uns sklavisch erscheint an ihrem Wesen, war immer nur die ihnen angeborene Bereitschaft zum Gehorsam, wie er in der Herde unter ihresgleichen verlangt wird, ihre Bereitschaft aber auch zu Vertrauen und Freundschaft.

Wer ihnen mit Ruhe und Festigkeit entgegentritt, zu dem werden sie Vertrauen fassen. Und gerechte Behandlung kann zu echter Freundschaft führen. Freundlichkeit und kleine Wohltaten werden Zuneigung zur Folge haben können. Die stärkeren Persönlichkeiten unter ihnen werden schwieriger zu gewinnen sein, dafür ist ihre Freundschaft, ihr Gehorsam, ihre Leistungsbereitschaft besonders wertvoll. Wer Pferde zu Freunden haben will, muß Geduld haben und abwarten können.

Wenn man draußen auf der Weide gelernt hat, wie Pferde unter sich sind, ist der Weg nicht mehr weit in ihr Reich, das man mit einigem Respekt betreten soll. Pferde herrschen, wo sie leben, auch in den Ställen der Menschen. Man muß nicht unbedingt ein Reiter sein, um in der Enge des Stalles doch die Weite ihres Lebens zu spüren. Man muß nichts von ihnen wissen, man muß nicht Rasse und Stammbaum kennen, ihre Typen unterscheiden können, wenn man sie ruhig und freundlich auf sich aufmerksam macht. Man darf sie aber auch nicht als die Gefangenen des Menschen betrachten, wenn man sie durch die Gitterstäbe ihrer Boxen blikken sieht oder, wie es besser wäre, wenn sie über die halbhohe Boxenwand schauen, über die sie ihre Nachbarn sehen und die ganze Stallgasse im Blick haben können. Aber es tut gut, sich daran zu erinnern, daß sie, die hier leben, über Jahrtausende unsere Geschichte mitbestimmt haben, wenn sie auch für den Lauf der Welt heute nichts mehr bedeuten. Aber sie haben sich nicht geändert. Sie sind immer noch die freien, stolzen Wesen, die den Menschen dienen und doch einzig ihrer Natur gehorchen. Das äußere Erscheinungsbild und manche Veranlagungen haben wir durch Zuchtwahl verändern können, nie jedoch ihr Grundwesen, dessen eigentliches Reich die Weite und die Freiheit ist, beherrscht vom Drang nach Bewegung und dem Streben nach Gemeinschaft mit ihresgleichen.

Darum muß, wer bei ihnen eintritt, nur das gleiche tun, was jeder Reiter im Sattel auch tun muß: das Pferd in seiner Eigenart gelten lassen als ein großes, starkes Wesen. Die freundliche Dienstbereitschaft der Pferde mag uns immer wieder wie ein Wunder vorkommen. Wenn man ihnen dann Vertrauen in ihre Freundlichkeit und ihre Sanftmut entgegenbringt, wird die erste Freude das Wunder bestätigen. Das Pferd wird den Menschen nicht umschmeicheln, es wird nicht mit Unterwürfigkeit das Wohlwollen des

Menschen erstreben, es wird scheinen, als verlange es zuerst seine Achtung. Aber es wird ihn anschauen, mit gespitzten Ohren, mit einer Art freundlicher Zurückhaltung, wie ein nobler Herr den Besucher in seinem Heim empfängt, der sich ihm noch nicht vorgestellt hat. Wenn es dann aber gelingt, daß nach vorsichtigem Herantreten das Pferd die Hand des Menschen an seinem Hals duldet, in seiner Mähne oder gar im Schopf zwischen den Ohren, wenn es dann den Menschen sacht mit den Nüstern berührt, seinen Geruch einschnobert, das Haupt senkt, ohne es aufzuwerfen, dann ist der erste, vielversprechende Kontakt aufgenommen, der sorgfältig gepflegt sein will, denn dies ist der erste Schritt zu einem Partner, mit dem man Freude haben kann. Freude mit Pferden.

Ja, heute begegnen viele Menschen den Pferden zum ersten Mal im Stall. So ist der Weg zu den Pferden heute auch nicht mehr weit. Selbst in den Großstädten finden sich viele Pferdeställe, dort, wo inmitten der Betonwüsten die Sehnsucht der Menschen nach der Natur immer größer wird. Dort im Stall kann man nicht ahnen, zu welcher Schnelligkeit, zu welchem Schwung, zu welcher Lebensfreude diese Wesen fähig sind, wenn sie gar mit der Kruppe zur Stallgasse, angebunden mit einem Strick am Halfter, vor ihren Krippen stehen. Aber auch sie wenden nach leisem Anruf den Kopf und schauen ihren Besucher an. Und dann gehört ein wenig Mut dazu, zwischen der Wand des Ständers und dem großen Körper hindurchzugehen nach vorn bis an die Krippe, zu ihrem Kopf.

Bei der Suche nach einem Partner unter dem Sattel ist es bei den Pferden wie bei den Menschen. Erst sollte man ihnen ins Gesicht schauen. Wenn man dann dicht bei ihnen steht, muß man aufschauen zu ihnen, und das Pferd blickt herab auf den Menschen. Das ist kein schlechter Ausgangspunkt für die geplante Partnerschaft. Da ist das große, dunkle Auge, das herabschaut, in dem aber nichts Herablassendes ist. Und jetzt, aus der Nähe, ist dieses Auge – das Dichter so oft beschrieben haben – wie ein Spiegel unergründlicher, undeutbarer Tiefe. Dies ist kein Diener,

Oben: Ein Schwatz an der Haustür. Sie haben sich immer was zu erzählen, miteinander zu spielen, sich zu necken. Der Mensch muß immer darauf achten, daß Pferde nebeneinander stehen, die sich mögen.

Links: Ein Bettler. Er nascht zu gern. Bei jedem Menschen, der sich nähert, vermutet er einen Leckerbissen. Und wenn er ganz eifrig ist, reißt er schon mal die Tasche auf. Sowas kann auch zur Unart werden.

Oben: Pferd zu Fuß. Ein schöner Vertrauensbeweis. Selbstverständlicher Kontakt vom Pferd zum Menschen. Ob sie das Tier zum Satteln führt oder zur Krippe.

Oben: Fohlen dürfen neugierig sein. Das enge Verhältnis zu Menschen baut sich in frühester Jugend auf. Das wirkt fort durch das ganze Pferdeleben – wenn keine schlechten Erfahrungen das Vertrauen stören.

der die Befehle seines Herrn erwartet. Dies ist ein Herr, der zu dienen bereit ist. In den Augen der Pferde liegt immer auch die Freiheit und die Weite ihrer Herkunft. Selbst hier, im Halbdunkel eines Stalles, selbst wenn er nicht das Licht und die Luft hat, die er haben sollte, selbst hier spürt man etwas von der Weite der Welt, in die die Pferde gehören. Und der mitfühlende Mensch mag gerade hier begreifen, wie sehr Halfter und Strick gegen die Natur dieses Tieres sind, das so sehr der Freiheit der Bewegung gehört. Das Wichtigste für den Umgang mit Pferden, das Entscheidende bei der Suche nach einem Partner für die gemeinsame Freude an der Bewegung lernt man tatsächlich, wenn man ihnen ganz nahe ist: ihnen mit der Achtung zu begegnen, die sie verdienen.

Ganz nahe bei diesen großen Tieren, bei Pferden in ihren Ständern, angebunden am Halfter, bekommt man eine gute Vorstellung von ihrer Kraft gegenüber der des Menschen. Mit einem Schwung ihres Leibes könnten sie einen an der Wand erdrücken. Und man erkennt, wie sehr man auf ihren guten Willen angewiesen ist. Manchmal lernt auch der Anfänger sehr schnell, daß menschengewohnte und alterfahrene Pferde sich ganz listig und schnell den gewünschten Respekt zu verschaffen wissen: Das edle Tier, auf dessen Rücken man den Rausch der Bewegung und der Geschwindigkeit erfahren möchte, mogelt sich so geschickt an den Stallbesucher heran, daß es unversehens mit einem Vorderhuf dem Menschen auf die Zehen gestiegen ist. Und wer einmal seinen Fuß unter einem beschlagenen Pferdehuf gehabt hat, der weiß, was Pferde wiegen und weiß, wie reglos so ein Vierbeiner über dem Wehgeschrei des Zweibeiners verharrt – und es mag ihm für eine Weile schwerfallen, an die schreckhafte Ängstlichkeit des Steppentieres zu glauben.

Auch die verbettelten Schmeichler unter den Pferden erfordern einige Aufmerksamkeit. Zuerst ist man stolz, daß man so schnell das Zutrauen des Tieres erwarb, wenn man die ersten Zucker- oder Rübenstückchen auf der flachen Hand den weichen Lippen dargeboten hat. Wie schnell da die Freundschaft geschlossen war. Vorsichtig, tastend zuerst, dann immer energischer beginnt die Pferdenase den neuen Freund nach weiteren Leckerbissen abzusuchen. Auf und ab, von der Schulter zu den Taschen. Und erst auf der Stallgasse merkt man, daß an der Jacke zwei Knöpfe fehlen.

Schnelle Bewegungen können Pferde leicht erschrecken, und es ist ein unangenehmes Gefühl, auf engstem Raum neben einem scheuenden Pferd zu stehen, das vor Angst unvorhersehbar hin- und herschnellt. Denn Pferde sind nun einmal von Natur ängstlich und bei unbekannten Erscheinungen eigentlich immer auf Flucht eingestellt. In der Natur ist die Flucht und die Schnelligkeit ihres Laufes ihre einzige Waffe. Dieser Instinkt beherrscht sie immer. Und man kann sich vorstellen, daß ein Lauftier, dem einzig die Weite der Steppe Sicherheit vor seinen Feinden bietet, in der Eingeschlossenheit des beschränkten Raumes besonders furchtsam ist. Und Pferde sehen nicht allzu gut, ihren mehr seitwärts und sogar rückwärts gerichteten Augen fällt es schwer, schnelle Bewegungen zu erfassen.

Und noch etwas: Pferde haben wie kaum ein anderes Haustier ein ganz feines Gefühl für die Angst anderer Wesen. Angst überträgt sich, auch die Angst des Menschen vor den Pferden. Nicht selten reagieren viele mit Angst vor der Angst. Vielleicht ist ja auch dies ein Schutzinstinkt für das Leben in der Herde, wo die Angst eines Herdengenossen das Alarmsignal für die anderen ist. Darum: Nur ruhige Sicherheit flößt Vertrauen ein. Unsicherheit, scheues Zurückweichen, zaghaftes Berühren lösen Angst aus. Das kann gerade dem, der sich dem großen Tier mit Übervorsichtigkeit nähert, gefährlich werden. Mit

einem Menschen aber, den die Pferde kennen, mit ihrem gewohnten Pfleger etwa, ist man auch als Fremder im Stall eines nervösen Pferdes sicher. Und wenn man erst einmal in Begleitung eines Erfahrenen erlebt hat, wie freundlich Pferde sein können, wächst das Vertrauen von selbst. Man muß sie schon ein wenig umwerben, sie werden sich uns nie schmeichlerisch nähern. Aber um so schöner ist es dann, wenn dieses große, starke, stolze Tier in seiner vornehm zurückhaltenden Art seine Zuneigung erkennen läßt. Die Freundschaft muß gehütet und gepflegt werden. Man darf sie nicht durch Hochmut, Überheblichkeit oder Gedankenlosigkeit aufs Spiel setzen. So lernt man bei den Pferden für die Menschen: Freundschaft muß man pflegen.

Es ist im Grunde nicht wichtig, wie das Tier aussieht, das der Pferdefreund sich zum Partner wählt. Wichtig ist, auf die Suche nach einem lebendigen Freund zu gehen, nicht nach einem Sportgerät oder einer Fortbewegungsmaschine. Der Mensch will ja von diesem Gefährten nicht die berechenbaren Reaktionen einer Maschine. Was den Umgang mit Pferden so anziehend macht, ist jene geistig-seelische Verbindung, die das Gefühl vermittelt, daß ein Freund mit seinen mächtigen Kräften den Menschen versteht, der in erstaunlicher Übereinstimmung das gleiche zu *wollen* scheint. Das Vertrauen dieses großen Tieres kann Menschen beglücken. Daß dabei das Pferd seiner Natur so ganz und gar treu bleibt, daß es sich auch in der erbärmlichsten Erniedrigung nicht zum Knecht machen läßt, daß selbst ein elender Karrengaul, verdorben und geschunden, nicht jene gewisse Würde verliert, das macht die Freundschaft so wertvoll für Menschen, die sich ein Gefühl für solchen Wert erhalten haben.

Der Weg ist weit, den das Pferd zurücklegt, wenn es sich dem Menschen nähert. Aber es bleibt ein Tier, die Welt des Menschen ist nicht seine Welt. Das müssen wir erkennen, wenn es uns dienen soll, ohne unser Sklave zu werden. Wer kann Freude haben am Dienst eines Sklaven? Der noble Dienst eines Edlen vermittelt die Freude an den Pferden.

Oben: Wir wollen hoffen, daß die andere Seite der Box eine halboffene Tür hat. Die Schlafstube der Pferde soll nicht wie ein Gefängnis aussehen. Doch kommt hier jedenfalls Licht und Luft herein.

Pferde stellen Ansprüche

Ein Pferd ist eine Freude. Ein großes, stolzes, starkes Tier. Ein freundliches, zutrauliches, sanftes Tier. Ein elegantes, glänzendes, schönes Tier. «Ein Kabinettstück unseres lieben Herrgottes», so sagte einmal ein Bauer und Pferdezüchter, der seine Stute in weiten Tritten über die Weide schweben sah. Pferde können sich – auf den ersten Blick – nur durch ihre Bewegungen ausdrücken, durch ihre Körpersprache. Und die kann eigentlich jeder Mensch verstehen, auch wenn er sich nicht «Pferdekenner» nennt.

Die vielgestaltige Sprache der Pferde, in der sie den Dialog untereinander pflegen, die kleinen Zeichen und Gesten, die leisen Laute muß der Mensch deuten lernen, wenn er mehr von ihnen verstehen will. In der weithin sichtbaren Sprache, in den Signalen an ihre Umwelt, in der Bewegung des Körpers in raumdurchmessendem Schwung, im Bocksprung, in der Drehung in der Luft, im raumgeizenden Galopp fast auf der Stelle mit gerundetem Hals, im Auf- und Niederwerfen des Kopfes, im schleichenden, bodennahen Trab mit tiefgestrecktem Kopf und angelegten Ohren, in all diesen Bewegungen spricht das Pferd, drückt sich aus, signalisiert seinesgleichen – und den Menschen – wie ihm zumute ist, was es will. Dazu braucht es die Möglichkeit der Bewegung – und das ist der erste Anspruch des Pferdes.

Unten: Pferde brauchen Bewegung. Das zeigen sie so deutlich, wenn sie aus dem Stall auf die Weide entlassen werden.

Man kann es ihnen ansehen, wie sie sich des freien Raumes freuen, sich für die eigene Bewegung, ja, man könnte meinen, für ihren eigenen Körper begeistern.

Links: Pferde brauchen keine Paläste, aber manchmal bauen ihnen Menschen, die es sich leisten können, prachtvolle Wohnungen. Das Gestüt Victot, im Besitz der Familie Aumont, in der Normandie unweit Caen im Tal der Dorette gelegen, einst Reitpferde- und Remonte-Gestüt für die französische Armee, ist seit fast einhundertfünfzig Jahren eine der berühmtesten und erfolgreichsten Vollblutzuchtstätten Frankreichs. Die langgestreckten Stallungen mit den für die Normandie typischen Fachwerkfassaden beherbergten Heroen der Rennbahn wie Monarque und seinen Sohn Gladiateur. Die heutigen Insassen der großzügigen Anlage tragen die Farben des Gestütspächters Monsieur Wildenstein und sorgen weiter für den Ruhm des Namens Victot.

Pferde sind Bewegungstiere, zum Laufen, Rennen, Springen und vor allem zum langsamen Schreiten und Wandern geschaffen. Ohne Bewegung verkümmert das Pferd.

Ja, wie kann man sich da täuschen: Ich sah einmal in England einen müden alten Klepper an einem Gehöft stehen. Da stand er auf seinen vier Beinen, vorbiegig die Gelenke der Vorhand, mager, durchgebogen der Rücken hinter einem riesigen, knochigen Widerrist. Tief setzte der dürre Hals an und trug ganz weit vorn einen großen Kopf mit einem großen Ganaschenbogen. Traurig bammelten die langen Ohren rechts und links herunter. Die Augen hatte das Tier halb geschlossen, es hatte für seine Umgebung keinen Blick. Es stand da und war nicht angebunden. Und jeder konnte sehen, daß das auch gar nicht nötig war. Freiwillig, so schien es, würde dieses Pferd wohl nicht einen Schritt tun. Ein Pferd, froh, stillstehen zu können, der Bewegung nicht mächtig. Was war das für ein Pferd?

Einige Zeit später versammelte sich an diesem Hof eine Jagdgesellschaft. Die weiß-braun-schwarzen Foxhounds der Meute umwuselten jiffend und jaffend die Beine des Pferdes, auf dem der Huntsman saß, der sie mit einem kurzen Ton des kleinen, blanken Horns, das er zwischen den Knöpfen seines roten Rocks trug, immer wieder zur Ordnung rief. Von allen Seiten kamen auf dem Landsträßlein Reiter auf ihren Pferden, manche auch mit dem Transporter hinter dem Auto. Plötzlich war das Gehöft von lautem Leben umgeben. Dann kam ein Reiter aus dem Hof und legte dem alten Klepper, der da stand und zu schlafen schien, einen Sattel auf. Und als sich dann Reiter und Hunde zu einem ziemlich großen Gehölz auf halber Höhe des Hügels jenseits der Straße auf den Weg machten, saß auf diesem Pferd ein alter Mann mit krummem Rücken, in rauhem Tweedrock mit einem Bowler auf dem Kopf. Am langen Zügel ließ er sein Pferd auf dem Pflaster dahinklappern. Dann bogen sie von der Straße ab und verschwanden zwischen Bäumen und Unterholz.

Plötzlich ertönten weithin schallend schrille, aufregende, hetzende Töne aus dem Horn des Huntsmans. Und hinter den Hunden, dann seitlich von ihnen brach er aus dem Gestrüpp. Weiter oben am Hang erschien das Feld der Reiter. Die Hunde liefen mit lautem Hals auf der Fährte eines Fuchses, den ich gar nicht gesehen hatte, und *wie* sie liefen. So flogen sie über ein Feld auf eine dicke Hecke zu, ein Stück dahinter und seitlich galoppierten die Reiter, und dann nahmen sie alle die Hecke, ein solides Hindernis mit einem Graben dahinter, den man von vorn nicht sehen konnte.

An der Spitze des Feldes aber, gleich hinter dem roten Rock des Masters, tauchte ein graubrauner Tweed auf mit einem schwarzen Bowler darüber. Und darunter sah man einen langgestreckten Pferdeleib in einem weitausgreifenden Galopp, der sich vor der Hecke nicht um einen Deut verlangsamte. Nein, in vollem Schwung, im gleichen Rhythmus flog dieses Pferd über Hecke und Graben und zog weiter seine Bahn, mit gespitzten Ohren, mit langem Hals am langen Zügel, sichtlich völlig einig mit seinem Reiter und so kraftvoll und elastisch wie eine Feder.

«Good old *Mr. Puffington* – oh, that's the name of the horse», sagte mein Begleiter hinüberweisend, als er sah, wie ich den beiden nach-

Oben: Fohlen mit der Mutter auf der Weide. Da sollte es, wenn immer möglich, eine Kindergesellschaft geben. Spiel und kleine Rangeleien unter den Jüngsten sind charakterbildende Früherziehung. Und die Mütter sind ja immer dabei. Zu ihnen kann man sich flüchten, bei ihnen kann man sich sicher fühlen. Die Neugier auf die Welt kommt dabei nicht zu kurz.

schaute. «Yes, he's allright, when he's on the move. Looks different, when Charlie lets him go. Yes Sir, handsome is, what handsome does!»

Und dann hörte ich die Geschichte von *Mr. Puffington*, der bei dem Farmer Charlie lebte wie Kind im Haus, der mit ihm spazierenging wie ein Hündchen bei Fuß, auch wenn Charlie auf dem Feld arbeitete. Zwanzig Jahre war er alt, der *Mr. Puffington*, und er liebte nur seinen Herrn, hatte keine Pferdefreundschaften. Aber er brauchte den Sattel, um ein richtiges Pferd zu werden, und er liebte den Galopp ebenso wie sein Reiter. Dieser traurige, müde alte Klepper – die Bewegung hatte aus ihm ein Pferd gemacht, ein Traumpferd!

Bewegung unter dem Sattel, wenn es das ist, was ein Pferd mag, dann wartet es darauf jeden Tag. Bewegung ohne Sattel, möglichst unter seinesgleichen, das ist es, was Pferde brauchen – jeden Tag.

Aber nicht immer geht es um Galopp unter dem Reiter, und nicht immer geht es um fröhliches Toben mit den Artgenossen auf der Weide, auch wenn Kraft und Gesundheit immer wieder ausgelebt werden müssen in munteren Sprüngen. Der Lebensweise der Pferde entspricht eigentlich der Schritt. Sie sind von der Natur dazu gemacht, den ganzen Tag mit ihresgleichen herumzuziehen und zu grasen, zu ruhen und wieder zu grasen, Schritt für Schritt, wie die Natur es ihnen eingegeben hat. Das brauchen sie, um gesund und zufrieden zu sein.

Wer immer sich ein Pferd hält und es in den Stall stellt und es den ganzen Tag die Wände anstarren läßt, ihm dreimal am Tag gehörig Futter gibt, es dann unter dem Sattel eine Stunde bewegt und es anschließend wieder wegstellt wie ein Auto in die Garage und ihm gar noch einen «Stehtag» in der Woche verordnet, weil es am Sonntag «geschont» werden soll, der bringt das Tier um, der tötet das Pferd im Pferd!

Man kann wohl mit aller tierärztlichen Kunst auch Pferde, die so leben, körperlich gesund erhalten, aber sie gleichen dann eben Schwerverbrechern, die im Gefängnis einmal am Tag Hofgang erhalten. Pferde stellen Ansprüche an ihr Zuhause, ihren Stall und ihre Weide, sie brauchen Gesellschaft, Beschäftigung und Futter, das so natürlich wie möglich ist.

Pferde sind von Natur aus nicht dafür eingerichtet, von drei großen Mahlzeiten pro Tag zu leben. In der Natur fressen sie den ganzen Tag, immer wieder kleine Portionen. Sie müssen also so oft wie möglich, mindestens aber viermal am Tag gefüttert werden und maßvolle Portionen gereicht bekommen. Ja, ein Pferd kann einen den ganzen Tag beschäftigen.

Klar, daß Pferde auch im Stall Anspruch auf genügend Platz haben. Gerade heute, wo die meisten Pferde mehr Zeit im Stall verbringen als früher. Die Zeit ist vorbei, da man Pferde in engen Ständern anbinden und ruhen lassen konnte wie früher die Arbeitspferde, die zehn oder mehr Stunden Ackerarbeit hinter sich hatten. Pferde *leben* heute einen großen Teil des Tages im Stall. Und wenn das ein Leben sein soll, dann muß der Stall eine pferdegerechte Heimat für die Tiere sein. Das hat mit der Größe und Offenheit der Boxen zu tun, mit dem Klima und der Belüftung (ohne Zugluft), mit der Sauberkeit und der Einstreu, dem Bett des Pferdes.

Rechts: Licht und Luft, Schatten und Sonne, zufriedene Pferde im Stall des Schweizers Jean-Claude Dysli in seinem Gestüt in Andalusien.

Unten: Für Absatzfohlen und Jährlinge ist der Laufstall das Ideal. Mit ihresgleichen zusammen, mit selbstgebildeter Rangordnung ist das unter der menschlichen Obhut das Natürlichste. Hier wachsen Sozialverhalten, Selbstbewußtsein und Zufriedenheit mit dem eigenen Rang auf die selbstverständlichste Weise.

Wer immer sich ein Pferd hält und es in einen wunderschönen Stall stellt, in eine große Box mit wundervoller Einstreu, weich und hoch bis zum Pferdebauch, schön kühl und luftig, mit einer feinen Krippe und einer raffinierten Selbsttränke, mit bestem Futter und sauberem Wasser, und er läßt es in diesem Stall *allein* stehen, der *quält* sein Pferd!

Pferde sind Gesellschaftstiere, sie brauchen ihresgleichen um sich. Sie müssen ihre Artgenossen im Stall wenigstens sehen können – und hören. Pferde, die allein im Stall stehen, fühlen sich furchtbar einsam. Sie können dabei richtig gemütskrank werden. Die Wand eines Stalles kennt man schnell auswendig. Aber wenn da eine halbhohe Tür ist, durch die man ins Freie schauen kann, auf eine Weide, in einen Paddock, auf andere Pferde, wenn man einen Nachbarn hat, mit dem man ein Schwätzchen von Tür zu Tür halten kann, dann ist das Eingesperrtsein leichter zu ertragen.

Natürlich gibt es auch Nachbarn, die sich nicht leiden können, dann kann es Zank und Streit geben. Und Hengste, die dauernd in der Nachbarschaft Stuten sehen und hören – und riechen können, geben unter Umständen gar keine Ruhe mehr. Dann kann sich kein Pferd mehr entspannen, und sie werden alle immer magerer, weil sie ihr Futter nicht in Ruhe zu sich nehmen und verdauen können.

Unten: Ein offener Paddock mit Unterstand gegen Witterungsunbilden bringt abgehärtete, zufriedene Pferde. Nicht für alle Rassen das Richtige, aber für Freizeit- und Robustpferderassen eine gute, pferdefreundliche Lösung.

Ähnlich ist es mit dem Füttern. Hengste und Stuten lassen sich keine Ruhe – und futterneidische Pferde auch nicht. Füttern muß man immer alle Pferde gleichzeitig, sonst stehen vielleicht jene, die noch nichts in der Krippe haben, auf den Hinterbeinen und donnern an die Boxenwände, weil sie es nicht aushalten können, daß der Nachbar schon am Fressen ist.

Ruhe ist es, was Pferde im Stall brauchen. Nichts ist schöner, als in dem guten, warmen Geruch der Pferde zur Futterstunde das ruhige, zufriedene Schnurpsen und Mahlen der Mäuler in den Krippen zu hören, ab und zu das dumpfe Aufstampfen eines Hufs in der Streu und ein behagliches Schnauben. Das ist die Stallatmosphäre, aus der Pferde mit guten Nerven kommen, gelassen und zufrieden – und dann sicher auch bereit, für den Menschen, der sie betreut, etwas zu tun.

Ja, der Mensch, der gehört dazu. Heute gehört er zur Welt der Pferde. Ihn müssen sie kennen, ihm müssen sie vertrauen – und gehorchen. Das muß nun mal sein, sonst wird es gefährlich für den Menschen. Aber das Vertrauen ist der erste Schlüssel zum Gehorsam. Und um das zu erwerben, muß sich der Mensch Zeit nehmen. Die Zeit des Menschen für sein Pferd gehört zum ersten und wichtigsten Anspruch. Die Zeit zum Kennenlernen, die Zeit, miteinander vertraut zu werden, die Zeit, die Furcht voreinander zu

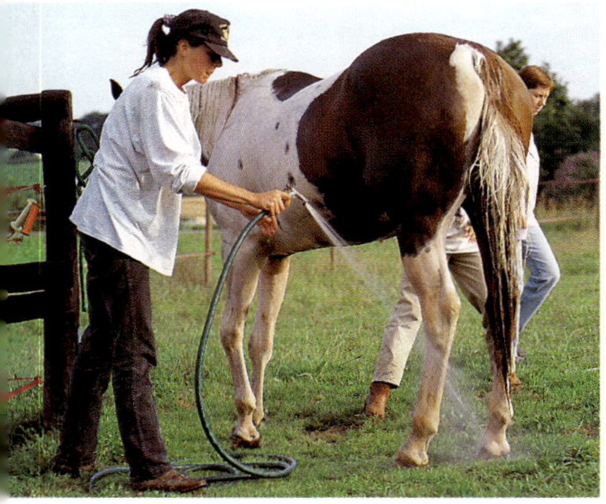

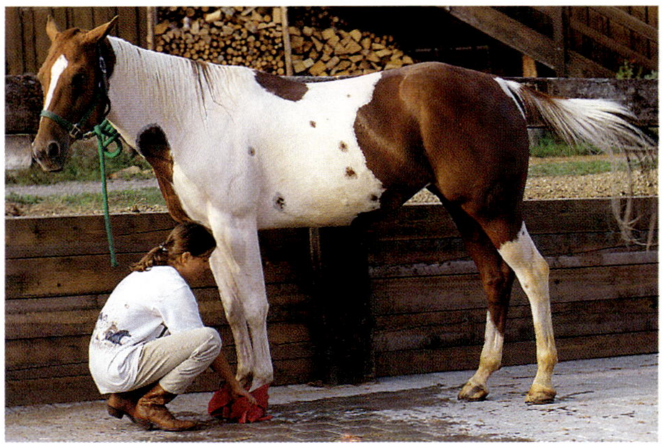

Oben: Pferde, die sich nicht in Freiheit selbst reinigen können, Pferde, die im Stall leben, haben Anspruch auf äußerste Sauberkeit. Striegel und Kardätsche sind nicht nur Reinigungsinstrumente. Die tägliche Massage trägt wesentlich zum Wohlbefinden bei. Große Aufmerksamkeit verlangen die Hufe, sie müssen immer sauber und trocken sein, gereinigt und eingefettet. ‹Ohne Huf kein Pferd.› Nüstern und After tut ein feuchter Schwamm wohl. Und schließlich: die tägliche, sorgfältige Pflege gehört auch zum adretten Aussehen. Wer will sich wohl mit einem struppigen Pferd, mit zottiger Mähne und Stroh im Schweif sehen lassen?

verlieren – und die Zeit, voneinander und miteinander zu lernen. Wer sich ein Pferd hält und hat keine Zeit dafür – oder nur einmal in der Woche –, der braucht ein Motorrad. Die Zeit braucht der Mensch, um zu lernen, nicht nur im Sattel, auch im Stall und auf der Weide. Denn er muß sein Pferd ganz und gar kennenlernen, um sich darauf einstellen, um dem Anspruch dieses Pferdes genügen zu können. Wer von seinem Pferd nur die Farbe oder die Abstammung kennt, wird niemals das erleben, was er sich von der Anschaffung eines Pferdes versprach. Denn mit dem Draufsetzen und dem Trainieren von Fertigkeiten im Sattel ist es nicht getan. Mehr, viel mehr muß man wissen, von den Pferden allgemein und von *diesem* Pferd, mit dem man zuammenleben will.

Im Stall und in der Haltung fangen also die Ansprüche des Pferdes an, das weiß man schon seit langer Zeit, doch bis auf den heutigen Tag scheint es Grund für Mahnungen und Warnungen zu geben.

Wer gute Pferde hält
und will ihr' recht genießen,
wird ihre Wartung wohl
fürs erst' bestellen müssen

durch strenge Ordnung,
Maß in Arbeit, Trank und Speiß,
durch stete Reinigung von Unrath,
Staub und Schweiß:

weil viel mehr gute Pferd'
von schlechter Wartung sterben,
als durch viel' Unglücksfäll'
und den Gebrauch verderben.

So stand es in Johann Christian Pinters *Pferdeschatz*, erschienen im Jahre 1688. Und es ist wohl wahr, daß Pferde in der «Obhut» der Menschen über Jahrhunderte unter unbeschreiblichen Umständen in dunklen Löchern und in Schmutz und Unrat vegetieren mußten. Doch haben Pferde in Elendsquartieren eben die Armut der Menschen teilen müssen.

Die Stars, die Reichen, die Großen der Zucht und des Sports werden immer Paläste bewohnen. Vielleicht nicht ganz so fürstlich wie seinerzeit die Hauptbeschäler Trakehnens, die jeder für sich einen Pavillon-Stall bewohnten, mit eigenem Paddock und eigener Weide auf dem höchsten Punkt des Gestüts, auf dem Gipfel eines kleinen Hügels. Aber viele Pferde haben heutzutage Traumstallungen, mit großem Einfallsreichtum erbaut mit dem besten Willen der Besitzer, das Beste für die Pferde zu tun. Denen muß keine Sorge gelten. Vielmehr allerdings vielen dienenden Durchschnittspferden in Mietställen und, ja, auch in Vereinsställen, wo gespart wird, um an den Pferden zu verdienen. Da gilt es immer noch viel zu verbessern.

Der wichtigste und der höchste Anspruch aber, den die Pferde an die Menschen stellen, ist der Anspruch auf Zuwendung, auf Liebe, auf inneres Engagement. Wer sich ein Tier zu eigen machen will, dessen Natur immer auf Freiheit gerichtet ist, muß sich bereit finden, zu lernen, zu lernen und immer wieder zu lernen, um dieses Tier ganz zu verstehen. Und er muß bereit sein, aus seinen menschlichen Kategorien herabzusteigen, um die Instinktwelt des Pferdes zu begreifen. Er muß zu einer der wichtigsten Eigenschaften des Reiters vordringen: Ein

Quentchen Demut aufzubringen vor der Natur des Tieres, dem er in seiner Welt Halt, Stütze und Herr sein soll, ihm Sicherheit und Vertrauen einzuflößen, um dann von ihm die höchste Freude zu empfangen: die Zuneigung und das Vertrauen des großen, starken Tieres, das ihm dienen wird, ohne seinen Stolz, auch ohne seinen Freiheitsdrang, ohne seine Natur aufzugeben.

Die Ansprüche, die das Pferd an den Menschen stellt, gipfeln in dem Anspruch an den Charakter, in dem Anspruch, ein besserer Mensch zu sein. Die Verpflichtung, Kenntnisse und Können zu entwickeln, gilt für alle, die mit Pferden umgehen wollen. Daraus aber erwächst im besten Sinne eine charakterliche Entwicklung von Eigenschaften, ohne die eine Verbindung zwischen Mensch und Pferd zusammenbrechen muß. Das große, starke, körperlich so überlegene Tier fordert Mut vom Menschen. Das sensible, oftmals ängstliche Fluchttier fordert Gefühl für seinen Seelenzustand, Verständnis für seine Schreckhaftigkeit. Sein Freiheitsdrang, die Sehnsucht nach Platz und Raum für Bewegung fordert Toleranz gegenüber seiner Natur. Jede Schwierigkeit in der Verständigung mit dem Tier fordert Geduld und Selbstbeherrschung. Jede Aufsässigkeit fordert Ruhe, Gerechtigkeit und Ausschaltung jeder Zornesregung. Das instinktbeherrschte Pferd fordert vom denkenden Menschen die Fähigkeit zur Selbstkritik. Herr zu sein über das Pferd – das bedeutet, ein «Herr»zu sein, mit all den Eigenschaften, die man mit diesem Begriff verbindet. Zu diesen Eigenschaften zählt auch die Fürsorge für alle, die dem Herrn dienen – ebenso, wie in der Welt der Pferde der Herr der Herde in der Fürsorge für die Seinen bis zur Selbstaufopferung geht.

In der Geschichte gab es Zeiten, in denen die Menschen auf die Pferde angewiesen waren, auf ihre wirkliche Mitarbeit, im Krieg, im Kampf oder bei der alltäglichen Arbeit. Zu jenen Zeiten war das Verständnis für Pferde, für ihr Wesen und ihre Art in weiten Kreisen eine Selbstverständlichkeit. Es ist auch überliefert, wie sehr das «Verschmolzensein» von Pferd und Reiter seinen Kampfwert bestimmte. Heute sind wir auf die Dienste des Pferdes nicht mehr angewiesen. Aus dem Krieg und aus der Arbeit für den Menschen ist das Pferd – bis auf wenige Ausnahmen – entlassen. Das alltägliche, selbstverständliche Verstehen der Pferde ist uns heute ganz abhanden gekommen. So sind es zunächst nur wenige Augenblicke, in denen sich dieses stolze, kraftvolle Lebewesen unvermutet seinem «Herrn» unterordnet, in denen plötzlich das Gefühl eines Triumphes im Menschen aufsteigt. Diese Augenblicke sind das erste Geschenk, das das Pferd dem Menschen für die Erfüllung seiner Ansprüche macht. Und der Triumph weicht bald der Erkenntnis, daß nur jene Eigenschaften, die das Tier dem Menschen abfordert, zu den Augenblicken führen, in denen ein Mensch der Natur eines «stolzen und kraftvollen Lebewesens» so nahegekommen ist, daß er die Einheit verspürt, die ihm, dem Menschen, seines Pferdes Kraft schenkt.

Oben: Es kann nicht oft genug gesagt werden: Licht, Luft und freien Ausblick, das brauchen die Pferde. Laßt sie teilnehmen am Geschehen in ihrer Welt, laßt sie Ausschau halten nach allem, was um sie vorgeht. Dann werden sie auch immer weniger ängstlich sein. Ein Weidetier, das nur Wände anschauen kann – eine Quälerei!

Unten: Von Pferdeleuten im vorigen Jahrhundert erbaut: 120 Pferdeboxen reihten sich entlang einer breiten Stallgasse im großen Boxstall des ostpreußischen Hauptgestüts Trakehnen. Aufnahme um 1900.

POMPEJUS – PORTRÄT EINES MIETSPFERDES

Mietspferde sind in Wahrheit die Lehrer der Reitanfänger. Ihre Geduld ist unerschöpflich. Und manche Reiter bleiben ein Leben lang ihre Kunden.

Mietspferde, Verleihpferde, die ärmsten der Armen unter dem Sattel? Die Sitzlehrer, Pferde, die nicht viel kosten dürfen, die mit dem geflickten Sattelzeug, die, auf denen man lernt, und von denen man lernt, wenn man anfängt, Reiten zu lernen. Pferde, die dem Verein gehören, oder dem Verleihstall. Das sind die Pferde, denen der Reitanfänger gelegentlich um den Hals fällt, allerdings nicht von vorn-unten, sondern von hinten-oben, aus dem Sattel, wenn das Gleichgewicht und jeglicher andere Halt verloren-gegangen sind. Verleihpferde, das sind jene, die vom Reitschüler einen, zum Glück sanft unsicheren, Klaps mit der Gerte einstecken müssen, wenn der Schüler falsch gesessen und das Pferd richtig reagiert hat.

Unüberschaubar ist die Zahl der Reitlehren, die für Anfänger und Fortgeschrittene geschrieben werden. Selten erinnert sich ein Autor an die Pferde seiner Anfängerzeit. Nur ganz selten findet sich für diese Pferde ein würdigendes Kapitel.

In der Spanischen Reitschule heißen die alten Hengste, die alles können und auf denen die jungen Eleven immer wieder ihren Sitz und Hilfen trainieren, «Professoren» – es ist ja schließlich auch eine Hochschule. Wenn wir bedenken, was wir auf den Verleihpferden alles lernen, und wie sie uns das beibringen, müßten sie wenigstens «Studienräte» heißen.

Oben: Bei manchen Pferden werden wir niemals erfahren, was sie über die Menschen denken.

Oben: Ein feines Verleihpferd, das ganz famos am Zügel geht. So was wünscht man sich, wenn der Reitlehrer die Pferde für die Reitstunde zuteilt. Auf seinem schwingenden Rücken kann man gut sitzen.

Abteilung Scheerrritt! – Abteilung Haaaalt!» Das Kommando vom Reitlehrer. Der Trab verebbt, und nach ein paar Schritten steht die ganze Abteilung still. Und die Pferde lassen ergeben die Köpfe sinken.

«Donnerwetter», denkt der Reitschüler im Sattel, «der macht ja alles, was ich will.

Ich kann ja schon reiten, Schritt, Trab und Halten!»

Ach, wenn er wüßte, wie genau die Pferde jedes Kommando kennen – und wie genau sie es befolgen. Er wäre nicht so stolz auf seine Reitkunst. Mietspferde, die Tag für Tag Anfänger auf ihrem Rücken herumtragen, haben eine besondere Technik entwickelt, sich die Sache möglichst leicht zu machen. Und dazu gehört, daß sie die Kommandos des Reitlehrers so brav ausführen, daß die Menschen im Sattel denken können, sie hätten dies bewirkt. Die ersten Erfolgserlebnisse verdanken die Reitanfänger ihren Pferden.

Und nun ist es wirklich an der Zeit, einmal Dank zu sagen, Dank jenen Pferden, von denen sonst nie jemand spricht. Es gab sie immer, einst und jetzt, und es wird sie immer geben, solange es Menschen gibt, die reiten lernen wollen, in den verschiedensten Rassen und Farben: die Mietspferde.

Josua – Hermine – Prinz – Lippold – Melusine – Simone – Perle Brillant – ja, auch eine *Fara Dibah* ist schon vorgekommen. Da gibt es keinen einheitlichen Typ. So verschieden sie aussehen, so verschieden sind sie auch im Charakter. Nur eines ist ihnen allen gemeinsam: die unerschütterliche Geduld mit den Menschen. Das hindert sie freilich nicht daran, Eigenheiten zu entwickeln, die manchmal erstaunliche Formen annehmen können.

Da ist die kleine, faule Rappstute, der man eine so fabelhafte Abstammung nachsagt, die einmal «bessere Tage» gesehen haben soll, da ist der große, knochige Knochenschüttler, der einen so staksigen Trab hat, daß ihn kein Reitschüler aussitzen kann. Da ist der clevere Eckenabschneider, der, unberührt von den Bemühungen seines Reiters, in der Bahn immer nur den halben Weg zurücklegt. Da ist das Quiekebiest, die kitzlige Stute, auf der die meisten Reitschüler mit abgespreizten Beinen sitzen, weil sie ärgerlich – oder lustvoll – aufschreit, wenn sie eine Berührung an ihren Rippen spürt. Da ist auch der Blasebalg, der sich so aufpusten kann, daß bei ihm jeder Reiter auf einem rutschenden Sattel sitzt, denn kein Mensch kriegt den Sattelgurt stramm genug, wenn dieses Pferd sich aufgepumpt hat. Dann gibt es in vielen Mietsställen auch den «In-den-Sand-Setzer», der eine Methode des Bockens entwickelt hat, der niemand gewachsen ist. Der Runtergeflogene weiß nie, wie das eigentlich passiert ist.

Da sind sie alle, die Vielerfahrenen, die Leidgeprüften, die Abgeklärten, die scheinbar unerschütterlichen, zähen Mietspferde. Ohne sie kann man nicht reiten lernen, und manche Freizeitreiter bleiben ein Leben lang ihre Kunden. Diese Pferde sind die eigentlichen Reitlehrer, die alle Fehler deutlich machen und letztlich doch alles verzeihen müssen.

Alle Geschichten von Mietspferden fangen genauso an wie Geschichten von Lehrern in der Schule: «Wir hatten da einen ...» – Also, in unserer Donnerstagabteilung, da hatten wir wirklich

Oben und links: «Kommt mal alle rum, ich will euch was erklären.» Ein kluger Reitlehrer mit seinen Anweisungen an alle Reitschüler der Abteilung. Wenn er sie um sich versammelt, hat das zwei Vorteile. Erstens: jeder Schüler muß sein Pferd selbständig von der Bande zur Mitte der Bahn abwenden. Zweitens: die Schüler verstehen die Erklärungen im Halten besser als im Trab auf dem Hufschlag.

Rechts: Alle sind aufgesessen, die Pferde stehen brav still. Hier sitzen die Schüler im amerikanischen Westernsattel. Aber ganz gleich was für ein Reitstil, das Sitzenlernen kommt zuerst, und dafür ist die geschlossene Reithalle der richtige Ort.

so einen ..., ein Pferd, das allen in Erinnerung geblieben sein wird. Zum einen, weil ihn niemand im Trab aussitzen konnte, so «warf» er den Reiter in seinem stöckrigen Gang, zum anderen, weil er eine geheime Verabredung mit unserem Reitlehrer hatte. Aber schließlich auch, weil er einem Reiter in unserer Abteilung den Hochmut gründlich ausgetrieben hat. Und der Hochmut kam diesmal im wahrsten Sinne des Wortes vor dem Fall.

Die Donnerstagabteilung bestand aus etwa gleichaltrigen jungen Leuten: zwei Oberschülern, einer Sekretärin, zwei weiblichen kaufmännischen Lehrlingen, die wir heute Azubis nennen würden, einem Autoschlosser, einem Studenten, dem ältesten in der Abteilung, und Beate, dem Musterkind, die es in diesem Kreis als Sekundanerin an einem Gymnasium zuerst nicht ganz leicht gehabt hatte. Und dann kam Hubert Knolle dazu. Er war siebzehn, mit seiner Familie vor kurzem in die Stadt gezogen, und als er das erste Mal in der Stallgasse des Verleihstalles auftauchte, fiel er dadurch auf, daß er Sporen an seinen Stiefeln trug. Als er dann den Mantel auszog, kamen perfekt sitzende Reithosen zum Vorschein und ein maßgeschneiderter Reitrock in dezentem Fischgrätmuster. Der Neue wurde gebührend bestaunt. Die Donnerstagabteilung, in der er mitreiten sollte, war bei weitem nicht so elegant gekleidet. Über die Sporen an den Stiefeln fielen ein paar Bemerkungen, sonst verhielt die Abteilung sich abwartend.

Hubert stellte ein paar Fragen nach den Pferden im Stall, die zeigten, daß er etwas von Pferden verstand, die aber offensichtlich auch verraten sollten, daß er schon bessere Pferde gesehen hatte als diese hier. Das kränkte die Donnerstagabteilung, und man wurde sehr zurückhaltend.

In diese Stimmung kam der Reitlehrer Koch. Kurz und knapp ersuchte er Hubert Knolle, vor dem Aufsitzen die Sporen abzulegen.

«Es ist kein Mißtrauen», sagte er, «es ist grundsätzlich so, daß bei uns in der ersten Reitstunde ein Schüler keine Sporen trägt. Sicher können Sie damit umgehen, und Sie wissen es, aber ich weiß es nicht, verstehen Sie?»

Natürlich konnte Herr Koch es sich nicht leisten, einen Kunden zu verärgern, aber auf seine

Oben und rechts: Das gehört dazu! Stalldienst, nach richtiger Unterweisung, ist wichtig, um mit den Pferden vertraut zu werden. Ausmisten und Stallfegen verhindert Hochmut im Sattel. Wer reiten lernen will, muß mit Besen, Striegel und Kardätsche umgehen können.

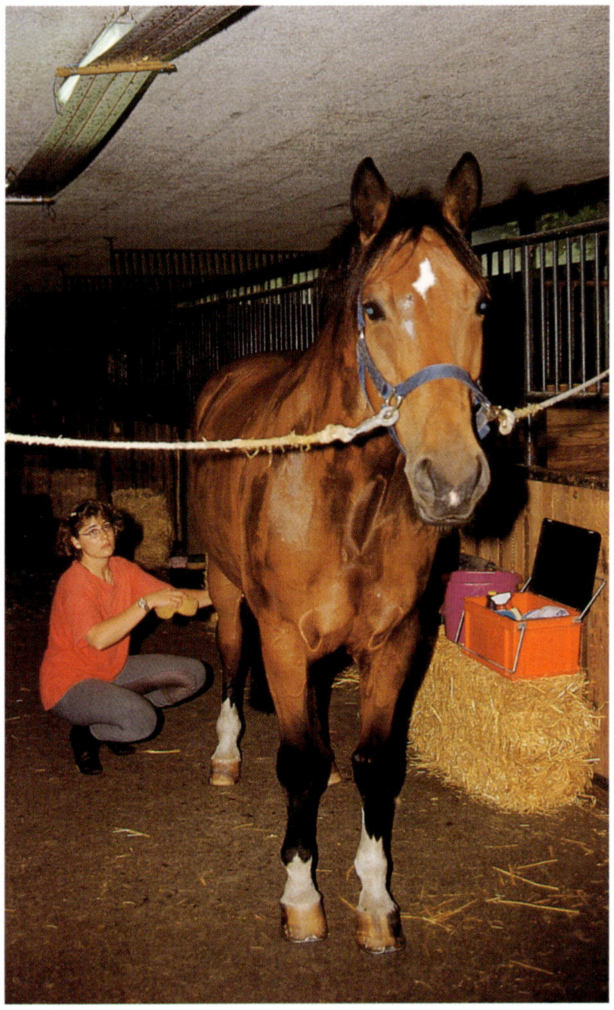

Pferde hatte er noch nie einen Fremden mit Sporen gelassen, und besonders nicht einen, der seine Sporen auf der Straße trug.

Hubert Knolle schnallte seine blanken Sporen ab, und die Donnerstagabteilung sah zum Teil mit nichtssagender Miene, zum Teil mit anzüglichem Grinsen zu. Es fiel keine Bemerkung, stumm genoß die Gruppe den niedergebeugten neuen Reiterkameraden, der die blinkende Zierde von seinen schwarzglänzenden Stiefeln entfernte.

«Sie nehmen bitte die *Perle*», sagte der Reitlehrer, «ganz hinten, rechts in der Box.»

Das Grinsen verschwand aus den Gesichtern. *Perle!* Und das beim ersten Mal! Das war eigentlich unerhört. Manche in dieser Gruppe hatten lange warten müssen, bis sie zum erstenmal die Stute *Perle* reiten durften, eine sehr edle Fuchsstute, die sicher Vollblut war – gewesen wäre –, wenn sie Papiere gehabt hätte. *Perles* Geburtsschein, der Fohlenschein, war abhanden gekommen. Und so war sie auch kein Vollblut – aber sie sah sehr edel aus, konnte ausgesprochen schnell laufen und entwickelte beim Galoppieren immer besonderen Ehrgeiz. Sonst aber war sie ein sehr angenehmes Pferd mit einem seidenweichen Gang, der den Reiter weich im Sattel mitnahm. Herrliches «Sitzgefühl»!

Links: Satteln und Aufzäumen will ebenso gelernt sein wie Auf- und Absitzen. Und dabei lernt man zuerst, alles um das Pferd mit Ruhe und ohne Hast zu machen. Sichere Gelassenheit überträgt sich schon hier auf das Pferd, ebenso wie Ängstlichkeit und Aufregung.

«Ob das der schöne Reitrock macht?» murmelte im Hintergrund Rudolf Koch, Oberschüler, genannt «Oberschnauze». Er war mit dem Reitlehrer Koch nicht verwandt. Er war etwas lang geraten und sah auf alle herab, aber nur zu Fuß. Im Sattel hatte er Schwierigkeiten, mit seinem langen, weichen Kreuz einen harten Trab auszusitzen. Und so zuckte er schmerzlich zusammen, als er, wie als Antwort auf seine halblaute Frage, nun von Herrn Koch vernahm: «Rudolf bitte den *Pompejus*, Beate den *Lippold*, Frauke die *Tante Amalie* ...»

Geschäftsmäßig kam die Liste der Namen, die Einteilung der Pferde.

Pompejus schaute sich um, als Rudolf mit dem Sattel über dem Arm an seinen Stand kam. Das Pferd sah ihn mit jenem unsagbar verschlafenen Ausdruck an, den eigentlich nur im Dienste der Menschen ergraute und gereifte, mit allen Wassern gewaschene Mietspferde zustande bringen. Er besagte: Laß mich um Himmels willen schlafen, oder ich breche dir unter dem Sattel zusammen!

Wer die steile Schulter dieses großen, knochigen Braunen anschaute, dem konnte dabei schon schwindlig werden. Dazu kamen ebenso steile Fesseln und ein bretthnarter Rücken. Das Ergebnis: *Pompejus* hatte einen «Wurf», der jeder Beschreibung spottete. «Knochenschüttler» hatte Rudolf ihn getauft, und jeder im Stall nannte ihn so. Ein Wunder war nur, daß *Pompejus* trotz seines verbotenen Körperbaus, solange man denken konnte, noch nicht einen einzigen Tag lahm gegangen war. Kein Tritt federte bei ihm, alles ging hart auf die Erde, durch seine Knochen und auch, über den steifen Rücken, durch die Knochen seines Reiters. Eine Reitstunde auf dem alten Römer war eine üble Tortur. Aber – man konnte sitzen lernen auf dem alten Knaben, der sicher schon seine sechzehn, siebzehn Jahre auf dem Buckel hatte.

Apropos Buckel, *Pompejus* hatte ein Geheimnis: Er konnte bocken wie ein Rodeo-Weltmeister. Er konnte den Rücken krümmen wie ein bösartiger Kater, was ihm niemand zugetraut hätte, der seinen staksigen Trab gesehen hatte. Keiner hatte ihn je aussitzen können, und wenn er bockte, war noch jeder runtergeflogen. Aber in dieser Sache hatte *Pompejus* einen Geheimvertrag mit dem Reitlehrer, man wußte nie, wann die Vertragspartner davon Gebrauch machen würden, man mußte es abwarten.

Als Rudolf den Braunen auf die Stallgasse zog, stand dort schon die *Perle* an der Hand von Hubert Knolle. Das war erstaunlich, denn die Stute war kitzlig, und das Satteln dauerte bei ihr mit großer Vorsicht immer eine geraume Zeit. Bei eiligen Menschen sprang *Perle* quietschend herum und versuchte über die Boxenwand zu klettern.

Das Staunen hielt an, als die Reitstunde begonnen hatte: Der Neue konnte reiten. Weich und tief saß er im Sattel, und an seiner leichten Hand fühlte die Stute sich sichtlich wohl. Als dann beim Einzelgaloppieren *Perle* brav aus der Abteilung heraus ansprang und in einem taktmäßig gesetzten Galopp, ganz gegen ihre sonstige Rennmanier, ohne zu eilen an der ganzen Reihe der anderen Pferde vorbeizog, sich nach der Runde am Ende der Abteilung ruhig parieren ließ, ließ Herr Koch ein lautes «Bravo!» hören.

Beate, die vor Hubert Knolle ritt, drehte sich um, strahlte ihn an und sagte leise: «Klasse!» Aber Hubert zuckte nur mit den Achseln und gab zurück: «Einfach zu reiten, die Stute. Na ja, zu schaffen sind sie alle.»

Da runzelte der Reitlehrer etwas die Stirn, hatte aber weiterhin Grund, den Neuen zu loben. Dann, nach einer kurzen Weile machte Herr Koch etwas, was er immer wieder einmal tat. Er kommandierte: «Abteilung Haaalt! – Nach rückwärts – Pferdewechsel!»

Darauf hatte jeder Reiter das Pferd seines Hintermannes zu nehmen, der letzte das Pferd des Tetenreiters.

«Ihr sollt euch nicht auf ein Pferd ganz und gar einfühlen», sagte Herr Koch, «möglichst viele verschiedene Pferde sollt ihr reiten und euch

Oben: Einzelunterricht, dabei lernt man am meisten, wenn die erste Sitzgrundlage geschaffen ist. Losgelassenheit, Balance und dann die Einwirkung auf das Pfed unter der ungeteilten Aufmerksamkeit des Lehrers, Idealfall fürs Lernen.

immer wieder neu einstellen. Sonst macht ihr es euch in einer Stunde zu bequem.»

Auf diese Weise kam Hubert Knolle auf dem alten *Pompejus* zu sitzen.

«Hals- und Beinbruch», hatte Beate ihm beim Umsitzen im Vorbeigehen zugeflüstert.

«Was soll schon sein?» hatte Hubert geantwortet, «den werd ich auch schaffen!»

Und wieder hatte der Reitlehrer die Stirn gerunzelt und leicht den Kopf geschüttelt.

Mit zornigem Eifer setzte Hubert Knolle auf *Pompejus* alle Kraft und alles Können ein. Und es schien wirklich, als schaffe er dieses alte, lederne Mietspferd. Der Reiter schien am Sattel zu kleben, so heftig die Stöße des Trabes auch kamen. Der Schweiß lief ihm über das Gesicht. Er packte das Pferd mit den Schenkeln an, so stark er konnte.

«Nicht verkrampfen», korrigierte Herr Koch, «losgelassener, laß ihn ein bißchen mehr gehen, nicht so fest, nicht klemmen mit den Beinen!»

«Ja-a-a-wo-o-ohl», kam es ächzend im Rhythmus der Trabstöße aus Huberts Mund, «e-e-er ge-e-eht do-o-och!»

«Reden geht aber nicht so gut dabei», lachte Herr Koch, «Schritt, Zügel lang! Gut so, Hubert, er geht wirklich besser als sonst!»

«Eben», erwiderte der Reiter schnaufend in seinem üblichen, herablassenden Ton, «eben, zu schaffen sind sie alle.»

Drei Sekunden später saß Hubert Knolle im Sand der Reitbahn und sah maßlos verdutzt auf den arglos drei Schritte entfernt stehenden *Pompejus*. Er hatte keine Ahnung, wie er dahin gekommen war. Mit einem einzigen, gekonnten Bocksprung hatte das Pferd seinen Reiter abgesetzt. Das war der Geheimvertrag zwischen *Pompejus* und dem Reitlehrer. Ganz leise hatte der vor sich hin gesagt: «*Pompejus*, setz ihn ab!»

Hubert Knolle kam wieder auf die Beine. Er war weiß im Gesicht und hatte einen verkniffenen Mund.

Oben: «Abteilung rechtsum – maaaarsch!» Da wird schon einiges verlangt. In der Formation, jeder für sich, abwenden und quer durch die Bahn reiten. Da muß im Sattel mehr passieren als nur am Zügel ziehen. Gute Kontrolle für selbständiges Einwirken auf die Pferde.

Oben: Erinnerung an ein treues Pferd. *Bajazzo,* ein Pferd, das nie einen Turnierplatz gesehen hat, nie in einer Dressurprüfung, nie in einem Springen gestartet ist. Es trug seinen Herrn, den Buchgestalter Emil M. Bührer, fast täglich in die freie Natur und schenkte ihm Freude und Entspannung.

«Das war aber nicht fair», sagte er zu Herrn Koch, «eine Gemeinheit!»

«Wieso?» fragte Herr Koch, «bei Pferden muß man immer auf alles gefaßt sein, besonders wenn man meint, man hätte sie geschafft.»

«Aber das war ein Überfall. Wenn ich weiß, was kommt, kriegt mich der nicht runter!»

«Bitte sitzen Sie auf, Hubert, und regen Sie sich nicht auf. Das ist bis jetzt jedem so gegangen.»

«Mir nicht, wenn ich Bescheid weiß.»

Voller Grimm saß Hubert auf und gab sofort energische Hilfen. Er galoppierte einmal um die Bahn und hielt wieder vor dem Reitlehrer.

«Los, noch mal!»

«Was?»

«Sagen Sie's noch mal! Das will ich jetzt wissen!»

«Junge, seien Sie vernünftig! Sie können ihn doch nicht aussitzen. Ich kann's auch nicht. Von dem runterzufliegen ist wirklich keine Schande.»

«Los – sagen Sie's noch mal – bitte!»

«Also gut: *Pompejus* – setz ihn ab!»

Das Pferd nahm den Kopf zwischen die Beine und keilte hinten aus. Dann kam es mit einem Ruck vorn hoch. Hubert saß fest. Er hatte sich nach hinten gelegt, als die Hinterbeine durch die Luft pfiffen. Dann warf er sich nach vorn, als der Ruck mit dem Kopf kam. Auf halbem Wege trafen Reiterkopf und Pferdehals zusammen. Dann machte *Pompejus* unvermittelt kehrt, und mitten in die Verwirrung seines Reiters hinein kam ein explosiver Seitensprung. Mit steifen Beinen landete *Pompejus* zwei Meter seitwärts von der Stelle, an der er eben gestanden hatte. Und genau dort saß Hubert Knolle im Sand. *Pompejus* war ein Meister.

«Ich hab's Ihnen gesagt», sagte der Reitlehrer, als er ihm aufhalf. «Es ist eben zweierlei, einen Bocksprung auszusitzen oder auf einem konsequent bockenden Pferd sitzenzubleiben. Und vergessen Sie nicht: *Pompejus* hat mindestens zehn Jahre mehr Erfahrung in dem Geschäft als Sie!»

Hubert Knolle sagte nichts mehr. Er saß auf und ritt die Stunde brav zu Ende. *Pompejus* ging so gut wie selten zuvor. Und der Reitlehrer sparte nicht mit Lob. Hubert Knolle aber näherte sich von diesem ersten Tag an allen Pferden in unserem Stall mit mehr Respekt und sagte bei jeder Gelegenheit, wenn von Mietspferden die Rede war: «Nee, Kinder, ich weiß das jetzt: Man sieht es ihnen nicht an, was drinsteckt, wenn man nicht draufgesessen hat!»

Wer Reiter ist
mit Passion und
mit dem Herzen,
der bedarf des
Publikums nicht für
seine Reiterei,
sondern des Gefühls
in gemeinsamem Erleben
eins zu sein mit
seinem Pferd.

Rechts: Einmal trug Bajazzo einen Freund seines Herrn, der zu Besuch kam. Und an diesem Bild sieht man, wie fröhlich und entspannt dieser Ausritt verlief. Der Reiter vergaß den Streß seines Berufes. Der Starfotograf Richard Avedon aus den USA mit Bajazzo auf einer Schweizer Wiese.

Reiten lernen – wofür?

Die Perspektive des Reiters, von der der Dichter sagt: Der Himmel ist hoch und die Erde ist weit. Drei Fuß höher über dem Boden als andere Menschen gibt Dir ein ewiges Gefühl davon.

Rudolf G. Binding

Der Blick über die Ohren des Pferdes ist der schönste Blick auf die Welt, den man haben kann. Da kann man auf vieles herabblicken, auch auf andere Menschen. Doch braucht das Pferd nur einen Schritt zu tun, schon bewegt sich der schöne Aussichtsplatz, und man kann nicht mehr einfach die Beine baumeln lassen und in die Welt schauen. Wenn man vor sich niederblickt, bewegt sich auch der Pferdehals – auf und nieder – im Rhythmus des Ganges.

Das Pferd hieß *Lippold*, es war der erste Lippold, den ich kennenlernte. Er war riesengroß und hatte einen mächtigen Ramskopf und einen dünnen Hals, und mein Vater hob mich hinauf. *Lippold* hatte einen gewaltigen Schritt, und der weite Schwung des Ausschreitens machte mich zuerst etwas atemlos, denn ich war erst fünf Jahre alt. Der Zügel lag geknotet vor mir auf dem Hals des Pferdes, das mein Vater an der Longe hatte. Und ich saß da turmhoch über der Erde.

Lippold war ein großer, etwas knochiger Holsteiner und gehörte einer Reitschule an unserem Urlaubsort. Mein Vater hatte ihn ausgeliehen, um mir die Urlaubsfreude zu gönnen, um die ich schon lange Zeit gebettelt hatte: zu reiten.

Reiten – ja, eigentlich hatte ich mir das anders vorgestellt. So etwa: Zügel in die Hand und los, über die Wiese und rechts und links und Schritt, Trab und Galopp – ja, am liebsten Galopp.

Oben: Alptraum des Anfängers, das Raufkommen. Jetzt erst weiß man wie groß Pferde wirklich sind. Und dies ist auch noch das größte Pferd der Welt, ein Shire Horse. Aber wenn man darauf vertrauen kann, daß der große Freund da ruhig stehenbleibt, und wenn man einen Stuhl zur Hand hat, kann man es fröhlich wagen.

Rechts: Der erste Ritt ist die reine Freude. Ein Wagenpferd hat viel Geschirr, an dem man sich festhalten kann. Man fühlt sich ganz sicher. Hier nistet sich der Bazillus der Pferdepassion ein!

Oben: Schon bald beflügelt der Ehrgeiz der Eltern den jungen Reiter. Führzügelklasse. Ein schicker Reitrock, feine helle Hosen, schwarze Samtkappe, Ermahnung gerade zu sitzen, und dann wird es ganz ernst mit der Reiterei.

Und nun? Kein Zügel, keine Bügel an den Füßen und – kein Sattel, nur eine Decke mit einem Gurt darüber. Und dann dieser atemberaubende Schritt. Und Vater mit meinem Pferd an der Leine – fast etwas peinlich. Dazu hatte *Lippold* noch einen Riemen um den Hals, und Vater hatte gesagt: «Faß da ruhig rein und halt dich fest.» – Nein, das brauchte ich nicht, in wenigen Augenblicken hatte ich mich mit der Schrittbewegung abgefunden und ließ mich schön ruhig mitziehen von dem Vor und Zurück des weiten Schritts. Vor der Höhe hatte ich keine Angst, ich fühlte mich ganz wohl.

«Na, nun faß mal in den Riemen, und paß auf, wir traben an!» Riemen? – Hach, ich doch nicht, ich sitze doch hier ganz schön! Da: wupp – ein Stoß von unten – und plumps – Aufprall auf der Decke – und wild angelnde Hände nach dem Riemen – und festhalten ums liebe Leben. Vier, fünf Trabtritte, dann: «Brrrrt – Brrrrt!» – und *Lippold* ging wieder Schritt. Uff! Das ist Trab? «Na, nun paß mal auf: Wenn du in den Riemen faßt, beug dich nicht vornüber. Halt dich fest und lehne dich zurück – ganz zurück, als wenn du dich anlehnen wolltest, so wie an eine Sofalehne. Na, dann noch mal ...»

Ja, so ging es besser. Aber es war immer noch ein Auf-und-nieder-plumpsen auf dem Pferderücken. War das Reiten? Das sah aber bei anderen ganz anders aus. So viele Reiter hatte ich gesehen, und die saßen ganz frei und ohne sich festzuhalten auf dem Pferd, auch im Trab.

Ich hatte schon lange vorher geübt. Mit meinem Vater. Auf einem Stuhl zu Hause. Mit gespreizten Beinen auf einem harten Stuhl, die beiden Gesäßknochen fühlend, hatte ich das Aufrichten geübt, das «Kreuzanziehen», dann das Vorschieben der rechten oder linken Hüfte, das einseitige Belasten, das Tieferschieben des rechten oder linken Knies, dabei das Lockerlassen der Gesäßmuskeln. Und «Reitergymnastik» hatte ich gemacht, das Stehen in ganz breiter Grätsche, möglichst lange Zeit, und dabei Rumpfbeugen und Arme schwingen und anderes mehr an Bewegungen, immer in der Grätsche. Das hatte an den Innenseiten der Oberschenkel gezogen, weh getan, bis ich mich daran gewöhnt hatte. Und: «Davon kommt das tiefe Knie», hatte mein Vater gesagt.

Mit all dem war nun gar nichts mehr, als das Pferd von unten stieß und mich bei jedem Tritt hoch über die Decke warf. Ich «stampfte Pfeffer».

Als die Ferien zu Ende gingen, hatte ich mich ein wenig losgelassen auf dem Pferd. Die Stöße warfen mich nicht mehr so hoch. Und ich hatte die erste Seligkeit zu Pferde kennengelernt: den ersten Galopp! Das war eine andere Sache. Das war wie eine große Woge, die einen sanft wiegte, eine schwingende Schaukel. *Lippold* hatte einen weichen, federnden Galopp. Es war herrlich. Trab war das Fegefeuer, beim Galopp ging es direkt in den Himmel.

Reiten lernen heißt erst mal sitzen lernen. «Mit dem Reitenlernen», sagte mein Vater, «kannst du erst anfangen, wenn du dich wohl fühlst auf dem Pferd, auch im Trab.» Und das Sitzenlernen hat zeitlebens nie wieder aufgehört.

Reiten heißt sitzen, und das Sitzen auf bewegtem Pferderücken ist doch wesentlich komplizierter, als der Anfänger sich das je vorgestellt hatte.

Mit den Übungen des Sitzes ging auf meinem großen Freund *Lippold* gleich von Anfang an eine andere Erkenntnis einher, die für alles weitere Lernen bestimmend wurde: *Lippold* war nicht an allen Tagen gleich. Manchmal war er fröhlich, feurig, gehlustig bis stürmisch, manchmal war er faul und unlustig. Ich konnte durch die Decke auf seinem Rücken hindurch fühlen, ob er vergnügt und zufrieden dahinging oder ob er gelangweilt und richtig muffig war. Manchmal sprang er schon auf ein leichtes Zurücknehmen des äußeren Schenkels zu seinem wunderbaren Galopp an, manchmal boxte ich ihn mit meinen kurzen Beinchen wie wild in die Seite, bis er sich in einen müden, staksigen Trab setzte. Und dann war es aus. Dann kriegte ich ihn nicht mehr in den Galopp. Dazu saß ich im Trab eben noch viel zu unruhig und fing an, mich an den Zügeln, die ich inzwischen schon in die Hände bekommen hatte, festzuhalten. Wenn ich dann die kleine Gerte benutzte, sprang er nicht etwa im Galopp an, nein, er legte im Trab zu, stakste mächtig dahin, und ich war verloren, bis von meinem Vater an der Longe ein erlösendes «Brrrrt» kam. Dann fiel er in Schritt. Es war fürchterlich an solchen Tagen. Ich war zu klein, und das Pferd war zu groß.

Vielleicht wäre es auf einem Pony am Anfang besser gegangen. Aber es gab da keines. Und ich habe, von Beginn weg an die Bewegungen eines Großpferdes gewöhnt, im Sitz so auch sicher mehr gelernt.

Später erst, als ich größer war, nach Jahren auf dem Pferderücken und nach dem Studium zahlreicher Reitlehren von berühmten Meistern, begann ich zu begreifen, was es mit «Sitz und Einwirkung» auf sich hatte. Eben – «Sitz und Einwirkung auf das Pferd» heißt es in allen Büchern und Reitvorschriften. Und dabei ist der Sitz des Reiters die erste und wichtigste Einwirkung.

Hier ist nicht der Platz, eine auch nur kurzgefaßte Reitlehre niederzuschreiben. Hier ist nicht der Ort, die Lehrsätze der Reiterei erneut zu predigen. Die «Gebetbücher» der Reitkunst sind jedem Reitschüler geläufig, und man kann die Richtlinien überall nachlesen. Aber es ist der Platz, das Wichtigste hervorzuheben, das Ziel des Lernens, das nie aus den Augen verloren werden darf. Die «Hilfen», die Signale, mit denen der Reiter seinem Pferd mitteilt, was er von ihm will, lernt jeder von Anfang an: Gewichtshilfen, Schenkel- und Zügelhilfen. Aber sich klarzumachen, *wie* das Gewicht des Reiters auf das Pferd wirkt und daß jede Einwirkung auf physikalischen Grundsätzen beruht, das ist das wichtigste theoretische Wissen, ohne das ein Lernen zu Pferde einfach nicht möglich ist. Sonst wird der «Reiter» auf dem Pferd nur eine getragene Last bleiben, nie ein Teil der Einheit «Reiter/Pferd» werden.

Oben: Auch wenn man schon etwas mehr kann, immer wieder heißt es: Sitzübung. Am Sitz zu Pferde muß immer erneut korrigiert, gefeilt, geübt werden. In einer ruhigen Stunde erkennt man, daß sich hier immer wieder kleine Fehler einschleichen.

Es hilft also nichts, eine Menge Denken und Nachdenken muß investiert werden, soll in losgelassenem Balancesitz die Freude zu Pferde einkehren, das Sichwohlfühlen.

Zügel- und Schenkelhilfen können niemals eine falsche Belastung des Pferdes durch das Gewicht des Reiters ausgleichen. Und der richtige Sitz und die Anwendung des Reitergewichts sind keine Marotten aller Reitlehrer, sondern die Folgen klarer physikalischer Gesetze. Und wenn wir von den Reitersignalen als «Hilfen»

Oben: Erste kleine Prüfungen verlangen genau so viel Sammlung und Konzentration wie ein Großer Preis. Und da fühlt sich manches plötzlich ganz anders an. Weg von allen Konkurrenten, in einer stillen Ecke, reiten wie zu Hause, so findet man am besten die nötige Entspannung und Losgelassenheit.

sprechen, so können wir das nur dann mit Recht, wenn sie wirklich *helfend* wirken und nicht störend. Das gilt vor allem und über alle Maßen für das Gewicht des Reiters, seinen ersten und wichtigsten Machtfaktor in der Beherrschung des Tieres, auf dem er sitzt.

Wenn der Kartoffelsack auf meinem Rücken nach links verrutscht, muß ich nach links treten, um nicht umzufallen. So einfach ist das, und beim vierbeinigen Pferd ist es genauso wie beim zweibeinigen Menschen.

So muß also der Reiter versuchen, seinen eigenen Schwerpunkt über den des Pferdes zu bringen und ihn immer dort zu behalten – ganz gleich, welche Bewegungen das Pferd macht oder in welcher Gangart es sich befindet. Das aber kann er nie erreichen, indem er sich mit den Schenkeln festklammert oder Halt an den Zügeln sucht, sondern nur, indem er auf seinen beiden Gesäßknochen und dem Spalt tief im Sattel balanciert und diese Balance immer erhält. Die Voraussetzungen dafür sind die Losgelassenheit des ganzen Körpers, ohne daß irgendwo eine Verkrampfung die freie Beweglichkeit hindert, und eine aktive Bewegung, das «Eingehen in die Bewegung des Pferdes». Das sind die «Sitzgrundlagen», und an ihnen muß immer und immer wieder gearbeitet werden.

Das Becken und die Wirbelsäule, ruhend auf den drei Auflagepunkten im Sattel, sorgen für die Stabilität der Balance, Hals und Kopf gehören dazu. Und die sichere Balance ist die Voraussetzung für die Einwirkung des «Kreuzes». Das angezogene Kreuz ist die kraftvollste Einwirkung des Reiters auf sein Pferd. Und sie wirkt nur, wenn wirklich alles im Gleichgewicht ist. Schon das so oft gesehene Vorstrecken des Kopfes verlagert das Gewicht des Reiters nach vorn und kann damit die Wirkung des Kreuzes völlig aufheben.

«Das Kreuz anziehen» – geheimnisvolle Formulierung. Alle reden davon, und kaum einer weiß wirklich genau, was das ist. Es gibt viele anatomische Beschreibungen, und es gibt Trokkenübungen: Stellen Sie sich von vorne an einen Tisch und schieben Sie ihn weg, ohne die Hände zu benutzen – das ist also «Kreuzanziehen».

Das Kleben am Sattel, dabei das Aufrichten und Vorschieben der Hüfte wie beim Schwungholen auf einer Schaukel, das ist «Kreuzanziehen». Der Oberkörper darf sich dabei nicht rühren, darf nicht «pumpen», muß sich nur aufrichten, als ob man mit dem Brustbein an die Hallendecke stoßen wollte – das ist «Kreuzanziehen». Das Kreuz ist die Kraft, und das funktioniert nur ganz ohne Kraftaufwand, nur aus dem Schwung

der Bewegung, aus dem Mitschwingen aus der Hüfte. Das kann man nicht theoretisch erlernen, das kann man nur erfühlen, auf dem Pferd und in der Bewegung. Und eines Tages, ganz plötzlich, fühlt man es, und man weiß: Das ist es. Aha, so fühlt es sich an. Reiten lernt man nicht allmählich, kontinuierlich. Reiten lernt man ruckweise. Lange übt man irgendwas, immer wieder, und es will und will nicht gelingen. Und eines Tages, plötzlich, geht es.

Der Weg zu den erfühlten Erkenntnissen ist aber mit allerlei Weh und Ach gepflastert. Das erste Weh ist der Muskelkater. Da kommt ein Reitersmann daher, älteres Semester, abgewetzte Reithose, innen braungescheuerte Stiefel. Und er geht ziemlich breitbeinig mit kurzen Schritten, in der Mitte abgeknickt, ungerade sozusagen. Diagnose: alter Reiter, hat lange nicht auf dem Pferd gesessen. «Reitfieber» = Muskelkater.

Auch die Alterfahrenen befällt also dieses Weh, wenn sich die Beinmuskeln nach langer Fußgängerzeit im Sattel erst wieder dehnen und strecken müssen. Da bleibt keiner verschont, es trifft Anfänger wie Fortgeschrittene. Und manchmal so heftig, daß sie am nächsten Tag das Bein nicht mehr zum Aufsitzen in den Bügel bringen. Dieses Weh verliert sich erst, wenn man eisern weitermacht.

Ja, und noch Schlimmeres: Ich war schon jahrelang geritten, war auf den verschiedensten Pferden ganz sattelfest geworden, hatte geübt und gelernt, wie man einen Bocksprung aussitzt, ich fühlte mich schon als Reiter. Aber mein Vater war ein gründlicher Mann, so gründlich wie seine Kavallerieausbildung. Er sagte: «Wenn du reiten lernen willst, dann gründlich!» Und ich kam in eine Reitschule, während der Ferien, für sechs Wochen. Dort, in Eutin in Holstein, ritten wir zuerst eine Woche auf Decken ohne Bügel auf den Schulpferden, den «Stammbullen», die Zügel im Kinnriemen verknotet. Am zweiten Knopf hatten wir ein Gummiband festgemacht, daran einen kleinen Ball. Ballspielen im Schritt, Trab und Galopp. Die Pferde machten alles auf Kommando. Balancieren üben. Und in der zweiten Woche ritten wir täglich zwei Pferde mit Sattel ohne Bügel, die Zügel in der Hand. In dieser zweiten Woche, nach täglich drei bis vier Stunden im Sattel, saßen wir Schüler alle abends in der Stube im Gemeinschaftsquartier in Schüsseln mit kaltem Wasser, eine Stunde lang, und hantierten dann an unserer Hinterfront mit einem Stift Hirschtalg und wuschen jeden Tag unsere blutigen Unterhosen. Wir hatten uns ganz gründlich durchgeritten. Und so manches Mal hatten wir während des «Glücks auf dem Rücken der Pferde» Tränen in den Augen. Es war die ganz harte Art, reiten zu lernen.

Es ging vorbei. Schneller, als wir gefürchtet hatten. Es wuchs kein Leder auf der Sitzfläche, aber die Wunden heilten zu, und mit Hirschtalg geschmiert kamen keine neuen nach. Wir fühlten uns sicher auf unseren Pferden, ohne Bügel, in natürlicher, instinktiver Balance. Und wir unternahmen jagdmäßige Geländeritte im Seescharwald über Hindernisse und um die Bäume im lichten Forst. Manchmal, wenn wir Lust auf Schabernack hatten, ritten wir auch nachts bei

Oben: Pferde lernen mit den Reitern. Am Stallhalfter geführt, beginnen sie zuerst auf ihre Füße zu achten. Daraus kann dann im Trab unter dem Sattel der schwingende Rhythmus über die Bodenstangen werden.

Links: Wenn man sich auf dem Reitplatz in gewohnter Umgebung allerlei buntes Zeug zusammenbauen kann, erzieht man damit scheufreie Pferde.

Rechts: Geschicklichkeitsspiele fördern den selbstverständlichen, unabhängigen Sitz zu Pferde. Balanceübungen kann man auch mit einer Tonne neben dem Pferd machen.

Mondschein, das Nachthemd «umgeschnallt», mit blanken Beinen, als Geisterschar mit unheimlichen Eulenrufen. Wir waren hartgesotten nach all dem Ach und Weh, wir hatten das Anfängerelend hinter uns. Jetzt konnte die richtige Reitausbildung beginnen.

Warum das alles? Warum muß man sich so quälen, wenn man doch nur spazierenreiten will?

Nun, auch das Reiten in der Freizeit ist nicht ohne Ehrgeiz. Nur zu Pferde sitzen und herumgetragen werden, das kann nicht das Ziel für Menschen sein, die eine Passion für Pferde und für die Reiterei entwickelt haben. Und wer einmal die Bewegungen des Pferdes unter dem Sattel gespürt hat, der wird von selbst danach streben, im Einklang mit diesen Bewegungen zu sitzen, das große Tier zu lenken, ja, es auch zu beherrschen: durch das Einfühlen in die instinktgebundenen Reaktionen des großen Pferdekörpers und seiner vier Beine.

Oben: Wenn man sich auf das Blümchen für den Blumentopf konzentrieren muß, kann man nicht mehr krampfhaft um seinen Sitz besorgt sein.

Rechts unten: Wer noch nicht vom Pferd gefallen ist, hat noch nicht geritten. Nicht nur die Zuschauer schmunzeln über das Malheur, die Reiterin selbst kann lachen. Und sie weiß, daß man vor allem das Pferd festhalten sollte.

Das Pferd ist kein Tragtier. Und das Getragenwerden als Last auf dem Rücken eines Tieres ist der bare Stumpfsinn. Transport ist nicht der Sinn der Reiterei. Das reiche, vielgestaltige Repertoire der Bewegungsmöglichkeiten auf vier Beinen mag den denkenden Menschen faszinieren. Aber erst das Hineinhorchen in das Pferd und seine Regungen erschließt das Wunder, daß dem großen, starken Tier die Unterordnung unter den Willen des Reiters zur ganz natürlichen Sache wird. Ein Pferd zu reiten ist ein großes Gefühlserlebnis.

Sehr schnell erkennt, erspürt auch der Anfänger im Sattel, wieviel schöner – und bequemer – der Sitz zu Pferde ist, wenn man sitzen gelernt hat, wenn man sich der harten Arbeit unterzieht, reiten zu lernen. Das ist die Arbeit, die man tun muß und die man tun will, um jene Einheit mit dem Pferd zu erreichen, die das «höchste Glück der Erde» beschert, von dem seit Menschengedenken die Dichter gesungen haben.

Und schließlich – der Wahrheit die Ehre – sind da ja auch noch andere Menschen, die reiten, und Menschen, die zuschauen, und da will man denn auch gut zu Pferde sitzen und anständig aussehen. Die Eitelkeit muß nicht die geringste Rolle spielen, wenn sie Gutes bewirkt. «Eitelkeit muß Pein leiden», besagt ein altes Sprichwort, und wenn man an die Beinmuskeln denkt und an die so lädierten Hinterfronten in den Reithosen, dann ist freilich die Pein schon heftig …

So wird auch das Reiten in der Freizeit zur Arbeit, zur Arbeit, die für nichts anderes Platz läßt. Niemand kann, auf einem trabenden Pferd um seinen Sitz bemüht, an anderes denken, an eine Geschäftsbilanz, an Berufsprobleme, an private Sorgen. Das *kann* man einfach nicht, wenn das Pferd und seine Bewegungen einen ganz und gar beanspruchen. Und da wird es dann klar, was an der Reiterei so erholsam ist: das *vollständige* Loslassen, die Konzentration allein auf das Pferd und auf sich selbst, die Selbstentdeckung des reitenden Menschen.

Niemand kann sich allein das Reiten beibringen.
Es geht nicht ohne Schule, ohne Lehrer.
Und trotz aller moderner Erkenntnisse:
Die «Alte Schule» scheint immer noch die beste.

Der Krieg fordert vom Reiter die sichere Beherrschung des Pferdes, vom Pferd Gehorsam, Gewandtheit und Ausdauer. Diese Anforderungen durch eine sachgemäße körperliche Durchbildung von Mann und Pferd zu erfüllen, ist die Aufgabe der Reitausbildung ...»

Ja, tatsächlich, so stand es einmal als Präambel über einer Reitlehre, der deutschen «Reitvorschrift für die Kavallerie», der Heeresdienstvorschrift vom 29. Juni 1912, kurz HDV 12 genannt.

Was hat das hier zu suchen? Die Zeiten, da Pferde in den Kriegen der Menschen dienten, sind vorbei. Die Zeiten, da Pferde auf den Schlachtfeldern für Menschen litten und starben, kehren nicht wieder. Die Zeiten, da Menschen von den Rücken ihrer Pferde aus über andere herrschten, sind vergangen. Heut gilt es keine Schlacht zu schlagen, niemanden zu erniedrigen. Was soll dann hier die Militärvorschrift?

Es gibt einen Grund: Dies ist, wenn auch zu anderem Zweck und mit anderen Absichten verfaßt, eine der besten Reitlehren, die je geschrieben worden ist. Sie diente der Schonung des für eine Armee wertvollen Pferde-«Materials», der Heranbildung sicherer, gewandter, mit ihren Pferden verwachsener Reiter, Durchschnittsreiter, keiner Sportstars auf Hochleistungspferden. Gerade darum sind eine Menge Reiterweisheiten, die darin stecken, für die heutige allgemeine Reiterei nützlich. Sie lehren das, was wir heute mit dem unübersetzbaren englischen Wort «Horsemanship» bezeichnen.

Es gibt so vieles, woran immer wieder erinnert werden muß, gerade heute, da die Zahl der Reitschüler in Vereinen und Reitinstituten so rapide zugenommen hat – und die Zahl der Reitlehrer auch. Und wenn der frühere militärische Zweck ganz beiseite gelassen wird, dann schält sich eines heraus: das Ziel des Reitunterrichts, das zufrieden und losgelassen gehende Pferd mit einem Reiter auf dem Rücken, der sich wohl fühlt und der dann in der Lage ist, die Bewegungen des Tieres unter dem Sattel körperlich zu genießen.

Reiten lernen – wofür? Das muß auch der Lehrer wissen und im Gedächtnis behalten. Denn jede Reitstunde hat mit der geschichtlichen Entwicklung der Reiterei zu tun. Zu keinem anderen Zweck hat der Reitlehrer seine Schüler und die Pferde vor sich als zur Freude der Schüler an den Pferden und zum Spaß an der Reiterei. Darum gehören Gebrüll und Injurien nicht in die Reitbahn. Reitschüler, besonders Anfänger, haben mit der Plage des eigenen Körpers, mit Schmerzen und Muskelkater oft genug zu tun, und auch Pferde haben manchmal Muskelkater. Erst nach der Überwindung von Schmerz und Verkrampfung findet der Reiter zum Wohlbefinden, das Pferd zur Losgelassenheit.

«Der junge Reiter und das junge Pferd sind meist willig und werden bei ruhiger, wohlwollender Behandlung und verständnisvoller Belehrung bald das Erforderliche leisten. Erfolg und Mißerfolg in der Reitausbildung hängen daher in erster Linie von der Persönlichkeit des Lehrers ab.» Das hatte schon 1912 das Militär erkannt! Ruhig, wohlwollend und verständnisvoll. Und heute haben wir keine Rekruten in der Reitbahn, sondern Reitschüler, die voll Begeisterung gekommen sind und reiten lernen *wollen*. Und: «Der Reitlehrer muß ein nachahmenswertes Vorbild bieten, sowohl in seiner persönlichen Haltung im Sattel als auch in seinem reiterlichen Können. Nur ein Lehrer, der die Durchführbarkeit seiner Anforderungen selbst im Sattel beweist, wird das Vertrauen seiner Schüler besitzen.»

Reiten lernen – wofür? Das muß der Reitlehrer noch mehr im Sinn haben als seine Schüler, die vielfach noch keine klare Vorstellung davon haben, was sie erreichen wollen – oder können. Ermutigung erscheint da immer wieder viel nötiger als das oft gehörte, entnervte «Sie lernen das wohl nie!» Auch dafür gibt es eine Weisheit vom Anfang dieses Jahrhunderts: «Lob und Anerkennung fördern die Ausbildung mehr als Tadel!»

Und nun ist es an der Zeit, den Leser mit dem Wachtmeister Müller bekannt zu machen. Das war ein vierschrötiger Mann gesetzteren Alters, so um die fünfzig, mit einem buschigen Schnauzbart, den er borstig sträuben konnte, wenn er die Lippen spitzte. Das sah dann bedrohlich aus, war aber die Vorstufe zu einem beruhigenden Schmunzeln. Seine Beine in den groben Reithosen mit dem dicken Lederbesatz

Oben: Die Reitabteilung ist in der Bahn aufmarschiert. Eine Reitstunde ist zu Ende. Jetzt werden die Bügel hochgezogen, die Gurte gelockert und dann die Pferde in den Stall geführt. Oder aber, alles bleibt stehen und eine neue Gruppe von Schülen sitzt auf. Dann gehen die Pferde noch eine Stunde. Normaler Reitschulbetrieb.

kamen weit getrennt unter dem Uniformrock hervor und trafen sich erst wieder dort, wo die tiefsitzenden Sporen an den wuchtigen Reitstiefeln klirrten. Sie waren ein Musterbeispiel von Reiter-O-Beinen. Wachtmeister Müller hatte den größten Teil seines Lebens in einem Kavallerieregiment verbracht und war nun, fast schon pensioniert, zu der Reitschule abkommandiert worden, die ich mit vierzehn Jahren in den Ferien besuchte.

Wir Schüler bekamen einen gehörigen Schreck, als wir erfuhren, daß dieser Mann unser Reitlehrer sein sollte. Ein Wachtmeister der Kavallerie. Wir hatten ja alle in diesem Fortgeschrittenen-Lehrgang schon etwas im Sattel geleistet, ein bißchen Turnier geritten, an Reitjagden teilgenommen. Nun würde der Wachtmeister uns wohl beweisen, daß wir noch gar nichts konnten. So war das doch beim Militär. Und Wachtmeister kommandieren doch nur und haben eine Stimme, daß die Wände erzittern. So dachten wir.

Als wir uns dann zum erstenmal auf der Stallgasse um ihn versammelten, standen wir alle so ein bißchen stramm, Hacken zusammen, Kopf hoch, und aus dem Halbkreis um den Uniformierten wurde mehr eine Linie, so wie Soldaten antreten.

Der Wachtmeister Müller ging ein paarmal vor uns auf und ab, ließ die Sporen auf den Ziegeln der Stallgasse ein wenig klirren, machte Front und schob die Daumen hinter die Knöpfe seiner Brusttaschen, so wie einer in Hemdsärmeln sie hinter die Hosenträger hakt. Dann sträubte er seinen Schnurrbart, und sein Bauerngesicht verbreiterte sich zu einem Grinsen.

«Also erst mal», hub er an, mit einer rauchigen Bierstimme, die erstaunlich sanft klang, dann, etwas schärfer: «Nun steht mal nicht so steif da. Wir sind hier doch nicht beim Kommiß! Und dann kommt mal rum hier.» Rote Köpfe ob unseres halben Soldatenversuchs, Füßescharren, aus der Linie wurde wieder ein Halbkreis. «Also erst mal», sagte Wachtmeister Müller, «will ich euch sagen, ihr seid ja nun mal Fortgeschrittene, und ich bin euer Reitlehrer, und ihr könnt ‹Herr Wachtmeister› zu mir sagen oder ‹Herr Müller›, das ist mir egal. Was ihr könnt, ihr Fortgeschrittenen, das werd ich sehen, was ihr wißt ..., na, Below», er kannte alle unsere Namen, «wie viele Rückenwirbel hat 'n Pferd?»

«Achtzehn.»

«Wie viele Lendenwirbel?»

«Sechs.»

«Kreutz, wie viele Halswirbel?»

«Sieben.»

«Isenbart, wo hat das Pferd sein Knie?»

«Am Hinterbein, eine Etage über dem Sprunggelenk.»

«Etage, na ja, Henke, wie heißt das, was die Leute immer Knie nennen?»

«Am Vorderbein, das Vorderfußwurzelgelenk.»

«Ehlers, was soll beim Pferd unter dem Reiter der höchste Punkt sein?»

«Das Genick.»

«Richtig, was ist das, wenn es nicht der höchste Punkt ist?»

«Ein falscher Knick.»

«Richtig, und den will ich bei euch nicht sehen. Also erst mal, gelernt habt ihr ja was, jedenfalls im Kopf, da wißt ihr anscheinend Bescheid. Mein Respekt. Aber nun wollen wir sehen, was ihr fühlt. Und ob ihr 'n Gemüt für Pferde habt. Beim Reiten ist das so: Gefühl kommt von 's Gefühl, das merkt euch. Werden wir also erst mal sehen, ob der liebe Gott euch einen Hintern verliehen hat. Also erst mal teilen wir die Pferde ein. Und», da hob er seine Stimme, «weil ihr ‹Fortgeschrittene› seid: alle Pferde Sattel *ohne* Bügel, Trense, Reithalfter!»

Da hatten wir es nun, wir «Fortgeschrittenen», Sattel ohne Bügel. Und dann teilte er ein und sagte uns nicht, daß wir dreimal während der folgenden Reitstunde die Pferde wechseln würden. Aber beim Aufsitzen ohne Bügel half er uns. «Linken Fuß her», dann hob er uns hinauf, ohne Ruck und Schwung, ganz sanft.

Und dann kam seine erste Reitstunde mit uns. So viel Ruhe hatte es in der Reitbahn noch nicht gegeben. Meist waren nur das Schnauben der Pferde, dumpfer Hufschlag in der Lohe und das Janken des Sattelleders zu hören. Seine Kommandos für die Abteilung waren laut und deutlich, aber seine Korrekturen ganz leise, denn er stand meist in einer Ecke am Hufschlag und ließ uns nahe an sich vorbeireiten.

Erst Schritt am langen Zügel. Und eine allgemeine Mahnung: «Nun laßt die Zügel lang. Wehe, es zieht mir einer im Maul rum!» Dann Zügel aufnehmen und ruhiger Trab. Zweimal Handwechsel und wieder Schritt. Langer Zügel. Und wieder laut und für alle: «Pferde sollen sich loslassen. Laßt die Hände weg! Wer versucht, den Hals des Pferdes mit der Hand zu formen, wer ihm jetzt den Kopf runterriegeln will, hat nachher 'n zusammengezogenen Hals. Und er richtet schweren Schaden an der Biegung und am Vortritt der Hinterhand an. Laßt die Hände weg im Schritt!» Wörtlich ein Zitat aus der alten Reitvorschrift. Er kannte sie auswendig.

Wir hatten ganz gut gerittene, aber ziemlich unterschiedliche Pferde in der Bahn, und deshalb ließ Müller uns bald durcheinanderreiten, jeden für sich. Und es folgte gleich die Belehrung: «Jeder Reiter muß jeden Tag die Gelegenheit haben, sein Pferd für sich allein arbeiten zu können. Nur das ermöglicht eine gründliche, der Eigenart des Pferdes angepaßte Ausbildung.» Wieder die alte Reitlehre – und moderne Reiterweisheit. Das hatte mit Militär gar nichts zu tun, das war vernünftiges Reitenlernen.

Dann kam ich beim nächsten Pferdewechsel von einem großrahmigen Holsteiner mit einer mächtigen Trabaktion – «mit starken Knochen und hohen, räumenden Gängen», wie es im damaligen Holsteiner Zuchtziel hieß – auf eine eher zierliche Fuchsstute, angeblich Vollblut, namens *Olive*, ein bildhübsches Pferd. Bei uns im Stall nannte man sie allerdings respektlos «die Erbse». Es hatte mal ein wunderschönes Mädchen draufgesessen, die bei allen Bemühungen des Reitlehrers nicht zu bewegen war, sich tief in den Sattel zu setzen. Sie hatte eine Art Nichtangriffspakt mit der Stute geschlossen und schwebte immer etwas über dem Sattel, kam also nie zum richtigen Einwirken, und der Lehrer hatte schließlich voller Verzweiflung ausgerufen: «Achgottachgott, mein liebes Fräulein, Sie sitzen wirklich da oben wie die Prinzessin auf der Erbse!» Da hatte die *Olive* natürlich ihren Stallnamen weg. Sie war und blieb «die Erbse».

Diese Erbse war ein galoppierfreudiges Mädchen und im Trab ganz schwer an den Zügel zu reiten. Was Wunder, daß ich, kaum daß ich im Sattel war, in der nächsten Ecke eine Volte ritt und angaloppierte. «Hurra», sagte die Erbse und rannte los. Sie ging durch, sie schrammte die lange Seite runter, mit vielen schnellen kleinen Galoppsprüngen, mit hoher Nase und stramm festgehaltenem Rücken. «Hallo, hallo», rief der Wachtmeister Müller, «ruhig, Junge, ruhig, hierher, komm auf den Zirkel. Stillsitzen, Hände runter, ruuuhig, ruuuuhiiig.»

Nein, auf dem Zirkel, in der Wendung des runden Bogens ging es auch nicht besser. Die Erbse gab den Rücken nicht her. Hastig und verklemmt tobte sie weiter dahin.

Oben: Sieben Halswirbel hat das Pferd … Man muß nicht nur Sitzen lernen auf dem Pferd, man muß das ganze Pferd auswendig lernen. Je mehr man von Pferden weiß, umso besser kann man mit ihnen umgehen. Man will ja nicht nur reiten, man will auch über Pferde reden können.

Rechts: Fertig zur Dressurprüfung. Sie kann schon eine Menge, hat schon die Sporen. Sie trägt – oho – einen Zylinder. Auf die Richter muß man Eindruck machen. Und Schimmel ist immer gut.

«Scheeeeritt, Schritt», kommandierte Müller, «durchparieren, komm mal rein hier!» Er stand im Mittelpunkt des Zirkels und empfing die Stute, als die Parade gelungen war, mit Klopfen und Streicheln am Hals. «Du hast sie ganz schön aufgeregt, das Mädchen», lachte er mich an, «das geht so nicht. Pferde, die wegrennen, brauchen einen ruhigen Sitz – und sie brauchen den Schenkel, an dem sie sich wieder aufnehmen können. Und du, du sitzt nicht still, und vorne hältst du sie fest, und dann streckst du die Beine weg.»

Oben: Ganz schön routiniert im Anfängerspringen. Der Blick geht schon zum nächsten Hindernis, die Hand bleibt im Kontakt zum Pferdemaul. Der Bügel etwas lang, die Reiterin etwas vor der Bewegung des Pferdes. So hoch sind die Sprünge ja nicht. Aber man sieht, beide fühlen sich wohl, und sie haben sich etwas vorgenommen.

Und dann kam die beschämende Anordnung: «Komm mal runter da!»

Da stand ich in der Bahn, und Wachtmeister Müller stieg auf die tänzelnde Stute. Er ritt sie auf dem Zirkel im Schritt. Und die Stute rundete sogleich den Hals und ging taktmäßig ausschreitend auf der gebogenen Linie, bis Müller sacht die Zügel verlängerte, worauf das Pferd Kopf und Hals abwärts streckte, das Gebiß suchend. Alle Aufregung verebbte.

«Alles Schritt!» rief Müller in die Bahn, «alles hersehen! Korrekturversuch an einem Rennpferd.» Langsam nahm er die Zügel auf, schob sacht den äußeren Schenkel nach hinten, und – weg war die Stute. Auf dem Zirkel zischte sie ab, auch noch im Kreuzgalopp, vorne links, hinten rechts. «Nee, mein Mädchen», sagte Müller ganz ruhig. Tief saß er im Sattel und hatte die Beine fest am Pferd. Da schob die Stute sich zusammen, die Hinterbeine griffen unter den Leib, und schon war sie wieder im Schritt, dann im Halten. Ganz kurz klopfte er ihr den Hals, strich einmal über den Mähnenkamm und – galoppierte sofort wieder an. Zwei Galoppsprünge waren noch hektisch, dann beruhigte sich der Rhythmus, und in regelmäßigen Sprüngen folgte das Pferd leicht links gestellt der Zirkellinie. Der Wachtmeister nahm sie tief in die nächste Ecke und ritt dann die lange Seite herunter, in rhythmischem, gelassenem Galopp mit gleichmäßigen Sprüngen. Es war eine Augenweide. Aller Augen waren auf diesen Reiter gerichtet, und in manchen Gesichtern stand die Frage: «Wie macht er das bloß?»

«Seht her», rief Müller, «das ist Galopp, PADABAM, PADABAM, und noch ruhiger: PA-DA-BAM, PA-DA-BAM, schööön ruuuhig.»

Dann ließ er an der kurzen Seite den Dreitakt verebben und ging gleitend in den Trab über. In gleichmäßigen Tritten, ohne ihre Haltung zu verändern, federte die Stute dahin. Müller nahm die Zügel in eine Hand. Keine Veränderung von Schwung, Takt und Haltung. Dann kam er auf mich zu, hielt an und stieg ab.

«Hast du gesehen? Stillsitzen, Beine dran, treiben, ja, treiben und weich mit der Hand. Das mag sie. Die andern weiterreiten!» rief er zu meinen Freunden hinüber. «Und du darfst jetzt zwei Runden auf dem Zirkel galoppieren, so schön ruhig wie sie eben ging. Und dann wird Trab geritten, mein Lieber. Hast ja gesehen, das kann sie auch!»

Er gab mir die Zügel in die Hand, nahm mein linkes Bein und hob mich in den Sattel. Dann sagte er deutlich zu mir hinauf: «Also erst mal, Einzelarbeit ist auch richtige Arbeit, und» – mit Nachdruck – «der Neigung der Reiter, nur die für sie bequemsten, die Dressur des Pferdes aber wenig fördernden Lektionen zu reiten, muß entgegengewirkt werden!» Wieder ein wörtliches Zitat aus der alten Reitlehre. Er hatte wirklich alles, alles im Kopf – und nicht nur da. Was hatten wir mit diesem Reitlehrer für ein Glück gehabt!

Wachtmeister Müller führte uns von Erfahrung zu Erfahrung, uns ging ein Licht nach dem andern auf. Er war voll Verständnis für alles, was uns nicht gelang, und er konnte sogar Fehler vormachen, wenn wir uns nicht erklären konnten, was wir da falsch gemacht hatten. Seine Korrekturen kamen blitzschnell und immer im richtigen Augenblick, er hatte ein unfehlbares Urteil, und seine immer wieder vorgetragenen Theorien machten uns nachdenklich.

«Ihr sollt ja denken», sagte er immer wieder, «aber wenn ihr gedacht habt, denn müßt ihr es fühlen. Und wenn ihr es nicht fühlt, denn hat das ganze Denken nischt genützt. Denn müßt ihr eben noch mal denken.»

Wie schnell war der Rang des Wachtmeisters vergessen! Nach kurzer Zeit hieß er bei uns allen nur noch Papa Müller, und das ließ er sich gern gefallen. Und er hatte für uns Jungs auch so eine Art Lebensphilosophie bereit, die natürlich – wie immer – bei den Pferden endete.

«Wofür lernt ihr denn reiten?» fragte er immer wieder. «Doch nicht nur, um den Hintern im Sattel zu behalten. 'n bißchen angeben, na ja. Aber da gibt's doch noch anderes. Also erst mal», legte er wieder los, «müßt ihr dahinterkommen, Pferde können sich verstellen. Wie Menschen, die verstellen sich auch. Aber Menschen, wenn die sich verstellen, wollen sie sich besser machen, als sie sind. Da kann man mißtrauisch bei werden. Pferde machen das nie. Wenn Pferde sich verstellen, machen sie sich schlechter, als sie wirklich sind. Kein Pferd macht sich besser, als es ist. Sie sind eben so. Und da kann man Vertrauen haben. Und man kann ihnen eben nicht böse sein. Guckt eurem Pferd doch mal ins Gesicht, so richtig in die Augen. Nicht so, wie das heute üblich ist, Sattel drauf, Zügel nehmen, aufsitzen und losreiten. So nicht. Nein, mal richtig angucken und schön in Ruhe. Und denn sagt mir mal, ob man da nicht richtig Vertrauen kriegt zu so 'nem Gesicht. Aber es ist eben ein Pferdegesicht, kein Menschengesicht. Das sollt ihr nicht verwechseln. Pferde sind immer Pferde und wollen auch wie Pferde behandelt werden, nicht wie Menschen! Und auch um so was zu lernen, dafür lernt ihr reiten.»

Oben: Geschafft! Null Fehler! Aufatmen, Pferd klopfen – und strahlen. Welch ein Gefühl. Egal, ob sie nun gewonnen hat, das Gefühl nach einem gelungenen Ritt ist unbeschreiblich. Alles ist Jubel, Freude. Dafür hat sie Reiten gelernt.

Die respektlose Jugend machte ihre Witze über Papa Müllers Philosophien. Aber es blieb etwas hängen. Große Worte sind nicht die Sache von Vierzehn- bis Sechzehnjährigen. Aber er sagte es ja auf seine Art und ohne große Worte. Sein Vorbild aber, sein Können im Sattel und seine Auffassung vom Reiten und von Pferden prägten großen Respekt bei uns Jungen. Wir lernten, zuerst uns selbst zu fragen, woran es liegen könnte, wenn eine Absicht unerfüllt, wenn ein Erfolg uns versagt blieb. Vielleicht an uns selbst? Papa Müller und die uns so deutlich klargemachte Gradlinigkeit der Reaktionen unserer Pferde lehrten uns das. Wir lernten es erst, als wir etwas mehr reiten gelernt hatten. Aber es war auch etwas, *wofür* wir reiten lernten. Und vielen von uns tat es gut, für das ganze Leben.

AUSRITT – OHNE DIE ECKEN DER BAHN

Kopf hoch und umgeschaut in der Welt, die man aus dem Sattel anders sieht als zu Fuß – viel weiter! Der Reiter, der im Sattel ständig auf sein Pferd herabblickt, ist ein Zentaur, der – sich selbst betrachtet. Das Pferd schaut ja auch nicht dauernd seinen Reiter an!

Sind die Pferde nicht eigentlich dafür da, daß wir ihnen – und uns – ein bißchen Natur gönnen? Der Weidegang ist richtige Erholung für Pferde, der Ausritt mag es für beide sein: Pferd und Reiter. Das ist etwas anderes, als in der Reitbahn ständig die Augen des Reitlehrers auf sich gerichtet zu fühlen, ständig mit allen Hilfen am Pferd zu sein, eine korrekte Zirkellinie zu reiten, eine Volte in der Mitte der kurzen Seite.

Draußen, da darf auch das Pferd sich mal umschauen, da kann man es auch mal gehen lassen. Und in der Abteilung sind sie ja auch artig, die Pferde, nachdem sie vorher schon drei Reitstunden in der Bahn absolviert haben. Warum also sie nicht einfach gehen lassen? Ein Irrtum!

Wer sich draußen im Gelände nur spazierentragen lassen will, braucht ein Tragtier, kein Reitpferd. Draußen muß genauso geritten werden wie in der Reitbahn. Nicht immer dressurmäßig, aber das Pferd muß an den Hilfen bleiben. Sicherheit geht vor, und zur Sicherheit im Gelände muß man in der Bahn reiten gelernt haben. Der Kopf gehört, zur Sicherheit, unter eine Reitkappe, jedenfalls in vielen europäischen Ländern. Aber da sind Sicherheitsbedürfnis und Gepflogenheiten weltweit verschieden.

Oben: Ausritt im Westernstil. Ein gut ausgebildetes Westernpferd geht im Gelände am langen Zügel überallhin. Das ist die entspannte Art auszureiten. Dahinter steht eine lange, sorgfältige Ausbildung. Für spanische Caballeros und amerikanische Cowgirls ist allerdings die Reitkappe verpönt. Stilecht ist nur der Stetson.

Links: Naturgenuß im Sattel. Freude für Pferd und Mensch, wenn beide es mit der nötigen Gelassenheit – aber ohne Nachlässigkeit – angehen. Für viele Reiter ist dies das Ziel überhaupt. Abenteuer nicht nur für den Reiter, oft auch für das Pferd.

Über uns wölbte sich ein grüner Dom. Rechts und links weiße Säulen, nicht immer ganz gerade, manche schräg angewinkelt, einige richtig krumm, aber hoch genug, um ein helles Grün über uns zu spannen, durch das, wie mit goldenen Lanzen, die Sonne stach und helle Kringel auf das grobe Pflaster und den Sommerweg malte. Die Birkenallee, die, von der Stadt Oldenburg kommend, gerade nach Süden führte, war beliebt für viele Ausritte, weil sie noch so war wie vor fünfzig Jahren. Sie war die landwirtschaftliche Zuwegung für die Bauernhöfe, die näher zum Stadtrand hin lagen, und daher für die Gefährte der Bauern eingerichtet. Der gewölbte Pflasterteil bestand aus «Katzenköpfen», runden Pflastersteinen, auf denen Autos, wenn sie denn dort fuhren, rumpelnd geschüttelt wurden, eine Teststrecke für die klappernden Karosserien von Gebrauchtwagen. Daneben aber war ein breiter Sandstreifen für landwirtschaftliche Gespanne, der «Sommerweg», wie er früher viele Landstraßen säumte. Dieser Sandstreifen, auf dem man sogar zu dritt nebeneinander reiten konnte, war natürlich ideal für unsere Ausritte.

Die Luft war voll vom Duft der Sommerblumen. Das Grasland zu unserer Linken war bunt gesprenkelt. Der Hornklee blühte gelb, das Schaumkraut hatte seine rosa Blüten weit über den zarten, grünen Schleier des Zittergrases in die Sonne emporgeschickt, die Fuchsschwänze wiegten ihre orangefarbenen Rispen im Sommerwind, und auf den feuchteren Stellen glänzte

das Gold der Butterblumen um die Wette mit dem Löwenzahn. Ein sachter Windstoß wehte uns zuweilen eine Wolke von Wiesengerüchen zu, die den Duft vertrieb, der von den warmen Leibern unserer Pferde aufstieg. Sie waren ein bißchen naß geworden, denn wir hatten eine ganz schöne Galoppstrecke hinter uns und waren nun auf dem Heimweg.

Wir, das waren Rolf und ich, und wir hatten beide einen freien Sonntag. Rolf als Automechaniker in einer Werkstatt, die sich damals, in den fünfziger Jahren, vorwiegend damit beschäftigte, alte Autos am Laufen zu halten; ich als junger Rundfunkreporter in Oldenburg, in einem Land, das ich mit großer Neugier zu erforschen suchte. Rolf saß auf einem großen, dicken Oldenburger Rappwallach noch eher der «alten Art» eines schweren Warmblutpferdes, das für die Ackerarbeit selbst auf tiefen, lehmigen Böden taugte, das aber auch mit teilweise erstaunlichem Galoppiervermögen unter dem Sattel ging. Dieser Rappe tat auch keine Landarbeit mehr, er stand als Reitpferd von drei Besitzern in einem kleinen Stadtstall und hatte sich schon in vielen kleinen ländlichen Springprüfungen und Geländeritten bewährt. Er hatte ein herrliches Temperament, bewahrte immer seinen Gleichmut und fand eigentlich alles, was der Reiter von ihm verlangte, ganz in Ordnung. Jetzt schritt er wohlig schnaubend am langen Zügel, mit seinen großen Hufen bei jedem Schritt ziemliche Staubwolken aufwirbelnd,

Oben: Auch ohne die Ecken der Bahn, auch im Genuß der freien Natur, auch in Wald und Feld – es muß immer geritten werden. Und immer wieder kann man für einmal die Pferde gehen lassen wie sie wollen, aber der Reiter sollte sich nie gehen lassen. Das hindert nicht an der Freude, die Enge der Bahn verlassen zu haben und im Sattel ganz der Natur zu gehören.

durch den Sand des Sommerweges. Das einzig Rätselhafte an diesem Pferd war die Frage, wie er zu seinem Namen gekommen sein mochte. Seine jetzigen Besitzer hatten ihm seinen Namen gelassen, als sie ihn kauften, und keiner dachte sich was dabei. Das Pferd hieß *Habakuk*. Ich aber fühlte mich als Reporter verpflichtet, nachzuforschen, was ihm wohl den Namen des alttestamentlichen Propheten eingetragen haben könnte. Die Auskunft des Vorbesitzers half mir nicht weiter.

«Ach», sagte der ganz vergnügt, «den Namen habe ich aus dem Lexikon. Mir fiel keiner ein, und diesen fand ich ganz lustig.» Weitere Forschungen im Alten Testament ergaben dann zwei gegensätzliche Begründungen für den Namen: Vielleicht war das große Tier am Anfang nicht ganz leicht zu reiten, und da stehen im zweiten Kapitel bei Habakuk «sechs Weherufe». Besser schien uns dann, daß ein ordentlicher Reiter auf diesem Pferd so eine Art Lebensversicherung unter dem Sattel hatte, denn *Habakuk* hatte noch nie einen Sprung verweigert, galoppierte im Gelände zwar bedächtig, aber ganz ausdauernd und war völlig scheufrei auf der Straße und in fremder Umgebung. Dazu paßte aus dem zweiten Kapitel seiner Schriften die Prophezeiung: «Die Gottlosen werden gerichtet, die Gerechten bleiben am Leben!».

Habakuk hatte sogar einmal einen Geländeritt als einziger beendet, während alle anderen Pferde das Ziel nicht erreicht hatten, obwohl die Prüfung in der Anfängerklasse A ausgeschrieben war. Der Veranstalter hatte sich aber auch was Heimtückisches ausgedacht. Man hatte gefürchtet, man werde am Ende einen ganzen Haufen Fehlerloser haben, die auch durch die Zeit nicht zu sortieren waren, so vielleicht vierzehn Sieger. Also hatte man den Kurs über einen Bauernhof geführt, auf dem über einen Strohballen in eine dunkle Scheune gesprungen werden mußte. Dazu hatte man aber dann gemeinerweise den Hofhund, der ein wüster Beller war, so angekettet, daß er bis auf zwei Meter an den Strohballen herankommen konnte. Auf jedes angaloppierende Pferd fuhr dieser Hund mit heiserem Gebell los. Und da standen alle Pferde voller Entsetzen und waren nicht zu überreden, in die Scheune zu springen. So was hatten sie noch nicht erlebt. Nur *Habakuk* hatte sozusagen nicht mit der Wimper gezuckt und hatte die grölende Töle nicht eines Blickes gewürdigt. Ihn ließ das kalt, und sein Reiter gewann den wertvollen Ehrenpreis: eine Flasche «Hullmann'schen» aus der Oldenburger Schnapsbrennerei. Das also war *Habakuk*, der da nun geruhsam neben mir dahinschritt.

Ich hatte auf meiner Stute *Diana* mehr zu tun. Schritt am langen Zügel war *Dianas* Sache nicht. Sie «zackelte» den ganzen Weg. In kurzen Trabtritten, fast piaffierend, setzte sie einen Huf knapp vor den anderen und warf dabei den Kopf auf und nieder, schnaubte und prustete und faßte ab und zu das Gebiß an und knirschte mit den Zähnen. Sie ging nicht schneller, auch wenn man ihr den Zügel hingab, aber sie konnte sich nicht zum Schritt entschließen, wenn man die Beine nicht rannahm und dressurmäßig wie in der Bahn versammelten Schritt ritt. Sie war ein Übertemperament. Heute waren wir etwas flotter als sonst durchs Gelände geritten, und wir hatten auch ein paar Stoppelfelder vorgefunden, über die man schön lang und ruhig galoppieren konnte. Das ging ja mit *Diana* auch ganz gut, aber im Laufe der Zeit hatte sie sich immer mehr aufgeladen, wollte immer schneller gehen als ich und wurde ganz unleidlich, wenn ich sie parierte. Sie hatte immer die Ohren hinten, interessierte sich nicht für die Umgebung und war eben einfach böse mit ihrem Reiter. Ich aber saß selig und stolz auf diesem Pferd im Sattel, denn *Diana* war mein erstes eigenes Pferd.

Ihr Vorbesitzer, mein Schweizer Freund Thomas, hatte sie mit meiner Hilfe bei Fritz Thiedemann in Elmshorn gekauft. Und ich vergesse nie, wie Fritz sie uns vorritt und was die Stute alles konnte unter diesem Meister: fliegende Galoppwechsel à Tempo, Pirouetten, Piaffe und eine leidliche Passage – und ihr Paradestück: Außengalopp in der Volte. Es war schier unglaublich für uns jungen Leute. Dazu sprang sie mit einer unbezähmbaren Leidenschaft und großem Geschick. Thomas hatte sie damals gekauft, ich hatte sie mit der Bahn in die Schweiz gebracht und dort auch eine Weile geritten. Als dann mein Freund für einige Jahre nach Amerika ging, kam die Stute in meine Obhut. Ganz bin ich mit ihrer Neigung, sich aufzuregen, nie fertig geworden, und ein bequemes Pferd war sie nie. Immer mußte man aufpassen, was ihr wohl als nächstes einfallen würde. Aber ihr Springen war einfach wunderbar. Nur auf unseren Schleppjagden war sie ein Alptraum. Sie pullte immer und zog einem die Arme aus dem Leib. Sie rannte auf alles los, was wie ein Hindernis aussah, und sprang zu. Aber sie konnte alles springen und war über einem Sprung nie in Schwierigkeiten. Nur, nach einer halben Stunde Galopp war ich völlig erschöpft. Und wenn sie dann auf dem Heimweg Schritt gehen mußte, war sie nach ein paar Minuten schon wieder klatschnaß, so regte sie sich auf.

Diana war eine Holsteinerin und stammte aus einer damals sehr berühmten Holsteiner Zuchtlinie, aus der auch viele bekannte Springpferde kamen. Ihre Ahnenreihe ließ viele Augen leuchten: *Fanal – Favorit – Tobias – Achill*. Ja, und da war eben wahrscheinlich der wunde Punkt: *Dianas* Großvater war *Fanal*, und auch hinter ihrer Großmutter väterlicherseits tauchte der Name *Tobias* auf, und *Tobias* war auch ihr Urgroßvater mütterlicherseits; und *Favorit* erschien dann auch als Urgroßvater ihrer Mutter. Vielleicht war das zuviel des Guten, viermal Inzucht auf *Tobias-Achill*. «Springblut gehäuft», sagten die Züchter, aber vielleicht kamen ihre schlechten Nerven daher. So mußte man ihr ihre Aufregung verzeihen. Sie ist dann auch nicht mehr als drei Jagden in ihrem Leben gegangen. Ich mochte es ihr – und mir – nicht mehr zumuten.

Diana also zackelte schwitzend neben *Habakuk* einher, mit einem stolzen, schwitzenden Reiter im Sattel. Und ich machte wahrscheinlich auch den Fehler, mich nicht zu entspannen, sondern ich probierte immer wieder, was man machen könne, um diese nervöse Dame zum Schritt zu bewegen. Beine ran, durchparieren, halten, anreiten im Schritt – gut. Nachgeben, Schenkel dranlassen – schon wieder Trab auf der Stelle. Zügel annehmen, locker werden, nachgeben – Galopp auf der Stelle. Das war kein Stalldrang, den viele Pferde haben, wenn es nach Hause geht und sie ungeduldig werden, weil es sie zur Krippe zieht.

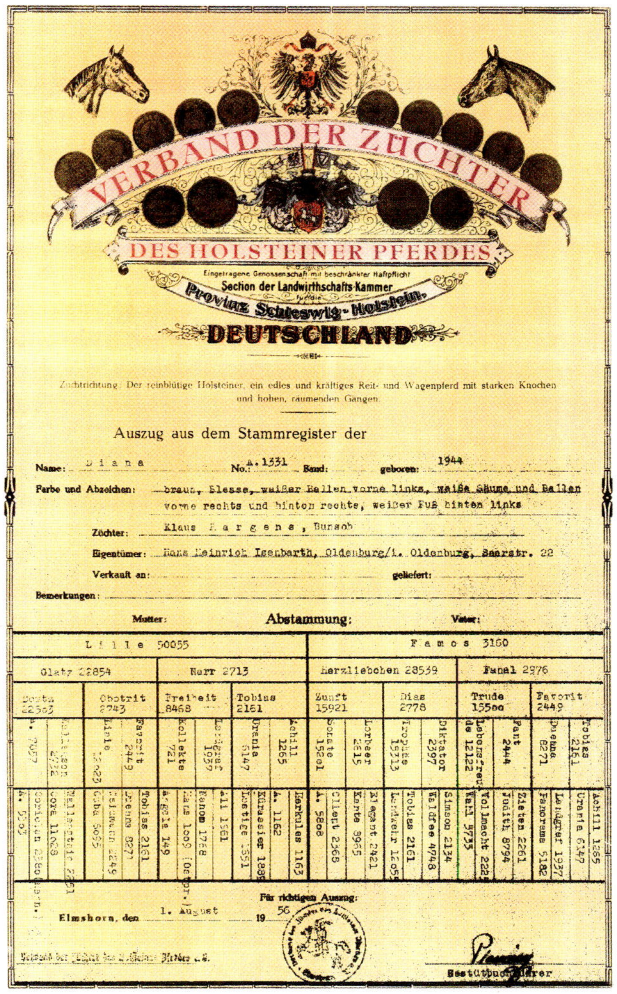
VERBAND DER ZÜCHTER
DES HOLSTEINER PFERDES
Eingetragene Genossenschaft mit beschränkter Haftpflicht
Section der Landwirthschafts-Kammer
für die
Provinz Schleswig-Holstein.
DEUTSCHLAND

Zuchtrichtung: Der reinblütige Holsteiner, ein edles und kräftiges Reit- und Wagenpferd mit starken Knochen und hohen, räumenden Gängen.

Auszug aus dem Stammregister der

Name: Diana No.: A. 1331 Band: geboren: 1944
Farbe und Abzeichen: braun, Blesse, weißer Ballen vorne links, weiße Säume und Ballen vorne rechts und hinten rechts, weißer Fuß hinten links
Züchter: Klaus [illegible]argens, Bunsoh
Eigentümer: Hans Heinrich Isenbarth, Oldenburg/i. Oldenburg, Saarstr. 22
Verkauft an: geliefert:
Bemerkungen:

Mutter: Abstammung: Vater:

Mutter				Vater			
Lille 50055				Famos 3160			
Olatz 22854		Narr 2713		Herzliebchen 28539		Fanal 2976	
[illegible] 22503	Obotrit 2743	Freiheit 8468	Tobias 2161	Zunft 15921	Dias 2778	Trude 15500	Favorit 2449

Lebensfreude 12122, Pant 2444, Duenna 8271, Tobias 2161, Kollekte 721, Urania 6147, Achill 1265, Sonate 15201, Lorbeer 2615, Trophäe 19313, Diktator 2397, Favorit 2449, Tobias 2161, Kürassier 1886, Herkules 1163, Client 2368, Karte 3965, Elegant 2421, Tobias 2161, Waldfee 4748, Simson 2134, Vollmacht 222[illegible], Judith 8794, Zieten 2261, Panorama 5182, Landgraf 1937, Urania 6147, Achill 1265

Für richtigen Auszug:
Elmshorn, den 1. August 1956
Stutbuchführer

Da endete der Sommerweg, die ersten Stadtstraßen begannen nun mit Steinpflaster. Da wurde es etwas besser. Nun fand die Stute jedenfalls zeitweise zum Viertakt des Schritts, und ich konnte ihr dann die Zügel ganz lang lassen. Vielleicht würden wir doch leidlich trocken in den Stall kommen. Ein naßgeschwitztes Pferd beim Heimkommen vom Ausritt ist eigentlich eine Schande für den Reiter.

Nun begegneten uns von Zeit zu Zeit Sonntagsspaziergänger auf der Straße, und manche grüßten die beiden Reiter, und einige sahen auch *Diana* und *Habakuk* nach, denn die beiden konnten sich wohl sehen lassen unter dem Sattel. Uns jungen

Links: Das feierliche Pedigree meines ersten Pferdes, der Stute *Diana*, vom Holsteiner Verband ausgestellt 1956. Dokumentiert hier ihre damals sehr berühmte Abstammung: Fanal – Favorit – Tobias – Achill.

Oben: Dianas gescheites, aufmerksames Gesicht. Sie nahm alles wahr, was sich um sie begab, und sie konnte deutlich zeigen, was ihr gefiel – und was nicht.

Links: Das Modell eines Holsteiner Pferdes jener Zeit. Diana unter dem Autor in der Schweiz. Wie man sieht, war sie nicht ganz leicht zu füttern. Sie hatte leicht einmal ‹viel Wind unter dem Bauch›. Ihr Temperament machte ihr immer wieder zu schaffen.

Reitersleuten gefiel das natürlich, und bei einem Milchladen sahen wir beide in der Schaufensterscheibe nach unserem Spiegelbild, und ich nahm die Zügel etwas mehr an. Aber da zackelte *Diana* schon wieder. Dann kam eine Frau, die ihren Hund ausführte, und da ging ein Ruck durch mein Pferd. *Diana* spannte sich, spitzte die Ohren, rundete den Hals und schnarchte. Der Hund war ein Schäferhund, genau so einer wie damals beim Geländeritt der Hofhund, an dem sie nicht vorbeizubringen gewesen war. *Diana* traversierte, Kopf zum Hund, und dann legte sie die Ohren flach an den Kopf und machte ihr böses Gesicht. Frau und Hund kamen näher, und der Hund bellte die Pferde an. *Diana* ging Galopp auf der Stelle und schlug mit dem Kopf. Dann waren wir vorbei. Aber der Hund sprang auf die Straße und kam hinter uns her.

«Ach bitte, können Sie Ihren Hund festhalten? Mein Pferd mag keine Hunde!» rief ich der Frau zu.

«Lassen Sie nur, der Hund kennt Pferde, der tut nichts.»

«Lassen Sie ihn nicht nahe an die Pferde, bitte rufen Sie ihn doch!»

Da machte *Diana* einen kurzen Satz und stand dann bockstill.

«Rufen Sie den Hund zurück!»

«Du», kam es von Rolf auf dem gänzlich ungerührten *Habakuk* neben mir, «der schnappt nach ihren Hinterbeinen.»

Und hinter mir knurrte es. Hatte der Schäferhund die Feindseligkeit des Pferdes gespürt? Ich versuchte energisch vorwärtszureiten. Aber das Pferd stand wie eingerammt.

«Den Hund weg, bitte!»

Da gab es einen Ruck unter dem Sattel und hinter mir einen kurzen, trockenen Schlag, ein jähes Aufjaulen. *Diana* hatte gezielt nach dem Hund geschlagen.

Ich sprang ab, hielt das Pferd am Zügel und drehte die Stute herum. Der Hund lag auf der Straße, und die Frau lief herbei.

Der Hund war tot, auf der Stelle, *Diana* hatte ihn zwischen die Augen vor den Schädel geschlagen. *Diana* schnarchte und zog rückwärts, zog mich am Zügel weg von dem Hund. Angst hatte sie in den Augen.

«Sie hat sich gerächt», meinte Rolf, «für den Schäferhund auf dem Bauernhof, der ihr solche Angst eingejagt hat. Jetzt haßt sie Hunde.»

Nein, menschliche Motive kann man Pferden nicht unterstellen. Sicher haben sie ein hervorragendes Gedächtnis, und sicher hat sich *Diana* an das unangenehme Ereignis mit dem Hofhund erinnert, und sicher ist die gleiche Angst wieder in ihr aufgestiegen. Aber Rache kennen Pferde nicht. Das Pferd hatte sich einfach auf seine Art gegen einen Angriff verteidigt. *Diana* hatte sich – mit Recht – bedroht gefühlt. Und es gibt doch wohl Übertragungswellen zwischen Tieren. Es hatte ganz den Anschein, als ob der Hund deutlich gespürt hätte, daß das Pferd sich aggressiv verhielt, er war vielleicht gewöhnt, daß Pferde nur Angst vor seiner Treiberhaltung zeigten, und war selbst böse geworden. Ein Unglücksfall, der nicht vermeidbar schien. Davon konnten wir auch die Besitzerin des Hundes überzeugen. Und wir hatten sie ja mehrfach gewarnt. So gab es – für mich zum Glück – am Ende nur Trauer um den Hund und keine Beschuldigung des Pferdes. Allzu schnell sind die Menschen bei der Hand mit Vorwürfen gegen große, «gefährliche» Tiere, und manche mögen meinen, mit Pferden, die gegen Hunde aggressiv werden, dürfe man gar nicht ausreiten. Aber Hunde, die Pferde in die Beine beißen, gehören an die Leine unter Kontrolle des Besitzers.

Jeder Ausritt kann ein Abenteuer sein, und nie kann man ganz genau wissen, was einem unterwegs begegnet. Ein Vorfall wie der mit dem Schäferhund erinnert daran, daß man bei aller

Oben: Wie man sich draußen bewegt, ist ganz gleich. Ob, wie hier, mit Haflinger und Shetland Pony. Einig müssen sie sich sein und gelassen, dann werden sie die gleiche Freude haben.

Linke Seite: Tief einatmen den Duft der Blumen, die Luft, die nach Sommer riecht und sich mischt mit dem guten Duft des warmen Pferdeleibes. Der Sitz im Sattel bringt die Natur näher.

Links: Beobachter am Wegesrand. Vorüberziehende Reiter erregen meistens große Aufmerksamkeit. Und einer von den Dreien muß die Fremden sogar laut anwiehern.

Erlebnisbereitschaft auch für Unglücksfälle vorsorgen muß. Eine Haftpflichtversicherung muß man als Reiter oder Pferdehalter unbedingt haben. Und natürlich gibt es eine Menge von Regeln für Ausritte, deren erste – und eine der wichtigsten – besagt, daß man möglichst nicht allein ausreiten sollte. Erstens gehen zwei Pferde, die sich auch möglichst noch kennen sollten, viel ruhiger in unbekannter Umgebung oder im Straßenverkehr, und zweitens hat man dann einen Pferdehalter, wenn man absitzen möchte, und eine Hilfe, wenn sie nötig sein sollte.

Auf einem Pferd, das die Natur kennt und liebt, ebenso wie sein Reiter, mag das eine andere Sache sein. Aber viele Pferde sind in den hochindustrialisierten Ländern der Natur und ihren Erscheinungen entwöhnt und müssen ein Training in «Sachen Natur» absolvieren, um bequeme und sichere Spazier- und Wanderreitpferde zu werden. Das ist eine traurige Tatsache, wenn man weiß, wie gut den Pferden die frische Luft im Gelände tut und wie sehr auch ihre von der Reitbahn strapazierten Nerven sich in Wald und Feld erholen können, wenn – ja wenn sie sich daran gewöhnt haben, daß man vor einem wogenden Kornfeld, einem davonflatternden Vogel oder einem vom Baum fallenden Blatt nicht erschrecken muß. Ganz sichere, gelassene «Naturpferde» sind dann ein wahres Glück für den Naturfreund im Sattel. Zu Pferde sieht man mehr von der Landschaft, man kommt auch schneller voran als zu Fuß, und Wildtiere, wenn man das Glück hat, Hasen, Fasanen oder Rehwild zu entdecken, haben bei einem Reiter eine viel geringere Fluchtdistanz als bei einem Fußgänger. Auf ruhig schreitendem Pferd kann ein Mensch an eine Ricke im Felde oft bis auf dreißig Meter herankommen, wenn er nicht direkt auf sie zureitet. Das Reh wird das vorüberziehende Pferd im Blick behalten und bald wieder geruhsam weiteräsen. So wird es allerlei kostbare Naturerlebnisse geben, die man als Wanderer auf den eigenen zwei Beinen nicht haben kann. Aber natürlich muß das Pferd so erfahren und vertraut sein, daß es nicht etwa vor dem Reh scheut. Dann wird seine Angst das Wild verscheuchen. Auch muß sein Vertrauen zum Reiter den erschrockenen Seitensprung verhindern, wenn

Rasch aufs Pferd mit tiefem Atemzuge.
Und frisch hinaus, da wo wir hingehören!
Ins Feld, wo aus der Erde dampfend
Jede nächste Wohltat der Natur,

Und durch die Himmel wehend alle Segen der Gestirne
Und umwittern, wo wir, dem erdgeborenen Riesen gleich
Von der Berührung unserer Mutter
Kräftiger uns in die Höhe reißen.

JOHANN WOLFGANG VON GOETHE

Schönheit und Stille – wo man sie sucht, findet man sie auch heute noch. Nun lasse Dein Pferd spüren, wie sehr Du Dich freust.

Rechts: Wer mit Pferden reisen will, braucht die richtige Kleidung, auch für das Pferd. Warme Transportdecke und, bei empfindlichen Pferden und zugiger Kälte, Kopf- und Halsschutz.

Unten: Verkehrszeichen muß man kennen. Hier kann kein Katalog wiedergegeben werden. Die Zeichen sind in verschiedenen Ländern verschieden. Hier nur zwei Beispiele: Verbot für Fuhrwerke und Fahrradfahrer, Verbot für Pferde.

ein Hase zwei Meter vor seinen Hufen aus seiner Sasse am Wegrand aufspringt und sein Panier ergreift, um erst zwanzig Meter weiter in der Wiese einen Kegel zu machen und das große Tier neugierig anzuschauen.

Es ist alles Gewohnheit. Und erst einmal muß eben der Seitensprung ausgesessen werden, dann das Pferd beruhigt, gelobt, geklopft, gestreichelt, um ihm klarzumachen, daß da nichts zu fürchten ist. Mit geduldiger Wiederholung lernen Pferde am allerbesten. Freilich kann man sich nicht bei jedem Ausritt einen Hasen bestellen, an dessen wippende Sprünge sich das Pferd gewöhnen soll. Es gilt nur, das Vertrauen zu stärken, bei jeder Gelegenheit.

Wie in der Natur gilt das auch für den Straßenverkehr. Denn wenn man auch immer versucht, verkehrsreiche Straßen zu meiden, wird man doch immer einmal durch eine Ortschaft reiten oder eine Landstraße benutzen müssen, auf der auch große Lastwagen dicht an Reiter und Pferd vorbeifahren. Und Reiter und Pferd sind nun einmal nach dem Gesetz «Verkehrsteilnehmer». Sie dürfen heutzutage in den meisten Gegenden nicht darauf rechnen, daß Autofahrer auf sie mehr Rücksicht nehmen als auf andere Autofahrer. Und viele wissen nicht, daß Pferde manchmal ganz schnell einen Schritt auf die Seite tun.

Zur Gewöhnung und Erziehung hat man freilich den Straßenverkehr eher bei der Hand als den Hasen oder das Reh in freier Natur. Und da kann man schon bei jungen Pferden eine Menge tun. Auf dem Reitplatz, in gewohnter Umgebung, kann man Pferde an Autos gewöhnen, an das Motorengeräusch und an die Hupe. Und sollte in der Nachbarschaft jemand einen Traktor haben, dann kann man ihn leicht einmal zum Reitstall auf ein Bier einladen und die Pferde an das bullernde Ungetüm gewöhnen. All dies mit viel Geduld, mit der man darauf warten muß,

Rechts: Wer in der Dämmerung oder im Dunkeln mit dem Pferd auf der Straße ist, muß sich so deutlich wie möglich kennzeichnen. Reflektierende Stoffe für die Weste des Reiters, die Decke des Pferdes, die Gamaschen, die Bänder im Schweif, Zügel und Zaumzeug. Als Wichtigstes: Eine Blinklampe am dem Verkehr zugekehrten Stiefel des Reiters. Je auffälliger desto besser.

Rechte Seite: Absolut scheufrei und verkehrssicher, Polizeipferde im Großstadtverkehr, auf der 5th Avenue in New York. Die New Yorker Polizei hat mehr als sechshundert Pferde.

PARK DR
NORTH
CENTER DR
DONT
WALK
NO
COMMERCIAL
TRAFFIC

daß das Pferd einen langen Hals macht und den Trecker oder das Auto ganz aus der Nähe betrachtet, es sogar einmal mit der Nase berührt. Der Duft, der diesen Vehikeln entströmt, wird keinem Pferd wirklich sympathisch sein. Aber wenigstens kann es lernen, daß da keine Gefahr droht, vor der man die Flucht ergreifen muß. Wir werden eher ablehnendes Interesse erzeugen, aber wir können die Furcht so weit besiegen, daß der Gehorsam später auf der Straße überwiegt, wenn dicht daran vorbeigeritten werden muß. Dieser Gehorsam ist nichts anderes als Vertrauen zum Reiter. Das kann sich dann auf die Dauer so festigen, daß auch unbekannte Erscheinungen den Gehorsam nicht mehr erschüttern können.

Wenn ein Pferd dorthin geht, wohin der Reiter es lenkt, obwohl es Furcht hat, ebendorthin zu gehen, dann hat das Vertrauen zum Reiter diese Furcht besiegt. Und eben das nennen wir – Gehorsam.

Das ist der Gehorsam, wie er sein soll, wie wir ihn beim Pferd durch lange, geduldige Arbeit erzielen müssen. Und es ist der gleiche Gehorsam, der in der Gesellschaft der Pferde einem Leittier gezollt wird, das die Herde anführt. Ihm zu folgen ist natürlicher Instinkt. Vertrauen zum Reiter kann ebenso zum Instinkt werden, aufgebaut durch die Erfahrung, daß es keinen Schmerz und keinen Schrecken gebracht hat, der Leitung des Menschen vertrauensvoll zu folgen.

Der durch Härte, ja durch Gewalt erzwungene Gehorsam aber hat Angst zur Folge, die in Feindschaft mündet. Das unterworfene, gedemütigte Pferd wartet nur auf die Gelegenheit, sich aufzulehnen, und wird das in einem Augenblick tun, in dem es eine Schwäche des Reiters zu erkennen glaubt. Der Knecht unter dem Sattel wird ein aufsässiger Knecht sein. Der durch rohe Gewalt erzwungene Gehorsam hat zwei schädliche Folgen: Erstens regt er das Pferd auf, und ein aufgeregtes Pferd lernt nichts – gelingt es, sich für den Augenblick Gehorsam zu verschaffen, so bleibt davon in der Erinnerung nichts haften, man wird beim nächsten Mal die gleichen Schwierigkeiten haben. Zweitens: Ein Pferd, das seine Angst vor einer Erscheinung der Umwelt nur durch die größere Angst vor dem Reiter überwindet, wird sich hinfort nur an eines erinnern: an die Angst.

Vorsicht also und große Aufmerksamkeit, um vertrauensvolle Gelassenheit zu erzeugen und nicht heimlich schwelende Opposition. Ausritte, wöchentlich oder sogar täglich, in die Umgebung des heimatlichen Stalles sind die beste Gelegenheit, die erwünschte Gelassenheit durch

Linke Seite: Pferde in den Großstadtschluchten. Mitten im Gestank und Lärm des Autoverkehrs ein «Fiaker»-Gespann für Touristen, die in dem anachronistischen Gefährt ausfahren wollen, mit einem abgestampften Pferd vor dem Wagen. Diese Gespanne gehören eigentlich in New Yorks grüne Lunge, den Central Park.

Links: Lesotho in Afrika. In einer Region, in der Autos eine Seltenheit sind, ist das Pony vor dem Karren des Händlers das beste Verkehrsmittel.

Unten: Ein Kutscherveteran döst an einem kühlen Frühlingsmorgen unter seiner Decke. Er hat seinen Stall in einer Seitenstraße im zweiten Stock. Der Kutscher umsorgt ihn liebevoll. Nun warten die beiden vor dem Hotel Plaza am Central Park in New York auf Kundschaft.

Rechte Seite: Ausritt in der Umgegend von Lipica. Zu Pferd zu den Kulturgütern der Region: das Schloss Predjama aus dem 13. Jahrhundert, vor den Grotten von Postojna gelegen.

Wer alles nur mit seinen eigenen Augen sieht, ohne zu bedenken, daß die Welt, mit dem Pferdeauge betrachtet, ganz anders aussieht, darf sich nicht wundern, wenn in manchen Situationen eine ganz andere Reaktion des Pferdes erfolgt, als er, der Mensch, erwartet hat.

KURT ALBRECHT, ehemals Leiter der Spanischen Reitschule

Gewöhnung an die verschiedensten Begegnungen im Verkehr zu erreichen. Ja, manchmal ist das beste Mittel: Langeweile.

Eine ganze Reihe von internationalen Vielseitigkeitsreitern hat eine besondere Methode, die Pferde auf die Dressurprüfung am ersten Tag des Wettbewerbs vorzubereiten. Diese hochtrainierten Pferde, die, topfit, vor Kraft fast aus der Haut platzen, warten nur aufs Galoppieren, aufs Springen und haben nicht die Absicht, voller Gelassenheit gehorsam aufs Dressurviereck zu gehen. Da werden sie dann vor der Prüfung möglichst in der Nähe des Vierecks, zwischen den Richterhäusern, im Trubel anderer Pferde und herumlaufender Menschen am langen Zügel spazierengeritten. Nichts wird von ihnen verlangt, keine Lektion wird probiert, nur Schritt gehen sollten sie, und sie können sich umsehen dabei. Eine Stunde, zwei Stunden, so lange, bis ihnen die Geschichte langweilig geworden ist. Dann können sie auch später meist nicht irgend etwas, was sich im Umfeld der Prüfung abspielt, zum Anlaß nehmen, um ein wenig in die Luft zu gehen. Sie können es einfach nicht mehr aufregend finden.

Rechts: Den Westernreiter gibt es heute überall. Und das wohlerzogene Pferd wird sich gemeinsam mit seinem Hundefreund ebenso freundlich im Dörfchen umsehen wie der Reiter.

Wenn man genügend Geduld aufbringt, kann man auf diese Weise auch andere Pferde dazu bringen, den Straßenverkehr langweilig zu finden. Dabei ist für Neulinge immer ein abgebrühtes Führpferd nützlich, ein Kamerad an der Seite, der dem Jüngling zeigt, daß alles ganz normal ist, eigentlich schon langweilig. Autos, Lastwagen, Straßenbahnen, Hunde, flatternde Vögel – puh – ist nichts dabei!

Nur eines kann Pferde sehr ärgern, aber nur im heißen Sommer: Bremsen! Diese blutgierigen Insekten, die sich auf die Pferde stürzen, scharenweise, und beißen, stechen, Blut saugen, können Pferde rasend machen. Der Schweif reicht nur bis zu den Flanken, mit den Hinterbeinen können Pferde an den Bauch bis zu den vorderen Rippen schlagen. Hals, Schulter, Kruppe sind ungeschützt. Darum gehört im Sommerwald in die Hand des Reiters nicht eine Gerte, sondern ein Stock mit einem Pferdeschweif dran oder, wenn man den nicht hat, ein Zweig vom nächsten Busch, mit den Blättern, als Fliegenwedel. Und die hartnäckigsten der grauen, fliegenden Blutsauger müssen unablässig auf dem Pferd totgeschlagen werden.

Kurze, ein- oder zweistündige Ausritte vom heimatlichen Stall aus und auch mehrstündige Halbtagesritte kann man jederzeit unternehmen, wenn man ein Gefühl für die Disponiertheit des Pferdes entwickelt hat, wenn man merkt, wann ein Pferd müde wird, wann es eine Pause braucht, wann man einmal absitzen und den Sattelgurt lockern, den vierbeinigen Kameraden einmal eine halbe Stunde grasen lassen soll und wenn man am Wege die Stellen weiß, wo man sein Pferd tränken kann.

Mehrtägige, längere Ritte, Wanderritte sind eine andere Sache. Das verlangt gründliche Überlegung, Kenntnisse und Fähigkeiten des Reiters und gute Kondition vom Pferd. Eine Wanderung ist etwas anderes als ein Spaziergang, was Ausrüstung und Vorbereitung betrifft. Hier folgt nun kein Leitfaden für Wanderreiter, nur ein paar Hinweise, was man für ein solches Abenteuer wissen und können sollte.

Vor allem muß der Reiter trainiert sein, so daß ihm lange Stunden im Sattel nichts ausmachen. Sonst ist er nach den ersten fünf Stunden am

Als wichtige Charaktereigenschaft sollte jeder Reiter über ein Quentchen Demut verfügen, das ihn befähigt, einmal von seinem menschlichen Podest herabzusteigen und in das Pferd hineinzuhorchen.

KURT ALBRECHT

Oben: Die Picketleine. So kann man auf einem Ausritt für einige Zeit Pferde sicher anbinden – Pferde, die daran gewöhnt worden sind! Ruhige Pferde kann man an dieser Leine auch füttern.

ersten Tag schon am Ende, weil er sich wundgeritten hat. Aber er muß auch sein Pferd genau kennen und wissen, was er ihm zumuten kann. Dieses Pferd sollte nicht jünger sein als sieben Jahre, also voll ausgewachsen, ausgereift und unter dem Sattel trainiert. Es sollte möglichst von Natur im Gleichgewicht sein, einen geräumigen, lockeren Schritt und schwungvollen Trab haben. Das sind die Hauptgangarten beim Wandern zu Pferde. Allerdings ist auf langen Strecken gelegentlich eine Galoppstrecke eine erstaunliche Erfrischung für die Pferde. Beide, Reiter und Pferd, sollten geländetüchtig sein, das Pferd sollte auch willig in jedes Wasser gehen, wenn ein Bach zu durchreiten ist. Übrigens sollte man jede Gelegenheit zum Tränken nutzen.

Tagesstrecken muß man einteilen, schon weil vor dem Ritt Quartier für Reiter und Pferde gesucht werden muß. Ein einzelner Reiter oder zwei werden leichter irgendwo ein Unterkommen finden als eine größere Gruppe, für die auf einem Reiterhof oder bei einem Bauern vorgesorgt werden muß. Ein Bagagewagen könnte vorausfahren, dann muß nicht alles, was man braucht, auf dem Pferd mitgenommen werden, und das ist eine ganze Menge. Reitjacke, Regenmantel oder Poncho, Stiefel, Hemden, Unterwäsche, Strümpfe, Badezeug, Waschzeug, Kartentasche, Kompaß, Taschenlampe, Verbandszeug, das macht schon einen ordentlichen Packen aus. Für das Pferd kommen noch dazu Ersatzhufeisen, Hammer, Hufnägel, Stallhalfter, Führzügel,

Decke mit Gurt, Ersatzbügelriemen, Stollen, Stollenschlüssel, Picketleine zum Anbinden mehrerer Pferde …

Ein Begleitfahrzeug ist schon das beste, und wenn man über weite Strecken reitet, sollte ein Pferdeanhänger mitgefahren werden, falls man doch einmal ein Pferd, das sich auf unebenem Boden vertreten hat und lahm geworden ist, nach Hause fahren muß. Auf kürzeren Strecken ist schon ein Packpferd eine Erleichterung, wenn man einen richtigen Packsattel hat und die Reiter wechselweise ein Handpferd führen können.

Die Strecke sollte sorgfältig ausgesucht werden, und gute Karten müssen dabei sein. Am besten sind topografische Karten im Maßstab 1:25 000, Meßtischblätter, oder 1:50 000.

In natürlichem Tempo und ohne Anstrengung legt das Pferd im Schritt einen Kilometer in zehn Minuten zurück, im Trab in vier Minuten und im Galopp in zweieinhalb Minuten. So erreicht es eine Schrittgeschwindigkeit von sechs Kilometern pro Stunde, im Trab das Doppelte. Mit gut trainierten Pferden kann man sechs bis acht Kilometer durchtraben, bevor man wieder eine Schrittreprise einlegt. Das gilt für flaches Land. Bergauf, bergab werden nur ganz flache und kurze Steigungen im Trab überwunden, Steilstücke im Schritt, und meist wird an Steigungen geführt, der Reiter auf seinen eigenen Beinen. Geritten wird immer das Tempo, das das Pferd anbietet. Man kann auf ein Durchschnittstempo von 10 km/h kommen, wenn sich das Pferd alle-

Oben: Eine ganze Nacht hatten die braven Isländer an der Anbindeleine verbracht. Nun können sie, gut ausgeruht, wieder auf die Wanderschaft gehen mit ihren Reitern.

Vorhergehende Doppelseite und oben: Natur genießen zu Pferde. Ein Viertageritt auf berggewohnten, trittsicheren Pferden in der Bergwelt des Engadins.

zeit frisch und zufrieden anfühlt. So kann man eine Tagesleistung von vierzig bis sechzig Kilometern erreichen.

Aber eben, wie in allen anderen Disziplinen, wie im Leistungssport, muß man sein Pferd kennen und muß jederzeit fühlen können, wie es ihm geht. Man muß im Sattel spüren, wenn sich Spannungen einstellen, wenn das Pferd anfängt, sich auf den Zügel zu legen, wenn Schwung und Vorwärtsdrang verlorengehen. Man kann sogar aus der Rückenspannung fühlen, ob das Pferd gar nicht müde ist, sondern stallen oder strahlen muß, also äpfeln oder Urin ablassen. Dann nämlich muß man durchparieren und den Rücken entlasten, und eine freundliche, gepfiffene Melodie erleichtert manchen Pferden das Strahlen, wenn

Links: Auf steinigen Wegen kann schon mal ein Hufeisen lose werden. Da muß man gelernt haben, ein Eisen wieder aufzunageln oder die Nagelnieten wieder anzuziehen.

MANGELBERUF HUFSCHMIED. EINEN NEUEN BESCHLAG KANN NUR ER MACHEN.

Zuerst muß der Huf sauber zugerichtet werden. Ausschneiden mit dem Ringmesser.

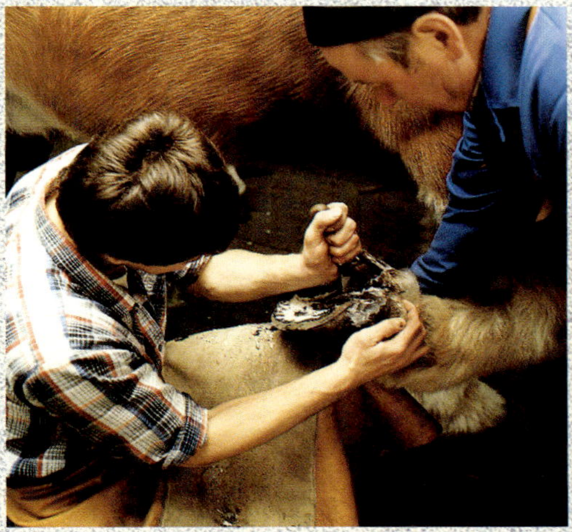

Beim warmen Beschlag wird das heiße Eisen auf den Huf gebrannt (unten und rechts). Danach sieht man deutlich, wo die Hornhaut auf dem Eisen trägt. Das Eisen muß überall gleichmäßig aufliegen.

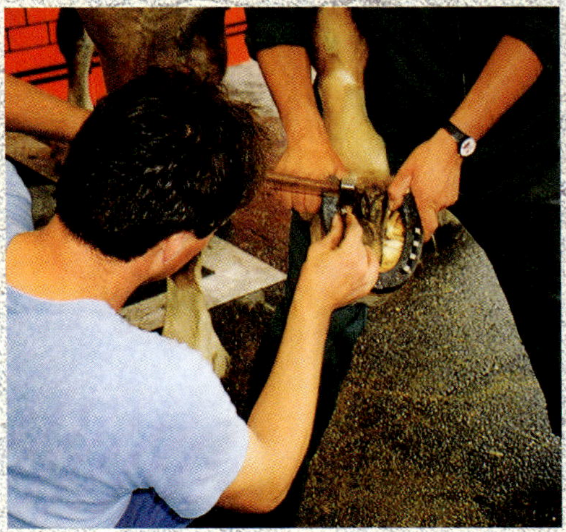

Das Aufnageln des Eisen verlangt genaue Kenntnis und viel Gefühl. Die Nägel werden da, wo sie aus der Hornwand austreten, vernietet. Die Nieten halten das Eisen fest.

Rechts: Das Handwerkszeug des Hufschmieds.

es Schwierigkeiten macht. Wandern zu Pferde ist kein Leistungssport, aber es verlangt mehr Fähigkeiten und Kenntnisse als ein kurzer Ausritt oder die Reiterei in der Bahn. Über Pflege und Fütterung muß man Bescheid wissen, die Rationen, die das Pferd braucht, muß man kennen. Ja sogar die Knoten, mit denen Pferde sicher angebunden werden, muß man im Schlaf können.

Oben und rechts: Island-Abenteuer. Zwischen den weit voneinander entfernt liegenden Höfen kennen die Pferde ihren Weg. So kann man mit einer kleinen, freilaufenden Herde unterwegs sein und verschiedene Pferde mal als Packtier, mal als Reitpferd benutzen.

Spaziergänger – Radfahrer – Reiter – im Walde wollen sie alle dasselbe: sich entspannen, sich erholen. Und wie überall sollten sie aufeinander Rücksicht nehmen, wie Gleichgesinnte es tun. Da sollte auch der Reiter nicht ‹auf hohem Roß› sitzen. An Fußgängern oder Radfahrern trabt man nicht dicht vorbei. Da wird Schritt geritten, und ein freundlicher Gruß schafft freundliche Kontakte.

Die Rücksicht auf andere erstreckt sich aber auch auf die Wahl des Weges, den man benutzt. Von vielen Dörfern aus führen glattgefahrene, feste Sandwege in den Wald oder ins Nachbar-

Oben: In den USA gibt es vielfältige Möglichkeiten für Ferien mit Pferden. Auf «Dudle-Ranches» kann man die Arbeit der Cowboys kennenlernen. Aber es gibt auch faszinierende Trailritte auf den Spuren der Forscher und Pioniere. Schließlich wurde das Land auf dem Pferderücken erschlossen. Hier eine Packpferdkarawane auf dem Weg zum Stemple Paß in den Rocky Mountains im Staat Montana.

Rechte Seite und unten: Eine Gruppe der American Mountain Men Association überquert den Yerry Fork nach einem Ritt durch die Cedar Mountains in Wyoming. Hier war 1825 die erste Handelsbörse der Pelzjäger.
Reitausflug in den USA. Touristenvergnügen für sattelfeste, ausdauernde Reitersleute.

dorf. Auf ihnen rollen auch heute noch viele Fahrräder. Und sie rollen nicht mehr gut, wenn Reiter ihnen die Fahrbahn mit den Pferdehufen aufgewühlt haben. Wer auch weiterhin einen freundlichen Gruß vom Fahrrad zum Pferd hinauf erwartet, läßt diese Wege *immer* frei, auch wenn er sich zu Pferd mit einem schmalen Streifen daneben begnügen muß. Je aufmerksamer und rücksichtsvoller sich Reiter im freien Gelände betragen, um so eher dürfen sie hoffen, daß ihnen das Reiten in Wald und Feld auch weiterhin erlaubt wird. Allerdings leben wir, wie überall, mit einem Dickicht von Bestimmungen und Verordnungen, von Verboten und Geboten, da zum Beispiel in Deutschland die Bundesländer die Einzelheiten der ‹Waldbetretung› regeln. Wenn in Deutschland zunächst grundsätzlich erlaubt ist, was nicht verboten wurde, ist in Österreich grundsätzlich verboten, was nicht ausdrücklich erlaubt wird. Eine automatische Reiterlaubnis gilt nur für öffentliche Straßen. In der Schweiz gilt das Straßenverkehrsgesetz auch für jeden Land- und Waldweg. Überall aber ist die Benutzung eines ausgewiesenen Reitweges zwingend vorgeschrieben. Auch für das Reiten bei Dämmerung oder Dunkelheit gelten Beleuchtungsvorschriften. Und wer vernünftig ist, nutzt alle erreichbaren Mittel, um Pferde und Reiter im Dunkeln kenntlich zu machen.

In manchen Ländern sind Wanderungen zu Pferde viel selbstverständlicher als in den dicht bebauten Zivilisationslandschaften Mitteleuropas. Die energischen, kleinen, robusten Islandpferde sind gewohnt, Menschen über teils unwegsames Gelände über weite Strecken zu tragen. Sie sind seit Hunderten von Jahren bis

heute ein echtes Verkehrsmittel gewesen. Die unendlichen Weiten Asiens sind bis heute ohne Pferde nicht zu überwinden. Dort wandern ganze Völkerstämme jahrein, jahraus auf dem Pferderücken. Mongolenponys tragen Menschen und Lasten und leben unter kargen Bedingungen. Dagegen sind europäische Wanderritte reine Luxusreisen. Selbst amerikanische Trailritte, die auch europäische Touristen buchen können, wenn sie sich einigermaßen auf dem Pferderükken halten können, sind mit einem Drei-Tage-Ritt in Europa kaum zu vergleichen.

Eines nur ist allen Wanderungen zu Pferde gemeinsam: Sie lassen die Reiter Landschaft und Natur näher und inniger erleben. Mit vier Beinen unter sich wird der Mensch noch mehr ein Stück der Natur, die er durchstreift, der Himmel ist höher und die Erde ist weiter vom Sattel aus.

Sieben Monate zogen zwei Schweizer durch das Land Dschingis Khans, Andreas Hutter und Veronika Mesarosch. Ihre Mongolenponys trugen sie unverdrossen über eine Riesenstrecke durch die Mongolei.

Oben: Veronika mit den Pferden im großen Hord-Gol-Fluß, dem sie eine Strecke weit folgten. Das Schwemmland des Flusses hat üppige Weide. Dort konnten sich die Ponys nach langen, kargen Strecken wieder Kraft anfressen.

Rechts: Andreas mit den beiden Packpferden am Ziel der Reise, am Hörsgal-See im äußersten Norden der Mongolei. Dort nahmen beide Abschied von den treuen Ponys und kehrten für die Heimreise nach Ulan Bator zurück.

ANDERS REITEN: WESTERN

«Unsere Pferde waren die cleversten in Kalifornien. Sie hatten nicht nur ihre Arbeit gelernt, sie wußten mit sich selbst umzugehen. Das war die Zeit, als die Vaqueros es noch mit wilden Rindern zu tun hatten, die keine Zäune kannten. Das war die Zeit der besten Pferde und der besten Reiter in Kalifornien.»

ED CONNELL,
Master Cattleman,
Old Timer Horse Trainer

Der Westen und das Pferd gehören zusammen, der Mustang, das freischweifende Wildpferd, war – und ist – das Symbol des Pioniergeistes, der den Westen des riesigen Landes einst erobert hat. Wildpferde leben heute noch in den Vereinigten Staaten, geschützt durch ein Gesetz aus dem Jahr 1971: «... ist es der Wille des Kongresses, daß wilde, freischweifende Pferde vor dem Fang, vor dem Brandzeichen, vor Verfolgung und Tod geschützt werden ...». Und Mustangs, Wildfänge, waren wohl auch die ersten Arbeitspferde der Cowboys, die, ganz roh unter dem Sattel, eben ‹eingebrochen›, die Alltagsarbeit auf der Ranch aufnehmen mußten. Am Ende eines Viehtriebes, nach drei Monaten, war dann aus ihnen ein brauchbares Hirtenpferd geworden. Das war die harte Schule in Texas. Mit feineren, subtileren Methoden bildete man in Kalifornien die Pferde aus, ganz nach spanischer Tradition.

Die Wiege der heutigen Westernpferde, der Quarter Horses, aber stand im Osten. Ihre Ahnen wurden im frühen 17. Jahrhundert in Virginia gezüchtet. Ihr Erbgut vereinigt Schnelligkeit auf der Kurzstrecke und «Cowsense», den Hütetrieb, die Begabung mit Rindern umzugehen. Westernreiten ist eine weltweit verbreitete Turnierdisziplin und darüber hinaus eine bequeme, erholsame Art, Freizeit im Sattel zu verbringen.

Oben: Vor allem in Nevada und Kalifornien ist das Traditionsbewußtsein sehr lebendig. Das drückt sich allein schon im ganzen Outfit aus.

Links: Genauso wie das Pferd des Cowboys einfach ‹funktionieren› muß, ist die gesamte Ausrüstung der rauhen Rinderarbeit im Gelände angepaßt.

Folgende Doppelseite: Keine Zigarettenromantik, sondern harter Ranchalltag. Die Pferdeherde wird im Herbst auf tiefer gelegene Weidegründe gebracht.

Herbst auf der Ranch im Norden Kaliforniens. Die letzten Kälber müssen noch auf den riesigen Weiden eingesammelt und zum Brennen hereingebracht werden.

Westernreiten: Ist die Herde erst einmal von den *Turn Back Men gesettled* und von den *Corner Men* seitlich zusammengehalten, dringt der *Cutter* in die dichtgedrängte Schar der Tiere ein und *pickt* ein Kalb, um es zu *cutten* – jetzt ist es ausgesondert, und nun zeigt sich der *Cow Sense* des attraktiven *Buckskin* unter dem Sattel, wie er mit *gedropten Reins* völlig selbständig das Kalb von der Herde fernhält. Da gibt es *Rollbacks* von solcher Vehemenz, daß dem *Cowpuncher* der *Plainsman* vom Kopf segelt. Der Hengst ist aber auch ein mehrfacher *Grand Champion, World Show Qualifier,* vielfaches *High-Point-Horse* und zigfacher *All-around Champion,* und die Nachkommen des Hengstes sind vielfach *showed.*

Lernen Sie doch am besten erst mal amerikanisches Quarter-Horse-Englisch, denn so sprechen sie, die Westernreiter. Von den Quarter-Horse-Enthusiasten gibt es in Europa mehr, als die meisten Anhänger der klassischen Reiterei ahnen. Klassisch? Diese Bezeichnung wird sehr fraglich, wenn man sich mit der Ausbildung und dem Können der Westernpferde näher beschäftigt hat.

Der Ausdruck «klassisch» als Stilbegriff im Sinne von harmonisch, maßvoll, vollendet oder als Rangbegriff im Sinne von mustergültig, vorbildhaft, überragend kann – wenn man gerecht ist – für die «klassische» Westernreiterei ebenso gelten wie für all jene, die die europäische Reitkultur als «klassisch» bezeichnen, weil sie historisch ihre Quellen in der Kultur der Antike findet. Nur die Erscheinungsformen sind unterschiedlich, so wie die Zwecke der Reiterei immer unterschiedlich waren. Der Gebrauchszweck der Westernpferde, die Arbeit beim Rinderhüten und -treiben, beim Aussondern von Einzeltie-

ren, prägt sich in den heutigen Turnierdisziplinen noch deutlicher aus als der Urzweck der europäischen Pferde in der heutigen Dressurreiterei.

So sind auch die Ausbildungsziele unterschiedlich, aber der Weg zu ihnen wird bei den Westernreitern mit der gleichen feinfühligen Horsemanship beschritten, wie man sie den besten Spring- und Dressurreitern in den olympischen Disziplinen nachsagt.

Freilich: Unter Unfähigkeit, Gedankenlosigkeit, Grobheit oder gar Brutalität leiden Pferde überall in der Welt und bei allen Reitweisen gleichermaßen. Im Idealfall aber geht die Ausbildung und Erziehung des Westernpferdes mehr auf die Instinkte des Herden- und Fluchttieres ein, macht sich diese Instinkte und individuellen Charaktereigenschaften mehr und oftmals besser zunutze als die Ausbildung moderner Spring- und Dressurpferde. Das liegt am ursprünglichen Verwendungszweck der Westernpferde. Ähnlichkeiten ergeben sich natürlich dort, wo es um Repräsentation, Paradieren und Zurschaustellung der Schönheit der Pferde geht.

Die Gebrauchsreiterei der *Cattlemen,* der Rinderhirten, der Cowboys und Vaqueros, ihr Umgang mit dem Pferd als Transportmittel und als geschickter Arbeitsgehilfe des Menschen, hat historisch zwei wesentliche Quellen, die bis in den heutigen Western-Turniersport hineinwirken. Aus ihrer Geschichte ist die Westernreiterei zu verstehen – so wie die europäische Reitkunst aus der antiken Reitkultur und aus deren Entwicklung vom Spätmittelalter bis in die Neuzeit entstand.

In zwei großen Rinderzuchtgebieten entwickelten sich unterschiedliche Reitweisen: in Kalifornien und in Texas. In beiden aber bildete

Um ein Rind oder Kalb aus der Herde zu holen, ist noch heute das Lasso die beste Methode. Jeder gute Cowboy eignet sich die Kunst des Werfens schon als Junge an.

Wie vor hundert Jahren bildet dieser kalifornische Vaquero sein Pferd zuerst während vieler Monate mit der gebißlosen Hackamore-Zäumung aus, bevor er es sehr langsam an die Kandare gewöhnt.

die Reiterei der ersten spanischen Siedler die Grundlage.

Die *Californios*, spanische Caballeros, hielten Rinder zuerst nur zur Selbstversorgung. Die Herden liefen frei, so wie die Pferde auch, die von den Spaniern ins Land gebracht worden waren. Das waren Pferde mit viel orientalischem Blut, leicht, sensibel, mit denen man nicht nur arbeiten, sondern auch paradieren konnte. Sie waren sogar für die kalifornische Abart des Stierkampfes zu gebrauchen, bei der der Stier nicht getötet wurde. So wurden diese Reiter zu Künstlern in der Ausbildung ihrer Pferde, die geraume Zeit in Anspruch nahm. Die kalifornische Reitweise entwickelte das Anreiten junger Pferde mit der gebißlosen *Hakkamore*, die mit dem mechanischen Hebelzeug der heutigen Turnier-Hackamore nicht zu vergleichen ist. Das *Bosal*, das Nasenband aus Rohhaut, liegt in gleicher Höhe wie ein Englisches Reithalfter und endet in einem dicken Knoten hinter dem Kinn des Pferdes. In diesem Knoten mündet die *Mecate*, Zügel und Leitseil, aus Hanf und Pferdehaaren geflochten. Das Bosal wirkt auf die Nase, darum soll es hoch auf dem knochigen Teil liegen, und seitlich auf Kinnbein und Backenmuskeln oberhalb der Maulspalte. Der schwere Kinnknoten entlastet die Nase nach jedem Zügelanzug sofort wieder. Das Entscheidende aber ist dabei, daß niemals eine ständige Zügelanlehnung besteht, daß nur einzelne, unterschiedlich starke Impulse gegeben werden, Signale, immer weiter verfeinert, bis das Pferd auf ein leichtes Zupfen an der Mecate jede Richtungs- und Geschwindigkeitsänderung gehorsam ausführt. Das ist die Ausbildungszäumung des kalifornischen Vaquero, der sich auch heute noch so nennt wie der reitende Hirt in der alten Heimat oder in Argentinien. Erst wenn das Pferd sein ganzes Ausbildungspensum mit der Hackamore – oder, spanisch, *Jaquima*, absolviert hat, geht man zur Gebißzäumung über.

Bis zu drei Jahre lang dauerte die Ausbildung eines perfekten Cowponys oder Paradepferdes, und sie ist auch heute noch eine der wesentlichen Grundlagen der Schulung eines Western-Turnierpferdes.

In Texas begann die Arbeit mit den Hirtenpferden der großen Rinderherden ganz anders. Als Texas und New Mexiko zur Union kamen, nahmen die Nordamerikaner das Land mit seinen riesigen, verwilderten Rinderherden in Besitz. Nach dem Bürgerkrieg verkaufte man die Longhorn-Rinder zur Fleischverarbeitung in den Osten. Die Tiere wurden mit der Bahn verfrachtet. Aber der Weg zur Verladestation war weit. In Kansas befand sich die Endstation, und so wurden riesige Viehtriebe notwendig, über Routen, die als *Trails* bekannt geworden sind. Der berühmteste, in vielen Hollywoodfilmen verewigte war der Chisholm-Trail. Die Viehtreiber wurden nur für einen Trieb engagiert, die Pferde mußte der Rancher stellen. Mustangs, die kleinen, harten, ponyartigen Wildpferde, waren die Reittiere. Frisch eingefangen, schnell und grob unterworfen, trugen sie die Cowboys auf einer langen Reise. Sie mußten nur notdürftig zu lenken sein, für reiterliche Feinheiten hatte man keine Zeit. Die besseren unter ihnen waren dann, am Ende eines Viehtriebs, nach Monaten, so gute Hirtenpferde geworden, daß sie viel Geld einbrachten.

Auch die Lassoarbeit der Texaner war nicht so leicht und elegant wie die in Kalifornien, wo mit dem um das Sattelhorn gleitenden Lasso gearbeitet wurde, um ein gefangenes Rind sanft abzubremsen. Das texanische Lasso war meist am Sattel festgeknotet. Das gab bei einem widerspenstigen Rind dann einen gewaltigen Ruck, und dafür waren die kleinen Mustangs vielfach zu leicht. Also kreuzte man schwere Kaltblutrassen wie englische Clydesdales oder französische Percherons ein, um die Pferde robuster zu machen. Aus diesen Kreuzungen entstand dann

später unter Verwendung viel Englischen Vollbluts jene Rasse, von der es heute auf der ganzen Welt mehr Pferde gibt als von jeder anderen Pferderasse: das Quarter Horse.

Den Namen «Quarter Horse» dürfen nur Pferde tragen, die bei der *American Quarter Horse Association* in Amarillo in Texas eingetragen sind. Das Stutbuch ist seit 1940 geschlossen. Und in diesem Register stehen heute mehr als dreieinhalb Millionen Pferde.

Den Namen hat dieses Pferd von seinen Rennqualitäten. Auf eine Viertelmeile, etwa vierhundert Meter, sind diese kompakten, muskulösen Athleten fast immer schneller als ein Vollblutrennpferd. Der Quartermile-Rennsport boomt in Amerika. Auf mehr als hundert Rennbahnen werden Kurzstreckenrennen für Quarter Horses gelaufen, bei denen man die Pferde vom Start bis zum Ziel verfolgen kann. Die Statistik verzeichnete vor kurzem eine Geldpreissumme von weit mehr als fünfzig Millionen Dollar jährlich.

Das Quarter Horse ist ein robustes, hartes Pferd, das problemlos in offenen Ställen gehalten werden kann. Auch in europäischen Zuchtstätten ist es keine Seltenheit, daß Stuten in dem Auslauf vor ihrem Stall fohlen, gelegentlich im Winter auch im Schnee. Die Pferde sind im Durchschnitt 1,48 Meter bis 1,60 Meter groß, wiegen 500 bis 600 Kilogramm und gelten als intelligent, lernwillig, gutmütig, leistungsbereit und nervenstark. Zum offiziell niedergelegten Zuchtziel gehören außerdem Leichtfüßigkeit, Wendigkeit, Trittsicherheit, gutes Gleichgewicht, Ausdauer und Genügsamkeit – alles ideale Merkmale für ein Freizeit- und Wanderpferd. Angesichts dieser Eigenschaften ist es kein Wunder, daß sich Quarter Horses auch in Europa steigender Beliebtheit erfreuen und ihre Zahl immer weiter zunimmt. In Bayern, zum Beispiel, stehen zur Zeit mehr Quarter Horses als Haflinger!

Die Zuchtvorschriften sind sehr streng. Auch alle europäischen Quarter Horses müssen beim Verband in Texas eingetragen sein. Nur von dort bekommen sie ihre Papiere. Bei der heute vielfach üblichen Frischsamenübertragung werden Abstammungspapiere nur ausgestellt, wenn der Tierarzt bescheinigt, daß zur Zeit der Bedekkung Hengst und Stute am gleichen Ort waren. Kreuzungen werden nicht anerkannt, außer solche mit Englischem Vollblut. Schecken werden nicht akzeptiert. Sie gehören in die *Paint Horse Association.* Einfarbig müssen Quarter Horses sein. Die Fuchsfarbe herrscht vor.

Oben: Das Quarter Horse, ursprünglich in den Südstaaten als Rennpferd über eine Viertelmeile gezüchtet, ist heute das Westernpferd schlechthin. Es vereinigt Energie und Leistungsbereitschaft mit einem ausgeglichenen Charakter.

Links: Die Nez-Percé-Indianer in Idaho haben aus bunten spanischen Pferden die Rasse des Appaloosa herausgezüchtet, die heute als Cowboy- und Westernturnierpferd weit verbreitet ist.

Links: Das American Paint Horse ist nichts anderes als ein geflecktes Quarter Horse. Weil Quarter Horses aus unerfindlichen Gründen nicht gefleckt sein dürfen, gibt es für die Paints ein eigenes Zuchtregister.

Der Schweizer Westernpionier Jean-Claude Dysli hat aufgrund seiner Erfahrungen eigene Satteltypen entwickelt. Rechts ist sein Reiningsattel, unten sein Cuttingsattel zu sehen. Darunter ein im alten kalifornischen Stil gebauter Sattel, ganz unten ein kanadischer McClellan, der US-Kavalleriesattel.

So ganz billig sind diese Pferde nicht. Die Preise für gute, fertig ausgebildete, in Europa gezogene oder importierte Turnierpferde können weit schwanken. Sechs- bis siebenjährige Freizeitpferde kosten zwischen zehn- und fünfzehntausend Mark. Turnierpferde, fertig für verschiedene Disziplinen des Westernsports, kosten zwischen zwanzig- und hunderttausend Mark. Erstklassiges liegt weit darüber. Auch die Nenn- und Startgelder auf Turnieren sind erheblich. Dafür gibt es dann für Turniererfolge aufsehenerregende Geldpreise, auch für Amateure. Profis leben davon nicht schlecht. *Cutting*, das Aussondern von Kälbern

aus der Herde, die vielleicht spektakulärste Western-Turnierdisziplin, ist von den Geldpreisen her nach Golf und Tennis die dritthöchstbezahlte Sportart der Welt. Nach der Bilanz des Sportverbandes, der *Cutting Association,* werden jährlich zwischen siebzehn und zwanzig Millionen Dollar Geldpreise ausgezahlt. Und auch die von den Professionals streng getrennt reitenden Amateure werden reich bedacht. Dabei sind die Amateurbestimmungen strenger, als sie früher für die Olympischen Spiele waren.

Die Vielfalt der Turnierdisziplinen bietet sozusagen für jeden etwas. An manchen Prüfungen kann auch ein Hobbyreiter mit einem ordentlichen Pferd ohne weiteres teilnehmen. Zucht- und Reiterverbände richten Wettbewerbe nach eigenen Regeln aus. Sie verlangen alle die gleiche Grundausbildung, spezialisieren sich aber je nach der Aufgabe.

Western Horsemanship ist zum Beispiel eine Reiterprüfung, die einzeln oder in Gruppen geritten wird. Sitz und Einwirkung des Reiters werden beurteilt.

Cutting: Ein Rind aus der Herde holen und ihm dann den Weg zurück abschneiden. Das Cutting Horse arbeitet dabei so selbständig wie ein guter Hirtenhund. Aus dieser Cowboyarbeit ist inzwischen eine beliebte Turnierdisziplin entstanden.

Trail: Eine Geschicklichkeitsprüfung mit Hindernissen, wie sie auch im Gelände vorkommen können. Die Zeit wird nicht gemessen; es geht darum, den Parcours möglichst ruhig und sauber zu bewältigen.

Western Pleasure ist eine Disziplin für jene, die ganz und gar zum Vergnügen reiten, hier aber auch zum Vergnügen der Zuschauer. Ein hübsches Pferd braucht man dazu, und man muß sich selbst fein anziehen, wenn man gewinnen will. Das Pferd muß dann unter dem Cowgirl im paillettenbestickten Bolero ganz gehorsam, ruhig und gleichmäßig in allen drei Gangarten gehen, in ausbalancierter Selbsthaltung mit durchhängendem Zügel. Eben alles «Pleasure».

Western Riding: Hier werden das Pferd und seine Ausbildung geprüft, Rittigkeit und Schwung in den drei Grundgangarten. Gehorsam muß bewiesen werden, Ruhe und Geduld. Der Reiter muß ein Weidetor öffnen und schließen. Bei Richtungswechseln müssen fliegende Galoppwechsel gezeigt werden.

Reining ist die eigentliche Dressurprüfung des Westernpferdes. Galoppzirkel, größer und kleiner, in unterschiedlichen Tempi leiten die Aufgabe ein. Dazwischen sind *Stops* und *Spins* zu zeigen, das schnelle Drehen um den inneren Hinterfuß. Eine typische Lektion, wiederum gerade für ein Hirtenpferd wichtig, ist der *Sliding Stop* aus vollem Galopp mit tief untergesetzter Hinterhand, wobei der Zügel kaum wirken darf, möglichst gar nicht. Dazu müssen ältere Pferde einhändig geritten werden, und die freie Hand des Reiters darf niemals den Sattel oder das Pferd berühren.

Working Cowhorse und *Cutting* sind die wirklich schwierigen Westerndisziplinen, die erfolgreich nur mit professionell ausgebildeten Pferden zu reiten sind.

Vor hundert Jahren waren sie noch kaum bekannt, heute gehören sie zum Outfit jedes Cowboys und Westernreiters: die großen, auffälligen Belt Buckles. Manche Silber-Gürtelschnallen gehören zu den begehrtesten Preisen an Turnieren.

Trail dagegen ist eine Aufgabe, die aus der Praxis des Geländereitens kommt und bis zu einem gewissen Schwierigkeitsgrad eigentlich von jedem Pferd bewältigt werden müßte. Da sind Tore zu öffnen und zu schließen, das Pferd muß gehorsam und ruhig über eine kleine Brükke treten, auf einer Wippe ruhig stehen, ehe es weitergeht, und ähnliche Hindernisse, wie sie einem im Gelände begegnen können, ohne Scheu gelassen überwinden.

Pole Bending und *Barrel Race* sind Geschicklichkeitsrennen, die Tempo und Wendigkeit verlangen.

Dies alles sind Turnierdisziplinen, die auch ein ambitionierter Amateur in seiner Freizeit üben und in der lockeren Atmosphäre der Westernturniere in der fröhlichen Gemeinschaft mit Gleichgesinnten betreiben kann. Und bei diesen Turnieren sieht man alles im Sattel, was sitzen kann, das Alter spielt da gar keine Rolle. Kinder sind immer dabei, und die Jugend reitet mit Ehrgeiz und großem Siegeswillen. Aber auch Achtzigjährige sieht man im Sattel, und die lederschlanke Reiterfigur ist nicht die erste Notwendigkeit, um da mitzuhalten – manch eisgrauer und gar fülliger Reitersmann kann es immer noch zu Turniererfolgen bringen.

Rechts: Die ledernen Beinkleider schützen vor Wind, Wetter und Dornen. Bis zum Boden reichend heißen sie Chaps, knielang nennt man sie Chinks.

Oben: Dieser kalifornische Sporn sieht abenteuerlich aus. Mit seinem großen, stumpfen Rad ist er harmloser als die unscheinbaren Sporen in der europäischen Reiterei.

AQHA
AMERICAN QUARTER HORSE ASSOCIATION

Die AQHA (American Quarter Horse Association) wurde erst 1940 gegründet. Heute ist sie der größte Zuchtverband der Welt mit 240 Angestellten, nahezu 200 000 Mitgliedern und über drei Millionen registrierten Pferden in 65 Ländern.

Es ist nicht so leicht, das Gefühl zu beschreiben, das man auf einem gutgerittenen Westernpferd hat, wenn erst einmal die Umgewöhnung von der europäischen Reitweise gelungen ist. Das geht schnell, wenn man ein wenig sitzgeübt ist.

Vor Jahren ritt ich im San Fernando Valley oberhalb von Los Angeles am Paß zu Mojave Desert auf einer Film-Ranch einen World Champion Bucking Bronco. Das war ein Rodeopferd, auf Bocken trainiert, auf dem noch nie ein Cowboy volle sieben Sekunden sitzengeblieben war, wie es die Regel fordert. Rodeo ist eine wilde Sache im Westen der USA und Kanadas. Neben den Lassodisziplinen – Kälberfangen und -fesseln und Stiere zu Boden werfen – gibt es da eben das *Broncriding* und *Bullriding,* wobei die Tiere mit raffinierten Mitteln zu ungewöhnlichen Fähigkeiten im Bocken gebracht werden. Der Wallach, den ich ritt, hatte alle, die es versuchten, beim *Bareback Broncriding,* also ohne Sattel, in drei bis fünf Sekunden von seinem Rükken katapultiert. Dieses grob gebaute, struppige Pferd mit seinen langbehaarten, säulenartigen Beinen und eisernen Hufen, mit einem großen, knochigen Kopf, um dessen Maul ein veritabler Bart sproß, ging unter dem schweren Westernsattel mit der kalifornischen Kandare, dem *Santa Barbara Spade Bit* im Maul, am losen, durchhängenden Zügel wie ein Lamm überallhin, sprang auf ein leichtes Schnalzen willig im *Lope* – dem ruhigen Galopp – an, verstärkte auf einen leichten Tupf mit dem äußeren Schenkel augenblicklich das Tempo bis zum flotten Sprint und reagierte auf eine Gewichtsverlagerung nach rückwärts und ein leises, tiefkehliges «Whooaaahh»

Calf Roping: Eher rauhe Rodeodisziplin, bei der ein Kalb mit dem Lasso gefangen und an drei Beinen gefesselt werden muß.

Unten: Beim Steer Wrestling wirft sich der Cowboy vom Pferd und versucht möglichst im gleichen Schwung den Ochsen umzuwerfen.

STAMPEDE

Die spektakulärste Rodeodisziplin ist das Reiten bockender Pferde. Rodeo ist zwar ebenfalls aus der Cowboyarbeit entstanden, hat aber mit dem Westernreiten nichts zu tun.

des Reiters sekundenschnell mit einem *Sliding Stop* mit tief untergeschobener Hinterhand, ohne daß der Zügel auch nur einen Millimeter angenommen worden wäre. Das konnte er alles, solange er draußen in der Wüste zwischen Yukkas und Tumbleweed ging und er keine Menschenmassen sah, enge Corrals und Flaggen, und keine dröhnende Musik hörte. Und solange er den *Cinch* nicht um seine Lenden spürte, der ihn an empfindlicher Stelle kniff, wenn er sich streckte. Der Weltrekord-Bocker, auf dem sich Rodeoreiter schon Rückgratverletzungen geholt hatten, wenn er nach einem in der Luft gedrehten Bocksprung hart auf allen vier Hufen landete, der *Bucking Champion,* war ein perfekt gerittenes, braves, bequemes Westernpferd, das man jederzeit in einer Reiningprüfung hätte starten können. Er war freilich kein Quarter Horse, keiner dieser blanken, muskulösen, abgedrehten Typen, denen das edle Blut aus den Augen blitzt. Der Bronco war beileibe keine Schönheit, knochig und eckig, man konnte ihm die unheimliche Kraft nicht ansehen, die sich da unter dem Sattel ballte. Um so erstaunlicher waren die Geschmeidigkeit, mit der er unwegsames Gelände meisterte, seine Trittsicherheit und Cleverness. Am erstaunlichsten aber der Sekundengehorsam, mit dem er jeder Hilfe folgte – wenn sie richtig gegeben wurde. Da hatte der Reiter etwas zu lernen.

Westernpferde gehen nicht «an den Hilfen» im Sinne europäischer Reiterei. Sie gehen ohne permanenten Schenkeleinsatz und ohne ständigen Kontakt zwischen Reiterhand und Pferdemaul über das Gebiß. Die Hilfen des Westernreiters sind kurze Signale, die sofort beendet werden, wenn das Pferd reagiert. Westernpferde gehen in Selbsthaltung, wenn sie richtig trainiert sind, selbst und mit dem Reiter ausbalanciert, ohne «Versammlung», wie sie die europäische Dressur verlangt. Dennoch bleiben sie mit ihrer starken Muskulatur der Kruppe und der Hinterbeine im Gleichgewicht.

Das Schwierigste für den dressurmäßig ausgebildeten Reiter ist zunächst, das Maul in Ruhe zu lassen. Man darf nie vergessen, daß das Pferd die Zügelsignale des Reiters mit der Bosalzäumung gelernt hat, mit dem gebißlosen Nasenband, und daß es mit großer Vorsicht an das Tragen des

Reining ist die ‹Königsdisziplin› im Westernreiten. Es ist eine dynamische Dressurprüfung im Galopp, zu welcher fliegende Galoppwechsel, schnelle Drehungen auf der Hinterhand (Spins) und Sliding Stops gehören. Hier der mehrfache Reining-Weltmeister Dick Pieper.

Gebisses gewöhnt wurde, damit eben die Signale mit der Hand in dieser Zäumung genauso weich und sacht im Maul ankommen wie mit einem leichten Nasenhalfter. Die Rede ist hier natürlich von einem Idealfall, von einem erstklassigen Ausbilder, der das Pferd mit der nötigen Ruhe und Geduld durch den ganzen Ausbildungsweg zu führen versteht, ohne jemals eine Vertrauenskrise heraufzubeschwören – ohne daß es jemals zu einer Kraftprobe Pferd gegen Mensch kommt, bei der das Pferd seine physische Überlegenheit entdecken könnte.

Die große Kunst des guten Westernreiters besteht darin, die körperliche Auseinandersetzung zu vermeiden, durch die in der Pferdeherde die Rangordnung hergestellt wird, und dennoch jene Rangfolge zu begründen, in der ihm, dem Menschen, der Rang des Übergeordneten zufällt, des Leittieres, des «Alpha-Tieres», das vom Pferd, dem «Beta-Tier», absolut respektiert wird, zu dem es aber auch Vertrauen haben kann, weil ihm in jeder kritischen Situation die Verantwortung abgenommen ist. So weit hat also die Erziehung des Quarter Horse mit der Rodeoreiterei nichts zu tun, bei der Spannung und Kampf provoziert werden. Der wichtigste Grundsatz ist: *No horse learns under tension* – ein Pferd, das nicht losgelassen ist, lernt nichts. Und das steht ebenso in den Lehren europäischer Reiterei.

Natürlich kann mit den Mitteln der Westernreiterei, mit den langen Hebelgebissen, auch fürchterlicher Schaden angerichtet, können Pferde «gebrochen» werden. Man kann ja auch ein junges Pferd mit einem Strick an einen Pfahl binden und es toben lassen, bis es erschöpft ist. Man kann mit dem kalifornischen *Spade Bit* ein nicht perfekt ausgebildetes Pferd zu besinnungsloser Verzweiflung treiben. Da ist eben die Ausbildung des Reiters gefragt, seine Fähigkeit, mit weicher Hand – oder, besser, ganz ohne Hand – zu arbeiten.

Übrigens, die Westernreiter sind Gebißfetischisten, weit mehr noch als europäische Springreiter. Die Zahl der Zäumungen und Gebisse ist schier unübersehbar. Unendliche Geduld wird aufgewandt, um für jedes Pferd das Gebiß zu finden, mit dem es sich am wohlsten fühlt.

Ganz oben links: Die klassische, gebißlose Hackamore ist eine anspruchsvolle Ausbildungszäumung.

Ganz oben rechts und darunter: Santa Barbara Spade Bit. Es gehört nur ins Maul des fertig ausgebildeten Pferdes und ist mit zwei sensiblen Fingerspitzen zu bedienen.

Links oben: Two Reins: Das Pferd wird im Laufe von Monaten von Hackamore auf Kandare umgestellt.

Links: Snaffle Bit oder Wassertrense, die heute gebräuchlichste Ausbildungszäumung.

Cowboy mit Handpferd in der grandiosen Kulisse des Monument Valley, dem Land der Navajo-Indianer.

Nur um das Western-Englisch des Lesers zu vervollständigen: Da gibt es *Snaffles*, einfache, gebrochene Trensen, Snaffles mit Cricket oder Roller, einem Kupferröllchen, das das Pferd zum Spielen mit der Zunge reizt und den Speichelfluß fördert. Das *Pelham*, die Kombination von Trense und Kandare, ist auch in Europa bekannt. Das *Curb Bit* ist die Kandare, und hier gibt es alles, was sich menschliche Phantasie ausdenken kann – *Straight Bar Bit* ohne Zungenfreiheit; *High Port Bit* mit hoher Zungenfreiheit; *Loose Jaw Bit* mit gelenkigen Anzügen; *Spade Bit* mit einem auf die Zungenfreiheit aufgesetzten Löffel, den das Pferd mit der Zunge annehmen und gegen den Gaumen drücken soll; *Grazer Bit* mit rückwärts gebogenen Anzügen, so daß das Pferd damit bequem grasen kann; das *Salinas Bit* ist eine Kombination von Spade Bit und Curb, es übt seine Wirkung zuerst auf den Gaumen aus, dann auf die Kinngrube des Pferdes mit einer Kinnkette oder einem Riemen.

Es gibt unzählige Modifikationen, die eigentlich alle nur den Zweck haben, die Zügeleinwirkung zu differenzieren, vor der Wirkung auf das Kinn des Pferdes, eben dort, wo die Hebelwirkung einsetzt, ein Signal zu geben, dem das Pferd so frühzeitig folgen kann, daß jede gröbere Einwirkung vermieden wird. Es ist klar, daß solche Gebisse nur in Kennerhände gehören.

Ich traf in San Diego einmal einen alten Cowpuncher, einen Zureiter, der junge Pferde «einbrach». Alle begegneten ihm mit größtem Respekt, und vor unserem Zusammentreffen wurde er mir so beschrieben: «Face like leather, hands like silk, speakin' horse only» – «Gesicht wie Leder, Hände wie Seide, und er spricht nur ‹Pferd›.» Ich traf ihn, ich sah ihn reiten, und es stimmte alles haargenau.

Dieser Mann zeigte mir seine Gebiß-Eigenkonstruktion, ein kandarenähnliches Ding mit ganz langen Anzügen, einer nach hinten gebogenen Zungenfreiheit und einem Kinnriemen aus weichem Latigo-Leder. Das Ganze aber war verrostet. Rusty, so wurde er gerufen, erklärte knapp: «Horse loves rusty bit, copper too», und er leckte selbst daran und hielt es mir hin. Als ich kostete, sah ich, daß in das Eisen der Stange schmale Kupferstreifen eingehämmert waren.

Westernromantik mitten in Europa. Der lockere, natürliche Reitstil findet immer mehr Anhänger. Westernturniere sind zum festen Bestandteil unserer Pferdeszene geworden. Für das Reiten im Gelände ist diese Reitweise ideal, ob mit waschechten Western Horses – wie auf dem Bild – oder mit ‹umgestellten› Pferden europäischer Warmblutrassen.

Die Pferde kauten schäumend darauf, wie auf einer Belohnung – «Sweet Iron».

Ich sah, wie Rusty mit diesem Gebiß fliegende Galoppwechsel ritt, zu zwei und drei Tempi, auf Schlangenlinien und auf geradem Hufschlag, die losen Zügel in einer Hand und scheinbar ohne sich im Sattel zu rühren.

Ich sah auch, wie der kleine, krumme, ledernhagere Reiter im *Round Pen,* im kreisrunden Ausbildungskorral, die jungen Pferde, die noch keinen Sattel getragen hatten, herumjagte, wie er sie immer wieder von sich wegscheuchte, wenn sie auf ihn zukamen, mit Hut- und Lassoschwenken und heiserem Geschrei. Immer wieder wurden den Zwei- und Dreijährigen «Beine gemacht», wenn sie zusammenschreckten. Bis sie stillstanden und ihn ansahen. Dann trat er langsam von ihnen zurück, legte einen gehörigen Zwischenraum zwischen sich und die Pferde. Sie mußten ihm erst aus dem Wege gehen, wie es auch der Leithengst in der Herde von den Jungen fordert. «I'm Jefe», sagte er – «ich bin der Boß.» Dann aber: «Distance is recompensa» – «Distanz ist die Belohnung!»

Später gingen sie ihm «bei Fuß» wie artige Hündchen. Auf diese Art dauerte es manchmal länger als einen Monat, bis er zum ersten Mal die Navajo-Decke auflegte und den schweren Stocksattel. Aber dann gab es auch keinen Widerstand mehr, weil Unterordnung und Ver-

JOMM RANCHES

Ein vorbildlicher Boxenstall für Quarter Horses in Deutschland, nicht weit von Frankfurt in Großwallstadt. Johannes und Astrid Orgeldingers ‹Jomm Ranches›, wo ihr kanadischer Trainer Lyle Jackson Westernpferde ausbildet, trainiert und Reiter und Pferde auf Turniere vorbereitet. Die meisten Stuten stehen in Offenställen und bringen oft auch die Fohlen im Freien zur Welt. Neben den Produkten der eigenen Zucht werden auch viele Quarter Horses importiert. Sie kommen alle von Orgeldingers ‹Main River Ranch› in Gainsville, Texas.

trauen die Furcht vor dem Unbekannten besiegten. Die gleichen Trainingsmethoden fand ich auch in Europa wieder, in Deutschland auf der Jomm Ranch in Großwallstadt, bei Johannes Orgeldinger und seinen Reitern, dem Kanadier Lyle Jackson und dem Deutschen Michael Marquardt, die dort Quarter Horses für deutsche Freizeit- und Turnierreiter ausbilden.

Die europäische Dressur- und Springreiterei hat sich in Jahrhunderten weit von der ursprünglichen Gebrauchs- und Arbeitsreiterei entfernt, bei den berittenen Hirten ist sie erhalten geblieben. Dennoch werden die gemeinsamen Quellen immer wieder sichtbar. Die Konzentration auf die ständig fühlbaren feinen Reiterhilfen soll mit vollkommener Losgelassenheit einhergehen, damit aus ihr die Kraft zur Leistung entwickelt werden kann. Aus ständigem, zartem Kontakt entsteht die Übereinstimmung, eine Harmonie zwischen Mensch und Tier in gemeinsamer Bewegung.

Das Training des Westernpferdes zielt auf weit mehr Selbständigkeit ab, ohne daß die Aufmerksamkeit auf die Reitersignale darunter leiden darf. Da werden sogar Aufgaben gestellt, die das Pferd allein, ohne die Hilfe des Reiters, lösen soll. Statt ständig fühlbarer Hilfen empfängt das Pferd kurze Signale des Reiters, auf die es trotz seiner Aufmerksamkeit auf die Umgebung sofort, gleichsam automatisch reagieren soll. Ein Instinkt des Gehorsams scheint sich in dem Tier entwickelt zu haben, eine Bereitschaft, die alle anderen Instinkte kontrollierbar macht, bevor sie die Zusammenarbeit mit dem Reiter stören können.

Unterwerfung freilich ohne Vertrauensbasis führt nie zu den Eigenschaften, die an den Westernpferden immer wieder bewundert werden: Gelassenheit, zuverlässiger Gehorsam, gepaart mit großem Selbstbewußtsein und quicklebendiger Wachheit.

Der alte Mann in San Diego, der mit dem Ledergesicht und den Seidenhänden, schmunzelte kaum merklich unter seinem riesigen, eisgrauen Schnurrbart, als er vor mir stand, ein junges Pferd mit gespitzten Ohren und blanken Augen mit dem Kopf an seiner Schulter. «Y'know», sagte er in seinem englisch-spanischen Horse-Kauderwelsch, «remember, con pingo jamás tirantez, jamás contienda, siempre paciencia, or they'll kill you» – «mit Pferden nie Spannung, nie Streit, immer Geduld, sonst bringen sie dich um.»

Ein guter Rat, für *alle* Reiter.

Der alte Mann vor einer Pferderanch in Wyoming. Wie viele Tausende von Pferden sind durch seine Hände gegangen! Er hat den Fohlen beim ersten Aufstehen geholfen. Er hat den wilden Jährlingen das erste Halfter übergestreift. Er hat so manchen Bocksprung ausgesessen. Und manchmal hat sein schwerer Revolver dem Leiden eines alten, kranken Pferdes ein Ende bereitet. Er sagt niemals, daß er Pferde liebt. Aber man sagt von ihm, er habe ein Gesicht wie Leder, Hände wie Seide und er spräche drei Sprachen: Englisch, Spanisch und ‹Pferd›. Und nur die letzte fließend.

DIE GOLDENE SPITZE

Es bedarf keiner Meisterschaft im Sattel, um ein guter Reiter zu sein. Dennoch ist auch der professionelle, der Spitzensport für viele Menschen ein Quell der Freude mit Pferden, wahrscheinlich mehr als für solche, die selbst im Sattel sitzen. Spitzensport mit Spitzenpferden ist ein Vorbild für viele Reiter, die dieses Niveau nie erreichen werden. Gerade darum tragen die Leistungssportler zu Pferde eine große Verantwortung gegenüber der allgemeinen Reiterei. Denn so wie die Spitzenreiter in der Berichterstattung erscheinen, so wie sie im Fernsehen gesehen werden, so möchte auch der Reiter des ländlichen Vereins vor seinen Zuschauern auf dem kleinen Turnier erscheinen. Und auch Trainingsmethoden der Könner im Hochleistungssport werden nur allzuschnell von solchen Reitern angewandt, deren Können dafür nicht ausreicht.

Für die Zuschauer ist die Spitzenleistung das Bild vom Reitsport schlechthin, und nur wenige machen sich klar, wieviel Arbeit, Zeit und Mühe dahintersteckt, wenn es doch so leicht und elegant aussieht. Der höchste, perfekte Sprung, die schönste, perfekte Piaffe lassen die teilweise jahrelange, geduldige Trainingsarbeit in der Stille der Reitbahn nicht erahnen. Die Zuschauer genießen das Bild des erreichten Ziels. Doch lebt die Passion der Reiter von den vielen Freuden auf dem Weg zu diesem Ziel.

Oben und links: Das Wattrennen in Cuxhaven an der Nordseeküste. Bei tiefer Ebbe gibt das Meer für fünf Stunden den Meeresboden im Watt frei, und dann entsteht hier jedes Jahr im Juli die erstaunlichste Rennbahn der Welt. Trab- und Galopprennen werden vor einer Riesenmenge von Zuschauern und Wettern gelaufen, Vollblutrennen ebenso wie Rennen für die Reitpferde der umliegenden Vereine. Der feste, elastische, griffige Seeboden behagt vor allem den Trabern und bringt sie zu großer Leistungsentfaltung. Im Hintergrund, in der Fahrrinne, die Hochseeschiffe auf der Seewasserstraße mit dem dichtesten Schiffsverkehr der Welt vor der Elbmündung. Seit 1902 traben und galoppieren hier Pferde auf dem Meeresgrund, der nach dem letzten Rennen wieder unter Wasser liegt, und Jahr für Jahr zieht das Volksfest im Nordseebad im Juli mehr als vierzigtausend Zuschauer an.

Rechts: Münze aus dem 6. Jahrhundert v. Chr. Vierspännige Rennen in der Quadriga wurden in Olympia fast immer von Athenern gewonnen.

Unten: Trabrennen vor dem leichten zweirädrigen Karren, dem Sulky. Nummer 1 und Nummer 8 sind dem Führenden dicht aufgefahren. Im Gedränge wartet Nummer 1 auf eine Lücke, um vorzustoßen, wenn das Pferd noch zulegen kann.

Rechte Seite: Nach dem Rennen am Absattelplatz in Ascot in England. Jedes plazierte Pferd bekommt seinen Platz zugewiesen, und das Interesse gilt auch dem Vierten. Vielleicht hat er ein gutes Platzgeld gebracht. Der Jockey ist mit dem Sattel auf dem Weg zur Waage.

Bei zwei Pferdesportarten ist das Publikum direkt und persönlich beteiligt und regt sich entsprechend auf: beim Trab- und beim Galopprennen. Diese Wettkämpfe der Pferde tragen ihre Namen mit dem ursächlichsten Recht. In diesen Wett-Kämpfen wetten die Leute, wer gewinnt. Und mit ihrem guten Geld auf einem der rennenden Pferde fiebern sie mit, ob sie in Hemdsärmeln mit Sportmütze am Rande der Bahn stehen oder ob sie im «Morning Coat», im Cutaway und grauen Zylinder, die Damen mit den extravagantesten Hüten, in der «Royal Enclosure» in Ascot Platz genommen haben. Das Rennen ist die der Natur des Pferdes gemäßeste Form der Leistungsprüfung, ob auf einer der großen internationalen Bahnen, mit den Gladiatoren unserer Zeit im Sattel oder im Sulky, oder auf kleiner, ländlicher Bahn, wo sich die Amateure treffen, wo mal die Vollblüter laufen und mal auch die Reitpferde aus den umliegenden Vereinen. Pferderennen, die Wettkämpfe der flüchtigen Steppentiere, seit Jahrtausenden zum Vergnügen der Menschen veranstaltet, sind die älteste Form der Freizeitunterhaltung mit Pferden.

FOURTH

Olympiasiegerbeine. Glückliche Stiefel. Die Reiter wird im Augenblick höchsten Triumphes nicht der Gedanke an die Pferde verlassen haben, die hier, so will es das olympische Protokoll, im Hintergrund bleiben müssen. Viele empfinden das als unfair.

Die Olympischen Spiele, nach ihrem Erlöschen in der Antike vor hundert Jahren wieder aufgenommen, sind größer, umfangreicher, farbiger und auch kommerzieller geworden, von Jahr zu Jahr. Olympia, das ist das Schau-Spiel des Sports der Welt, und die vielen Tausenden von Sportlern – 10500 waren es 1996 in Atlanta – werden an Zahl nur übertroffen von den Berichterstattern, die das Spektakel Milliarden von Zuschauern und Lesern in aller Welt vorführen – 15000 waren es in Atlanta.

Die Pferde zählen zu den ältesten Teilnehmern Olympischer Spiele im Altertum, neben den Leichtathleten, die die ersten waren, und den Faustkämpfern, die im 7. Jahrhundert v. Chr. zusammen mit den Wagenrennen und den Galopprennen unter dem Reiter ins olympische Programm aufgenommen wurden. Das Fahren mit Pferden ist aus dem klassischen olympischen Repertoire verschwunden.

Atlanta 1996 wartete mit Superlativen auf. Vor hundert Jahren in Athen, bei den ersten Spielen moderner Zeitrechnung, gingen 13 Nationen in 42 Disziplinen an den Start. In Atlanta waren es 197 Nationen in 271 Wettbewerben.

Den Reiternationen bereitete das Klima in Atlanta im US-Südstaat Georgia erhebliches Kopfzerbrechen. Die fast unzumutbare feuchte Hitze, besonders beeinträchtigend bei Dauerleistungen in der Vielseitigkeit, forderte Veränderungen der Prüfung, die den Charakter und die Bewertungskriterien grundlegend modifizierten. Aber bei

Ganz unten links: Unverkennbar die Abzeichen am Kopf, «Blesse mit Loch»: der Hannoveraner ET FRH mit Hugo Simon für Österreich, Vierter nach dem Stechen um Silber und Bronze. Rechts daneben: Der Ritt der eisernen Nerven, der Ritt um die Einzelmedaille. Ein einziger Springfehler, und er hätte mit acht anderen Reitern (mit je vier Strafpunkten) um die Medaillen stechen müssen. Wie kann man da ruhig und präzise reiten? Uli Kirchhoff auf dem belgischen Hengst Jus de Pommes hielt Pferd und Nerven im Zaum. Ein einziger Strafpunkt für Zeitüberschreitung: Goldmedaille in der Einzelwertung. Die Tragik kam nach den Spielen. Kurze Zeit nach seiner Heimkehr ging der Hengst Jus de Pommes ein.

Unten: Anky van Grunsven führt ihr Pferd Cameleon Bonfire vor dem ersten Start in der Verfassungsprüfung vor.

Oben: Der Niederländer Jan Tops auf Top Gun reitet jedes Hindernis mit dieser Mimik an, was ihm die verschiedensten Spitznamen eintrug. Er war in der Einzelwertung Siebter nach dem Stechen um Silber und Bronze und Siebter auch mit der Mannschaft.

der Jahres- wie der Tageszeit der Wettbewerbe wußte sich der Haupt-Geldgeber der Spiele durchzusetzen. Eben doch Schau-Spiele, vor allem fürs Fernsehen. Und das Aufgebot an Tierärzten als Vorsorge angesichts der widrigen Witterungsbedingungen erweckte bei manchem weniger kenntnisreichen Zuschauer den Eindruck, als könnten bei dieser Sportart nur die Veterinäre gesundheitliche Schäden für die Pferde verhindern. Dabei nimmt keine Prüfungserleichterung, keine zusätzliche Zwangspause, keine vorgeschriebene Erholungsphase während des Dauerritts dem Reiter die Verantwortung für sein Pferd ab. Das gesunde, hochtrainierte Pferd ist die einzige Forderung der Vielseitigkeit. Der Tierarzt ist für den Ausnahmefall da. Im übrigen können Pferde mit großer Hitze viel besser fertig werden, als immer vermutet wird. Sie können ja, was andere Haustiere nicht können, über die Haut schwitzen und so große Temperaturunterschiede ausgleichen.

Für die beiden anderen olympischen Reiterdisziplinen war die Hitze kein so entscheidender Faktor. Sowohl in der Dressur als auch im Springen schienen alle Pferde fit und vom Klima nicht beeinträchtigt.

Was soll man bei den olympischen Helden – und Heldinnen – mehr bewundern: die sportliche Leistung mit ihren Pferden, die Präzision im Überspringen von schweren Hindernissen und das genaue Absolvieren von komplizierten Dressurlektionen – oder die enorme psychische Leistung im Olympiatrubel, unter Kamerabeobachtung und Mikrofonverfolgung kühlen Kopf zu behalten und sich – und ihre Pferde – voll auf die schwierige Aufgabe zu konzentrieren? Wenn man weiß, wie sehr sich seelische Regungen schnell und direkt auf das Pferd übertragen, wie leicht Aufregung, Spannung oder gar Angst das Pferd aufgeregt, ge-

Rechts: Isabell Werth. Der Tränenstrom, den die Entspannung der Nerven nach dem Sieg ausgelöst hatte, ist versiegt. Hier ist die mit einem sensationellen Höhepunkt ihres Pferdes Nobilis Gigolo FRH erkämpfte Goldmedaille.

Unten: Anky van Grunsven, Niederlande, auf Cameleon Bonfire führte vor der Kür. Und doch reichte es für die Kürweltmeisterin von 1994 dann nicht ganz fürs olympische Gold.

spannt oder ängstlich machen können, dann muß man den Hut ziehen vor den Reiterinnen und Reitern der Welt, wie sie hier, unter dem Druck der Erwartungen von allen Seiten, ihre Pferde zu außerordentlichen Leistungen motiviert haben.

Im Vergleich zur Marathonleistung in der Vielseitigkeit geht die Aufgabe der Dressur- und Springpferde relativ schnell vorbei. Die drei Dressurprüfungen, Grand Prix, Grand Prix Special und Kür, dauern jeweils sieben, siebeneinhalb und sechs Minuten. Das ganze olympische Programm ist also in zwanzig Minuten vorüber. Aber die athletische Leistung eines Dressurpferdes ist nicht geringer einzuschätzen als die eines Springpferdes. Sein Fitneßtraining ist genauso intensiv, denn seine Kraftleistung ist für den Ausdruck der Leichtigkeit und Mühelosigkeit in der Dressuraufgabe genauso notwendig, wie das Springpferd sie für fünfzehn fehlerlose Sprünge im Parcours braucht.

Die Ergebnisse der Olympischen Spiele von Atlanta sind bekannt: der erhoffte, aber kaum erwartete Triumph der deutschen Springreiter, Gold in der Mannschaftswertung mit Lars Nieberg auf *For Pleasure*, Franke Sloothaak auf *San Patrignano Joly*, Ulrich Kirchhoff auf *Opstalan's Jus de Pommes* und Ludger Beerbaum auf *Sprehe Ratina Z*. Trotz Franke Sloothaaks Sturz im ersten Umlauf standen bei der Endabrechnung nur Zeitfehler zu Buch. Groß war der amerikanische Jubel über die Leistung des US-Teams. Außer sich vor Begeisterung aber waren die Brasilianer, denen dieser Tag eine unverhoffte Bronzemedaille geschenkt hatte. Das brasilianische Freudenfest bei der Medaillenvergabe ist ein wunderschönes Beispiel dafür, wie man sich freuen kann, auch wenn man nicht gewonnen hat.

Die Dressur verlief spannend wie nie zuvor, weil die Niederlande den Deutschen so dicht auf den Fersen waren. Isabell Werth auf *Nobilis Gigolo FRH*, Klaus Balkenhol auf *Goldstern*, Monika Theodorescu auf *Grunox* und Martin Schaudt auf *ESGE Durgo* konnten die Mannschafts-Goldmedaille vor den Niederlanden sichern. Noch viel knapper war die Einzelwertung. In der Kür, der dritten Teilprüfung, konnte Isabell Werth die Niederländerin Anky van Grunsven auf *Cameleon Bonfire* mit 2,07 Punkten überholen.

In der Vielseitigkeit hatte die deutsche Mannschaft nicht den besten Tag erwischt. Durch Aufgabe und Ausscheiden von Jürgen Blum auf *Brownie McGee* und Ralf Ehrenbrink auf *Connection* fiel die Mannschaft nach guten Geländeritten von Bodo Battenberg auf *Sam the Man* und Bettina Overesch-Böker auf

Rechte Seite links: Das ist Vielseitigkeit: Die Sprünge machen es nicht allein. Fast 20 Kilometer lang ist die Tagesstrecke, davon 2760 Meter Rennbahn und 5715 Meter querfeldein über 25 Hindernisse. Da wird nicht immer gesprungen, da wird vor allem galoppiert – und wie! Im Gelände muß man 34 km/h schnell sein. Karen Dixon mit Too Smart, unterwegs für Großbritannien.

Rechts: Ein fehlerfreier Geländeritt in der kürzesten Zeit und eine makellose Runde im Springen ließen den neuseeländischen Exweltmeister Blyth Tait, der in der Dressur noch nicht unter die ersten zehn gekommen war, mit dem erst acht Jahre alten Ready Teddy zur Einzel-Goldmedaille galoppieren. Auf diesem Bild sieht man bei beiden, Pferd und Reiter, die gelassene Ruhe im Blick, konzentriert nach vorn, aufs nächste Hindernis.

Watermill Stream auf den neunten Platz von 16 gestarteten Mannschaften zurück. Australien, USA und Neuseeland gewannen die Medaillen fast erwartungsgemäß, und in der Einzelwertung gab es einen Doppeltriumph für die «Kiwis» (NZL). Exweltmeister Blyth Tait mit dem erst achtjährigen *Ready Teddy* gewann Gold, Sally Clark mit *Squirrel Hill* Silber. Bronze ging an Kerry Millikin, die noch einmal Jubel in den USA auslöste.

Ein im Geländeritt ausgeschiedener Reiter brachte es auf den Punkt: «Bei Olympia sitzen wir alle auf den Knien der Götter, und manchmal rutschen wir runter. Aber in vier Jahren wollen wir wieder raufklettern!»

Oben: Eines der schwierigen Hazards auf der Geländestrecke im Windsor Great Park. Prinz Philip, Herzog von Edinburgh, fährt bei der Royal Show 1997 sein Team aus mutigen, gehorsamen Fellponys.

Rechte Seite: Erholung vom Alltag. Genießen der Natur – und Freude an den beiden wippenden Pferderücken vor dem Bock. Ausfahrt in der Freizeit. Pander und Ryckle, zwei prächtige Friesenhengste, gehen vor dem Wagen auf dem Strandweg zwischen Dünen und Deich in Holland.

Dies ist die Vielseitigkeit der Viererzugfahrer. Am Tage der Marathon-Prüfung sehen sie alle ganz anders aus als im Dressurviereck. Dort lackblitzender Wagen, glänzende Geschirre, Zylinder und feiner Rock beim Fahrer. Jetzt im Gelände: robuste Geschirre, ein Geländewagen, der einen Puff vertragen kann, übrigens mit Scheibenbremsen, getrennt für Vorder- und Hinterräder, und der Fahrer im Pullover mit Sturzhelm – man kann ja auch mal umkippen. Die Geländehindernisse heißen nicht «Fences» oder Sprünge, sondern «Hazards» – Risiko oder Gefahr. Jedes dieser Hazards besteht aus mehreren Teilen, die von verschiedenen Richtungen aus durchfahren werden müssen, teilweise in engsten Wendungen. Die Zeit von der Einfahrt in die Hinderniszone bis zur Ausfahrt spielt eine große Rolle bei der Plazierung. Neben dem Fahrer auf dem Bock sitzt ein «Bockrichter», der kontrolliert, ob alle Hazards korrekt gefahren werden. Zwischen den Hinderniszonen wird flüssiger Trab in vorgeschriebenem Tempo gefahren. So an die 30 Kilometer legen die Vierspänner am Marathon-Tag einer Vielseitigkeitsprüfung zurück.

Der Fahrsport hat einen riesigen Aufschwung genommen. Immer mehr Zuschauer kom-

Eingespannt in das Riemenwerk des Geschirrs
mag das Pferd wie ein gefesselter Sklave wirken – wenn es stille steht.
In der Bewegung wird es wieder, was es immer ist:
ein stolzes Wesen, das seinen Herrn schmückt.

men, säumen die Geländestrecken, sammeln sich an den schwierigsten und spektakulärsten Hazards, meist natürlich an Wasserdurchfahrten, und bestaunen, was die Fahrer mit den vier Pferden vor dem Wagen alles machen können. Vorher laufen sie mal durch die engen Durchfahrten der Hindernisse und meinen: «Hier kommt doch nie einer mit vier Pferden um die Ecke!» – Man staunt, aber sie kommen rum.

Viererzugfahren ist harter Leistungssport mit hochtrainierten Pferden, Athleten, fit und geschult auch im Gehorsam und im Begreifen der Aufgabe. Es ist schon verblüffend, wie die Vorderpferde in einem komplizierten Hazard die richtige Einfahrt wie von selbst zu finden scheinen. Scheinen, denn sie folgen natürlich den Leinensignalen des Fahrers, der sie nur mit diesen und mit der Stimme erreichen kann. Und auf die Stimme müssen Gespannpferde hören, auch beim Beschleunigen oder Verlangsamen des Tempos. Man könnte meinen, die Pferde vor dem Wagen und ihr Fahrer seien manchmal besser aufeinander eingespielt als Reiter und ihre Pferde unter dem Sattel.

Pferde im Geschirr, das war der erste Dienst, den sie dem Menschen in ihrer Geschichte leisteten. Vor mehr als zweitausend Jahren rannten sie mit den Wagen des Menschen um olympischen Lorbeer. Jahrtausende haben sie seine Lasten geschleppt. Die Kunst des Fahrens mit Pferden, einst alltägliche Notwendigkeit, glänzt heute auf den Plätzen des Pferdesports.

DAS JAGEN ZU PFERD

Ein kühler Herbstmorgen. Die Erde dampft von der Kälte der Nacht, wenn es noch ein paar schräge Strahlen der Morgensonne gibt, aber noch hüllt der Nebel alles ein. Da sammeln sich beim Stelldichein Hunde, Pferde und Reiter. Weich singen die Jagdhörner die ersten Signale. Ein Bild, voll einer Poesie, die seit Jahrhunderten die Menschen das harte Geschäft des Beutemachens verklären ließ, so daß sie den Willen zum Töten eines Wildtieres mit einem Kranz von Riten und Gebräuchen, mit Mythen und Zauber umwoben. Streng beachtetes Brauchtum symbolisiert den Respekt vor der Natur und ihrem Leben.

Über Jahrtausende hatte der Mensch durch Sammeln und Jagen sein Leben und das seiner Familie zu erhalten. Den weitaus längsten Teil der Geschichte des Menschen gehörte die Jagd zu seiner Lebensgrundlage. Als später die Jagdbeute nicht mehr zur alltäglichen Nahrung gehörte, bekam das Jagen einen kulturellen Aspekt, wurde zu einem Vergnügen, zu einem Privileg.

Oben: Jagdhorn, deutsches Parforcehorn aus dem 18. Jahrhundert auf einer Jagdtasche aus dem 19. Jahrhundert (Deutsches Jagdmuseum München).

Linke Seite: Ein mongolischer Kasache aus Bajan-Ölgij mit seinem Adler. Im Winter jagen die Kasachen mit diesen stolzen Greifvögeln Wölfe und Füchse.

Markgraf Heinrich von Meißen und Konrad von Altstetten auf der Falkenbeize zu Pferde. Manessische Liederhandschrift (12./13. Jahrhundert).

Oben: Von allen Jagdarten der Perser galt die Falkenbeize als die vornehmste und als aristokratisches Privileg.

Rechts: Temudjin, unter dem Namen Dschingis Khan Herrscher des mächtigen Mongolenreiches, auf der Jagd mit Hund, Beizvogel und mit Pfeil und Bogen.

Das Jagen zu Pferde war Vorrecht des Herrschers oder Grundbesitzers, und es entwickelten sich verschiedene Jagdarten. Auf hoher Stufe stand schon im Mittalter die Jagd mit dem Beizvogel, dessen Flug und Beutegriff der Jäger in schnellstem Ritt folgte. Heute noch wird die Beizjagd zu Pferde in vielen Ländern ausgeübt.

Oben: Sport und Einkommensquelle ist die Beizjagd zu Pferde für den kirgisischen Jäger Ascherbaj, der mit seinen mehr als siebzig Lebensjahren immer noch ein erfolgreicher «Munischker» ist. Er ist ein Meister im ‹Abtragen› (Abrichten) von Greifvögeln. Der Königsadler mit der Lederhaube auf seiner Faust kann nichts sehen, bis er ‹abgehaubt› und auf das Wild, das er schlagen soll, ‹angeworfen› wird. Ein schnelles, ausdauerndes Pferd trägt den Jäger zur Beute des Vogels.

Die Königsjagd. Persische Silberschale aus dem 8. Jahrhundert n. Chr.

Oben: Fresko aus dem 4. Jahrhundert in einem Grabhügel in der heutigen chinesischen Provinz Jilin in Nordost-China aus der koreanischen Dynastie Koguryo. Jagd mit Pfeil und Bogen in den Bergwäldern.

Persische Miniatur auf einen Kamelknochen gemalt. Jagd auf Gazellen mit einer Fangleine und Pfeil und Bogen. Wie schnell mußten da die Pferde sein!

Die Kunst hat sich der Jagd als Thema seit frühester Zeit bemächtigt. Großartige Gestaltungen kennen wir aus der assyrischen Kunst. Ägypter, Hethiter, Griechen, Etrusker haben Darstellungen zeitgenössischer Jagden hinterlassen. Auf römischen Sarkophagen finden sich oft Löwenjagden als Symbol des Lebens. In Persien war die Jagd immer ein beliebter Gegenstand der Miniaturmalerei.

Rechts: Vogeljagd vom galoppierenden Pferd mit Pfeil und Bogen. Jagdtafel von Hans Burgkmair (1473–1531).

WER HINTER DEN HUNDEN REITET …

Die Poesie eines Herbsttages, das Geläut der Hunde, die Faszination des langen Galopps im Jagdfeld über Hindernisse, das PA-DA-BAM der Hufe auf grasigem Grund – das ist es, was für viele Reiter das Jagen hoch zu Roß zur Leidenschaft werden läßt.

Die Jagd zu Pferde war einst das Privileg des Adels, Statussymbol der Aristokratie, und gerade dieses Vorrecht bot eine Angriffsfläche gegen die Sonderstellung dieser Gesellschaftsschicht. Jede Jagdsaison provozierte aufs neue böses Blut unter den Landwirten und dem reichen Bürgertum. Heute steht das Jagdreiten im deutschsprachigen Raum der ganzen Landbevölkerung und den passionierten Reitern aus der Stadt offen, so wie in allen Ländern. So wie sich die Standesschranken in England im 19. Jahrhundert viel stärker verwischten als auf dem Kontinent, so ritten dort im Jagdfeld neben dem Hochadel und der «Gentry», dem landsässigen niederen Adel, bald auch die Bauern und Bürger, Gewerbetreibende und der Klerus. Und immer mehr erblickte man im Feld auch ponyreitende Kinder, die so ganz selbstverständlich in das Reiten über Stock und Stein hineinwuchsen.

Die Parforcejagd, bei der berittene Jäger der hetzenden Hundemeute hinter dem flüchtigen Wild folgen, stammt ursprünglich aus dem Orient und wurde zur Zeit Karls des Großen in Mitteleuropa bekannt. Von Frankreich aus verbreitete sie sich im 18. Jahrhundert an großen und kleinen Fürstenhöfen in Europa. In Deutschland wurde diese Jagdart mit Verordnung vom 29. Juli 1936 verboten. Die Jagd zu Pferd findet bei uns seitdem hinter der Hundemeute nur noch auf künstlicher Fährte statt. In Frankreich und England wird bis heute lebendes Wild gehetzt, Hirsche, Füchse und Sauen. In England ist die Fuchsjagd im Leben der Landbevölkerung tief verwurzelt, obwohl sie unter zunehmender Kritik steht. «Being at one with both horse and hounds» – «Eins sein mit Pferd und Hunden», so heißt es dort noch immer.

Bis auf den heutigen Tag ist die Jagd vom Sattel aus ein Privileg geblieben – für jene, die reiten gelernt haben und die ihre Pferde so ausgebildet und trainiert haben, daß sie im mitreißenden Fluß des Jagdfeldes beherrschbar und lenkbar bleiben. Der rote Jagdrock oder die goldenen Knöpfe einer Jagdgesellschaft, eines Vereins, der eine Hundemeute unterhält, müssen verdient werden, nach strenger Etikette. Viel alte Tradition lebt im modernen Jagdreiten fort.

Trommelnde Hufe,
dampfende Nüstern,
rotgolden die Wälder,
verwehende Rufe.

Helles Geläute,
weißbraune Blitze
in jauchzender Jagdlust
der hetzenden Meute.

Hallende Klänge
blinkender Hörner,
ein Rausch trägt mich fort
aus alltäglicher Enge.

Die rauchende Erde
im herbstlichen Nebel
schenkt mir ihre Weite
im Jagen zu Pferde.

Ein Fest wird gefeiert, ein Fest zu Pferde, wenn es ans Jagen geht, ans Galoppieren hinter der Hundemeute. Was sind schon Rippenbiegung und Schenkellage, was Wechselpunkte der Reitbahn, was Zirkel und Volte, was diagonale Tritte beim Rückwärtsrichten – wenn im Gelände das Vorwärtsreiten im Mittelpunkt steht.

PA-DA-BAM, PA-DA-BAM – das Gefühl des Galoppierens im Jagdfeld querfeldein über Hindernisse, inmitten der Schar der anderen galoppierenden Pferde, die sich gegenseitig anstacheln im Drang nach vorwärts. Wie wach werden da alle Sinne bei Pferd und Reiter, wie lebendig werden da die hartgesottenen Abteilungspferde eines Reitschulbetriebes. Manchmal mag man etwas von diesem Gefühl den «Zirkelmathematikern» wünschen und den «Stangenhüpfern», deren Pferde nur den Buchstabenwirrwarr des Dressurvierecks kennen oder die bunten Stangen trickreich und abmessungsgenau erfundener Turnierplatz-Parcours. Wie bedauernswert die Tiere, die den Willen ins Weite und den Schwung des flüchtigen Huftieres umsetzen müssen in den korrekten Rhythmus des «Tempo-Changements» – «auch hinten sauber durchgesprungen». Sie können ihre Bestimmung nicht leben.

Wie anders können Reiter und Pferd zu einer Einheit zusammenwachsen als im Schwung nach vorwärts, über alles Hinderliche hinweg. Und wo ist dies leichter möglich, besser, erlösender als im Trommeln der Hufe im Jagdfeld. Da wollen beide nur eines: vorwärts, dabeisein, mit Lust und Schwung hinter sich bringen, was sich in den Weg stellt. Die überschäumende Freude an der Bewegung vereint sie beide, läßt sie am leichtesten erreichen, was immer und überall das Ziel der Reiterei sein sollte: Einheit von Reiter und Pferd, Harmonie zwischen Mensch und Tier.

Unten: Der Autor in jungen Jahren auf der Holsteiner Stute Diana, besonders springpassioniert und auf der Jagd kaum zu halten. Im Jagdfieber wurde dieser Sprung über sieben Meter weit.

Huntsman und Pikeur, sein Gehilfe. Sie müssen die Meute in Ordnung halten, Abtrünnige zum Pack zurückbringen, den Hunden die Möglichkeit geben, auf der Fährte zu arbeiten, aber auch die Hunde vor dem nachgaloppierenden Feld schützen.

Wie schön und einfach klingt das alles: im Vorwärtsreiten über Busch und Hecke und Zaun … Ja, wenn alles so einfach wäre, dann brauchte man keine Pferde mehr auszubilden. Dann gäbe es auch in den Jagdfeldern die Spaßverderber nicht, die auf schmaler Waldschneise vor einem breiten, aus wuchtigen Stangen gebauten Hindernis querstehen, so daß das ganze Jagdfeld mit Gewaltparaden anhalten muß. Dann gäbe es diese gefährlichen Zeitgenossen nicht, die, hilflos im Zügel hängend, von hinten wie Rammböcke durch den ganzen Pulk der Reiter brausen, in rasender Fahrt den Master passieren, um Haaresbreite einen Meutehund verfehlen und den tollen Galopp dann irgendwo in einem Gebüsch zwischen peitschenden Zweigen beenden, weil die Reiter diese «Puller» auch mit der schärfsten Kandare nicht halten konnten. Dann gäbe es auch nicht jene Szenen, wo einem schon beim Zuschauen bei jedem Sprung das Herz stehenbleibt: wo das Pferd sich keuchend, mühsam, mit letzter Kraft stangenpolternd über die Hindernisse quält, weil die Kondition nicht mehr ausreicht.

Nein, die Freude am Jagdreiten, dieser herzklopfende Jubel, den der Querfeldeingalopp den Pferden und Reitern schenkt, stellt sich nur nach entsprechendem Training ein. Niemand kann Freude haben auf der Jagd, der mit einem

schlecht ausgebildeten oder nicht genügend trainierten Pferd beim Stelldichein erscheint. «Ohne die Ecken der Bahn kein freier Galopp auf der Jagd!»

«Has anybody seen the hounds?» rief einst schallend der damals fünfundvierzigjährige Lawrence Morgan aus New South Wales in Australien über die weite Ebene von Pratoni des Vivaro in den Albaner Bergen südlich von Rom, als er auf dem damals siebenjährigen Wallach *Salad Days* der olympischen Goldmedaille in der Großen Vielseitigkeitsprüfung entgegengaloppierte. Und noch einmal, nach einem Flug

Oben: Der kleine Bruder des Foxhound, der Beagle. Ein kleiner, sehr schneller Hund, der gelegentlich auch auf Hasenjagden verwendet wird. Seine Schulterhöhe darf nicht mehr als 40 Zentimeter betragen.

über einen breiten Graben, der so manchen seiner Konkurrenten kopfstehen ließ: «Where are the hounds?» Wie auf der Jagd fühlte er sich in dieser schwersten olympischen Prüfung für Reiter und Pferd, wie auf fröhlicher Jagd hinter schneller Meute.

Und was tat er, als der Sieg errungen war? Er reiste nach England und mietete hundert Meilen westlich von London ein Haus mit Stall und ritt mit seinem Olympiapferd Jagden hinter der berühmten Meute des Duke of Beaufort, der dort fünfmal in der Woche als Master vor einem großen Feld von Reitern Füchse sucht und mit seinen Hunden hetzt. So kann einem die Jagdreiterei im Blut liegen, jener Sport, der noch

Oben und links: Foxhounds, Meutehunde, sind zärtlich und liebebedürftig mit Menschen – wenn sie nicht im Pack jagen. Seinem Huntsman will jeder seine Zuneigung zeigen, und alle, alle wollen gern gestreichelt werden.

Hirschhetze im 18. Jahrhundert. Das grausame Ende. Die Hunde haben den Hirsch zu Stande gehetzt. Der Hirsch hat sich der Meute gestellt, und, während die Meute ihn von vorn anfällt, packt ein Jagdgehilfe das Geweih und hindert ihn sich zu wehren. Ein zweiter Knecht haut mit dem Hirschfänger die Sehnen der Hinterläufe durch. Solchermaßen an den Platz gebannt, wird der Hirsch nun von einem hohen Herrn den «hirschgerechten Fang» erhalten, den Todesstoß mit der blanken Waffe hinter das Blatt ins Herz. (Johannes Elias Riedinger, Kupferstecher, 1698–1767).

nicht den Managern in die Hände gefallen ist – die Parforcejagd.

«Par force» – diesen Ausdruck gibt es seltsamerweise nur im Deutschen, nirgendwo sonst wird er gebraucht. In Frankreich entwickelten sich zuerst die Sitten und Gebräuche, die fest umrissenen Gesetze und die feierlichen Zeremonien des Waidwerks zu Pferde. Aus der Zeit Ludwigs des Heiligen, dem 13. Jahrhundert, stammen die veredelten Formen einer harten Jagdausübung. Elf Edelhunderassen für die Jagd zu Pferde wurden bereits um die Mitte des 16. Jahrhunderts verzeichnet, darunter die vier «Königlichen», die «Races Royales», deren Nachkommen noch heute in Frankreich jagen. An der Spitze stehen die «Chiens de Saint Hubert», die St.-Hubertus-Hunde. Nach ihnen kommen die «Chiens de Saint Louis», die «Grands Chiens Blancs» und die «Chiens fauve de Bretagne». Die älteste Meutehunderasse, die den Namen des Heiligen Hubertus führt, geht auf die Laufhunde des Jura zurück, stammt also aus der Westschweiz und Südfrankreich.

Auf der Hirschjagd im lichten Hochwald. Die Signale des Parforcehorns hallen weit und geben der Jagdgesellschaft Kunde vom Verlauf der Hetze auf den Hirsch. Detail aus einem Stich von Johannes Elias Riedinger.

Von England spricht man heute meist, wenn von der Reitjagd die Rede ist, und natürlich auch von Irland, wo die Geschichte auch weit zurückreicht. «Old Southerhound» nannte man dort die aus Frankreich geholten Hubertushunde. Der heutige Foxhound ist etwas kleiner, und der noch kleinere, sehr schnelle Beagle, der gelegentlich auch zur Hasenjagd verwendet wird, ist der typische englische – und irische – Hund für die Fuchsjagd.

Die Jagd auf lebendes Wild ist in England in heftige Kritik geraten, und Gegner wie Verteidiger dieser alten Tradition des englischen Landlebens befehden sich in hitzigem Streit. Immer noch aber wird ein Jäger, der in Leicestershire auf einen Fuchs mit der Flinte schießt, ein Mörder genannt. Ein angeschossener Fuchs, so argumentieren die «Foxhunter», wird in seinem Bau langsam an Blutvergiftung eingehen, denn Füchse, ebenso wie Ratten, lecken ihre Wunden nicht, um sie zu desinfizieren. Jeder Fuchs aber, selbst ein Jäger, der vom Töten lebt, ist sein Leben lang gewohnt, gejagt zu werden. Und dieses Training läßt ihn der jagenden Hundemeute oft genug entkommen. So überleben bei der Meutejagd die Tüchtigsten ihrer Art.

Die Feinde des «Blood Sport» aber erheben ihre Argumente zu politischen Forderungen gegen die «Reichen» und die «Snobs». Immerhin ist der Jagdkalender in England und Irland ein dickleibiges Buch mit dem Verzeichnis der Fuchsmeuten, der Zahl der Jagdtage in der Woche, dem Sitz des «Kennels», des Hundestalles, des Anzugs, in dem geritten, und der Kleidung, in der zu Abend gegessen wird. Man kann schon manchmal den Eindruck haben, als sei die Farbe des Kragens und der Aufschläge am roten Frack beim Dinner genauso wichtig wie die Anzahl der Hunde und die Qualität der Pferde. Ist das womöglich tatsächlich ein Sport der Snobs?

Dann sind aber diese Snobs sehr harte Sportsleute, denn wohin der Fuchs auch läuft, man muß ihm nachreiten, selbst dann, wenn man sich einen Weg abseits der jagenden Meute sucht. Das Ziel des Jagdreiters bleibt doch, den Hunden bei ihrer Arbeit zuzusehen. Es ist nicht jedermanns Sache, vor einer dornbuschbewachsenen Feldsteinmauer, über die man nicht hinübersehen kann, vorwärtszureiten und Luft in der Faust zu haben. Doch in der Leidenschaft des Jagens faßt sich der Vorsichtige leichter ein Herz. Den Jagdruf im Ohr, vor sich den jauchzenden, sich überschlagenden Hetzlaut der Hunde, dazwischen das schneidende Quäken des kleinen Rufhorns des Huntsman, der damit die Meute anfeuert, im Getrommel der Hufe ringsum, wer wollte sich da nicht mittragen lassen von der gewaltigen Woge eines Urinstinktes, der Mensch und Pferd gleichermaßen erfaßt.

Zwischen den hohen, blanken Zylindern, den schwarzen Samtkappen, den roten und schwarzen Reitrücken erscheint so manche verschlis-

sene Tweedjacke, so mancher Kinderpullover über ausgewaschenen langen Reithosen, und auch der Priesterkragen des Pfarrers aus dem Nachbardorf ist zu sehen, dessen alterfahrener knorriger Hunter unter dem Sattel den einen und anderen wohlgefälligen Blick der untadelig gekleideten High Society auffängt. Auf dem Lande wird das Jagdreiten von Reich und Arm betrieben. Der wohlhabende Landbesitzer, der Herzog, der Lord, der einfache Bauer auf selbstgezogenem Pferd, der Handwerker, der Pastor, der kleine Angestellte aus der nächsten Stadt auf geborgtem Hunter, die Bauerntochter, zwölf Jahre alt auf einem Pony, die elegante Lady, vielleicht sogar im Damensattel, die grauhaarige Sekretärin des Vereins, sie alle folgen dem «Geläut» der Meute und dem grellen Klang des Horns. Gemeinsam sitzen sie wartend in Kälte und Nässe, Schnee und Regen im Sattel und warten, ob die Hunde in einem Gehölz vielleicht einen Fuchs aufstöbern – oder vielleicht auch nicht, und sie frieren bis ins Mark und hoffen auf einen Galopp querfeldein hinter der Meute auf der Fuchsspur. Sport der Snobs? Nicht ganz.

In Deutschland und anderen europäischen Ländern, in denen die Hetzjagd auf lebendes Wild seit langem verboten ist, wird auf einer künstlichen Fährte geritten, die von einem «Schlepper» zu Pferde über eine vorher ausgesuchte Strecke mit künstlich gebauten Hindernissen gelegt wird. Auf dieser Duftspur laufen dann die Hunde. Ein geflochtener Ball an langer Leine oder ein Kanister am Sattel mit einem Hahn, aus dem die Fuchslosung oder sonst eine stark riechende Flüssigkeit tropft, sind des Schleppers Werkzeug. Je nach Intensität der Fährte kann man das Tempo der Hunde schnell oder etwas langsamer machen, wenn sie sorgfältig mit der Nase arbeiten müssen. Meutehunde werden übrigens nach «Koppeln» gezählt, weil sie, wenn sie nicht jagen, zu zweit zusammengekoppelt ausgeführt werden. Zehn Koppeln also sind zwanzig Hunde.

Bei der Jagd, dem Höhepunkt des herbstlichen Reitvereinslebens, gibt es einen Master, den Jagdherrn. Er hält am Treffpunkt, beim Stelldichein, eine Rede. Manchmal wird hier schon Sekt gereicht – oder Schnaps, ein «Mutmacher» für die Reiter. Manch Reitersmann läßt auch hier schon im engsten Kreise seine Taschenflasche herumgehen, standesgemäß: Scotch Whisky.

Die Jagdhörner des Jägervereins, der zu diesem Anlaß eingeladen wurde, blasen zum Aufsitzen. Der Reiter mit der Schleppe ist schon seit zehn Minuten unterwegs. Die Pikeure, die Gehilfen des Huntsman, knallen versuchsweise mit der Jagdpeitsche mit dem langen, ledernen Schlag. Da werden die Hunde ausgeladen und durch lauten Zuruf und Peitschenknall zusammengehalten. Winseln, Jaulen und aufgeregtes Hecheln. Grell quietscht ein Vorwitziger auf, der sich auf eigene Faust auf die Suche machen wollte. Ihn traf im Knall das schnelle Peitschenende. Einer der großen weißbraun-schwarz gescheckten Hunde beißt seinen Nachbarn im Gedränge in den langen Behang am Ohr und zieht. Tiefkehliges Grollen und Blaffen aus einem Dutzend Kehlen. Rauhe Burschen warten auf die Hatz. Dann ein kurzer, quäkender Ton aus dem kleinen, messingblinkenden Rufhorn des Huntsman. Dicht gedrängt knäulen sich die Hunde um die Beine seines Pferdes.

Das Feld der Reiter sortiert sich. Der Master wartet, bis die Hunde im Schritt Abstand gewonnen haben, damit nicht gleich zu Anfang einer, der sein Pferd nicht halten kann, hemmungslos in die Meute braust. Die Reiter betrachten sich von der Seite. Neben- und Vordermann sind wichtig. Hat der ein sicheres Pferd, oder wird er vor den Hindernissen hin- und herziehen, unentschlossen sein und damit die nachfolgenden Reiter behindern? Was, ein Pferd mit einer roten Schleife im Schweif? Der gehört doch gefälligst weiter nach hinten ins

Not for the lust of killing,
not for the place of pride,
not for the hate of the
hunted
we horsemen saddle and
ride.

But for the gift of our
fathers
the blood in our veins that
flows
must answer for ever and
ever
the challenge of: ‹Yonder
he goes!›

Will Ogilvie

Stelldichein in Ungarn beim Grafen Andrássy 1913.

Feld. Das heißt nämlich: «Achtung, mein Pferd schlägt!» Vorn im Feld zu reiten ist eine Ehre, die nur dem zusteht, der erfahren ist und ein sicheres Pferd reitet – oder einem Ehrengast, dessen berufliche oder gesellschaftliche Stellung mehr Wertschätzung verdient als seine Reitkunst.

Hoher, klingender Jubellaut aus einer Hundekehle. Der Kopfhund hat die Fährte aufgenommen. Gleich ist der ganze Chor dabei. Meutehunde jagen laut, mit «Geläut». Heller Hetzlaut, dazwischen, schrill, der Ton des Rufhorns in kurzen, schnellen Stößen. Laute Rufe, dumpfes Hufpoltern. Die Jagd ist auf.

Weiß-braun-schwarze Blitze zischen vorn durch Gras und Gestrüpp. Der Pferderücken dehnt sich im langen Galoppsprung – PA-DA-BAM, PA-DA-BAM. Der Master segelt über den ersten Sprung, einen dicht bewachsenen Zaun. Beine nach vorn in den Bügeln, Arm mit der Jagdpeitsche, balancierend, hoch in der Luft. Das brave Pferd macht die Sache schon allein. Nebenan auf dem Heckenweg eine Autokolonne mit Zuschauern, Menschen an einem Hindernis – vorbei. Zweige schlagen ins Gesicht. Von rechts drängt ein Reiter heran, vorn ein Holzstoß quer über dem Weg. Bleib zurück, Mensch, wenn du dein Pferd nicht halten kannst! – Wie soll er denn, wenn er es doch nicht halten kann! Drauflos – geht schon – irgendwie. Sprung, Rumpler, Nase auf dem Pferdehals. Reiterloses Pferd links im Gebüsch. Ein Mensch zu Fuß im roten Rock. Wieder Gedränge. Ein Pferd steht quer, drum herum, durch die Zweige, Kratzer im Gesicht, egal – wo sind die Hunde?

Oben und rechts: Sammeln der Hunde mit dem kleinen Rufhorn des Huntsman (oben) und Ausritt zur Jagd mit der South Devon Hunt auf dem Dartmoor (rechts).

Endlich wieder eine weite Wiese. – Wo sind die Hunde? – Vorn Reiter, weit weg, Platz zum Galoppieren. Ein Graben, einer steht schon davor, und das Pferd guckt ins Wasser. Links daneben ist Platz. Schwung – und rüber – wunderbar! Wo sind die Hunde? «Has anybody seen the hounds?»

Dort, halbrechts, Peitschenknallen, Hunde, ein Wagenpark, Menschen. Stop. Hörnerklang, Menschen zu Fuß. Absitzen, Gurt lockern, Pferd führen, ein Glas in der Hand mit schweißverklebtem Handschuh, und wieder der Mensch mit dem Scotch Whisky.

Nicht alle Jagden laufen so ab. Man kann auch ohne Meute «jagen». Da treffen sich die Bauern aus der Umgebung mit ihren Pferden, und der Master gibt vorn das Tempo an. Einer sagt: «Nicht so schnell, heute hab ich 'n ganz Jungen dabei.» Und vorn reitet einer mit einer Fuchslunte über der Schulter, eben der «Fuchs». Der Vereinsvorstand kennt die Strecke. Man hat sie in gemeinsamer Arbeit nach Feierabend aufgebaut – Telefonmasten, ausgedient und billig erworben, ein ausgestochener Graben, ein paar Hecken zurechtgeschoren. Und manchmal brüllt es von hinten: «Haaaaalt – nicht so schnell!» Dann ist einer runtergefallen. Aber die Leidenschaft des Gruppengalopps überträgt sich auch hier auf alle Pferde. Auch die Faulsten werden heftig und drängen vorwärts, Grenzen setzt nur die Kondition. Beim Stop auf dem

Bauernhof kreist die Flasche Doppelkorn, und in der Taschenflasche des Reiters, der klug vorgesorgt hat, ist auch nichts anderes drin.

Vorwärtsreiten muß man immer auf der Jagd, und zum Angsthaben ist keine Zeit. Aber die Jagd ist kein Rennen, und keiner ist «Sieger». Die Unsitte des Fuchsschwanzgreifens am Schluß mit müden Pferden und rüden Rempeleien stirbt zum Glück aus. Die Trophäe ist ein kleiner Eichen- oder Tannenzweig, den man sich am Ende beim «Halali» holt, aber nur, wenn man alle Hindernisse überwunden hat. Sportlicher Ehrenkodex. Kein Wild ist zur Strecke gebracht worden, wenn aus den Hörnern das «Jagd vorbei» erklingt, keine Beute wurde gemacht.

Der Triumph liegt in den gemeisterten Hindernissen – und in der überwundenen Angst.

Sportliches Vergnügen verlangt Rücksichtnahme, nicht nur auf die Fähigkeiten des eigenen Pferdes, sondern auch auf die anderen Jagdteilnehmer. Jagdreiten ist Reitsport im besten Sinne, es stellt hohe Ansprüche, nicht nur an Kondition, Schnelligkeit und Gehorsam der Pferde, nicht nur an Sattelfestigkeit und Geschicklichkeit der Reiter, sondern auch an den sportlichen Geist, an Mut, Selbstüberwindung und Toleranz.

Jagdreiten, richtig betrieben, ist eine gute, harte Schule. Die Leistung, die daraus erwächst, drückt sich in dem Ruf eines Olympiasiegers über olympischem Geläuf aus: «Has anybody seen the hounds?» So unpathetisch wie in diesem Ausruf zeigt sich der Sinn dieses Sports auch in dem Wort, das so leicht falsch verstanden werden kann: «Wer hinter den Hunden reitet – kann nie vor die Hunde gehen!»

Und wenn du alle Kunst
der Dressur beherrschst –
Und wenn du ein Meister
wärest der Hohen Schule –
Und wenn du alle
reiterliche Weisheit der
Erdenvölker
in deinem Hirn gespeichert
hättest und hättest nie
nach heißem, kühnem
Jagdritt den grünen Bruch
empfangen,
Dann wäre deine ganze
Weisheit eitel Stückwerk.

Graf Wrangel

Reiterspiele und die grosse Show

Reiterspiele der Völker, eine kaum übersehbare Zahl von Arten und Varianten, finden sich rund um die Welt. Wettkämpfe, in denen sich die Jungen eines Volkes in der Beherrschung des Pferdes und in der Gewandtheit im Sattel miteinander messen. Fröhliche Feste. Und doch steht hinter dem Spiel der Ernst der kriegerischen Übung.

Besonders den Reiternomaden wurde das Spiel zu Pferde eine aus Urtrieben entstandene Lebensäußerung. Aber die Schule des Spiels übte den Reiterkrieger für dem Kampf. So war es durch Jahrtausende nicht nur Zeitvertreib.

Auch aus der täglichen Arbeit mit Pferden erwuchsen Wettbewerbe, in denen die Besten sich um Belohnung und Preise stritten. Freude an der eigenen Geschicklichkeit, Freude am Beifall der Zuschauer. Reiten war in früheren Zeiten eine Selbstverständlichkeit, es mußte mehr, anderes sein, womit man sich hervortat. Heute sind Krieg und Arbeit keine Aufgaben mehr für Pferde, sie sind Spielgefährten geworden. Ob die Last ihres Dienstes für die Menschen dadurch leichter geworden ist?

Das Reiten allein, die gemeinsame Bewegung von Mensch und Tier, ihr harmonisches Zusammenspiel, das ist das ursprünglichste Reiterspiel.

Dreihundert Jahre vor Christi Geburt wurde diese tarentinische Münze geprägt, auf der, wie zur Eröffnung eines Reiterfestes, ein griechischer Fackelreiter einhersprengt.

Links: Fantasia in Marokko zur Begrüßung von Gästen. Ein wilder Scheinangriff mit lautem Geschrei und Flintenschüssen – und eine Mutprobe für die Besucher, die der Attacke mit Gelassenheit und ohne Wimpernzucken entgegensehen müssen, um ihr Gesicht nicht zu verlieren. In allen arabischen Ländern ist es eine hohe Ehre, mit einer Fantasia begrüßt zu werden.

Unten: Brautjagd der Nomaden, Reiterspiel in der Mongolei, «Khis-Koubou». Ein verlobtes Paar, und er will sie vor aller Augen küssen oder wenigstens ihre Brüste berühren. Sie aber darf sich zur Wehr setzen, und sie tut es, fröhlich, aber energisch, mit der Knute.

Folgende Doppelseite: Ein stilechtes «welsches Plankengestech», nachgestellt auf der Landshuter Fürstenhochzeit. Die Ritter stechen mit der Lanze über den «Dill», der beide Kämpfer trennt, nach dem Gegner. Volksbelustigung und große Schau, zu der viel Schneid gehört: Ritterturnier im 20. Jahrhundert. Kunstvoll geschmiedet sind die Rüstungen heute wie damals. Aber heute muß der Unterlegene seine Rüstung nicht mehr samt Streitroß dem Sieger überlassen. Es bleibt bei Beulen und blauen Flecken.

RITTERSPIELE UND DIE LANDSHUTER HOCHZEIT

Unten: Aus dem Turnierbuch König Renés von Anjou. Der «Buhurt», das Massengefecht. Glanz, Pracht und Prunk höfischen Vergnügens, das trotz stumpfer Waffen nicht ungefährlich war, umgaben die Kampfspiele adliger Herren. Doch stehen hier Knechte mit Knüppeln bereit, die auf gestürzte Ritter einprügeln sollen, denn die Berufsturnier-Ritter waren auf Geld aus. Gleich werden die Stricke durchgehauen, die die beiden Heerhaufen trennen. Dann stürmen die Gegner mit Geschrei aufeinander.

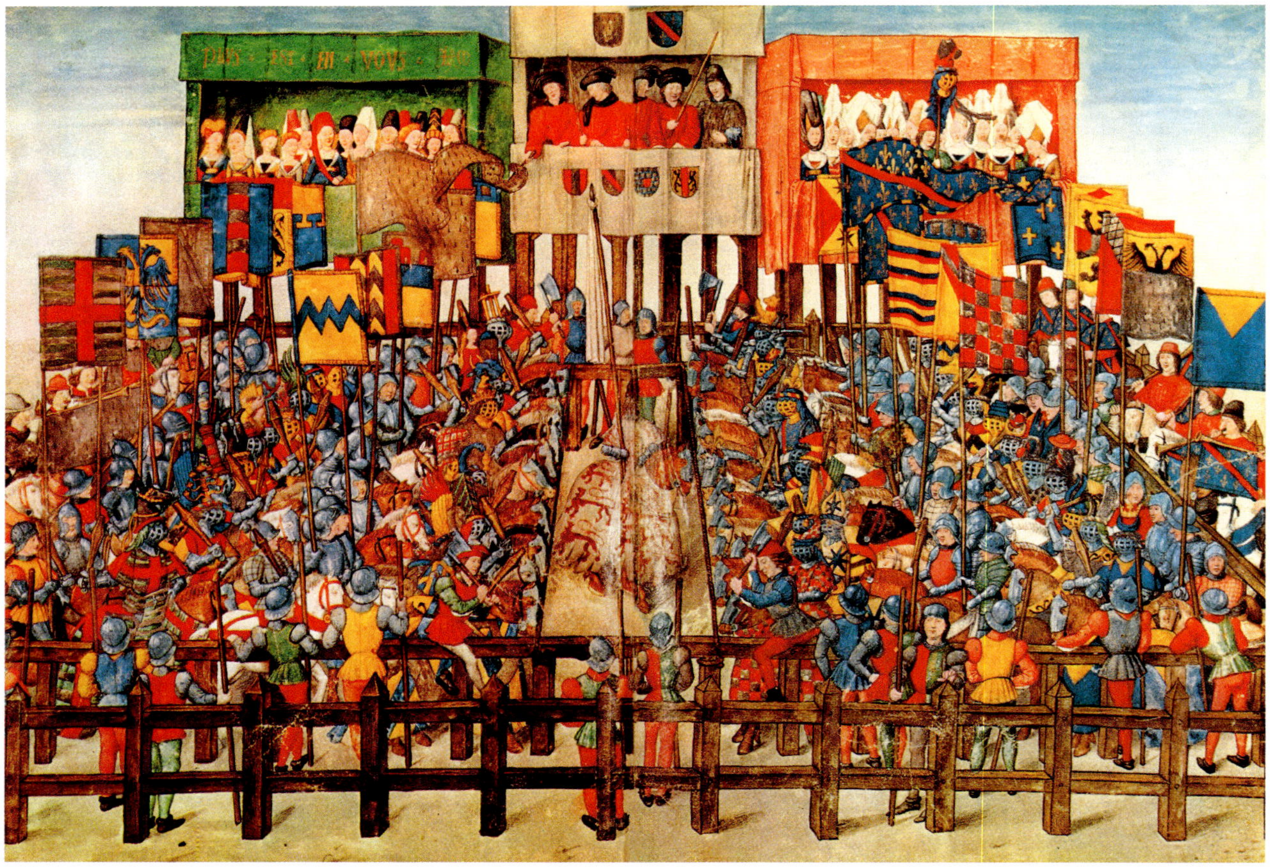

Das Mittelalter lebt wieder auf. Historische Ritterturniere, Schlachten und Reiterspiele werden in vielen Städten aufgeführt. So wie in Amerika in den «Re-enactments» historische Schlachten mit großem Aufwand nachgestellt werden, so werden in Europa Begebenheiten aus dem 14. und 15. Jahrhundert wieder lebendig, Turniere und mittelalterliche Märkte, Schmausereien mit historischen Gerichten und altem Tafelgerät sind in Mode gekommen.

Eines der prächtigsten und farbigsten Schauspiele findet alle vier Jahre in der niederbayerischen Stadt Landshut statt. Fast 2.000 Mitwirkende in zeitgenössischen Gewändern lassen die «Landshuter Fürstenhochzeit» aus dem Jahr 1475 wiedererstehen. In der gotischen Altstadt wird die pompöse Hochzeit Georgs des Reichen von Bayern-Landshut mit Hedwig, Tochter König Kasimirs von Polen, mit allen Feierlichkeiten und festlichen Vergnügungen historisch korrekt nachgespielt. Seit 1906 verwandelt sich die Stadt alle vier Jahre für ein paar Wochen in eine Festspielstadt des 15. Jahrhunderts, und die Gassen sind voll von Rittern zu Pferde, von Reisigen, Gauklern, Komödianten. Brautzug, Drachenstich mit einem Feuer und Rauch speienden Ungeheuer, «Tjost» und «Buhurt» eisengekleideter Ritter und buntes Lagerleben sind die Attraktionen, die Besucher aus der ganzen Welt anlocken. Sei-

Links und linke Seite unten: Mittelalterliche Reiterspiele bei der Landshuter Fürstenhochzeit: Doppelringstechen. Zwei Mann auf einem Pferd. Zwei kurze Speere. Und beide müssen in die Zielringe treffen. So alt ist das Ringstechen schon, ein historisches Bauernspiel. Noch heute gibt es viele Ringreitervereine.
Am Rande des Turnierplatzes: historisches Kriegsgerät. Eisenhut und Waffen des Fußvolks, Hellebarden, auch Helmbarten genannt.

Unten: Asiatisches Ringstechen der besonderen Art. Der Wurfspeer muß im Galopp vom Pferd aus durch den Ring geworfen und wieder aufgefangen werden.

nerzeit kamen mehr als zehntausend Gäste zur Hochzeit, darunter viele regierende Fürsten; der Hochadel versammelte sich. Heute locken die Hochzeitswochen noch viel mehr Zuschauer an, und während die Ritter und ihre Rosse alle traditionsgemäß untergebracht sind, gibt es Schwierigkeiten mit den Parkplätzen für Autos und Busse.

Die Pferde haben ihren legitimen Platz in all den Feierlichkeiten. Viele kommen von weit her, und sie werden in den Wochen vor dem Fest intensiv trainiert und auf das Mittelalter vorbereitet – treten sie doch in einer Zeit auf, in der das Leben ohne Pferde nicht denkbar war. Manchem Besucher mag eine Ahnung davon aufsteigen, wie damals Fürsten und Bauern nach Landshut gereist sind, wie lange sie zu Pferde oder auf rumpelnden Wagen gesessen haben, bis sie die Stadt an der Isar erreichten. Daran mögen sie denken, wenn sie die hundert Pferdestärken ihrer Autos starten, um zurück zur Autobahn zu fahren.

YABUSAME – KULT DER SAMURAI

Unten: Der Aufschreiber der Treffer gibt den Sieger bekannt, der eine weiße Chrysantheme als Siegespreis erhält.

Bogenschießen ist in Japan eine mit dem Zen-Buddhismus eng verbundene Übung. Der Schütze übt sich in der Meditation, der Versenkung, der Erkenntnis der Einheit allen Seins. Symbolhaft sind so Schütze und Scheibe nicht zwei entgegengesetzte Dinge, sondern eine einzige Wirklichkeit. Der Bogenschütze muß von seinem Selbst völlig frei und gelöst sein, muß vergessen, daß es Pfeil und Ziel gibt. Dann wird er das Ziel mit unfehlbarer Sicherheit treffen. Reiten und Schießen im «Yabusame» ist eine uralte religiöse Zeremonie, heiliges Tun, ein Teil intensivster Selbstverwirklichung des Menschen in seinem Glauben. Sie wurde im Jahre 1096 vom Kaiser Shirakawa eingeführt.

Der Reiter im klassischen Samurai-Gewand des 15. Jahrhunderts muß vom galoppierenden Pferd auf der 140 ken (218 Meter) langen Bahn drei Ziele treffen, dazu jedesmal einen Pfeil aus

dem Köcher auf seinem Rücken ziehen und ihn auf die Sehne des 2,20 Meter langen Bogens legen. Das Pferd ist trainiert, auf gerader Linie vorwärtszustürmen. Dieser japanische Bogenschütze sitzt zu Pferde, als werde er auf Luft dahingetragen. Reiter und Pferd sind zu einem leichtfüßigen Zentauren zusammengewachsen.

POLO – DAS SPIEL DER KÖNIGE

Rechts und unten: Modernes Polospiel: Abreiten, Abdrängen des Gegners mit dem eigenen Pferd. In vollem Tempo nach dem Ball. Das schnellste Pferd bringt seinen Reiter zum ersten Schlag. Die besten Polopferde stammen heute aus Argentinien.

Eines der ältesten Parteienspiele mit dem Ball, wenn nicht überhaupt das älteste, das Polospiel, hat man auch das Spiel der Könige genannt. Es soll nach neueren Quellen aus dem afghanisch-pakistanischen Hochland stammen. Sicher scheint, daß es in Persien lange vor Christi Geburt gespielt wurde. Sein persischer Name «Tschougan» wandelte sich unter den byzantinischen Kaisern im 5. Jahrhundert in «Tzykanion», und französische Kreuzritter sollen es dann «Chicane» genannt haben. Es scheint durchaus denkbar, daß daraus unsere Bezeichnung Schikane geworden ist. Denn vielfache Schikanen des Gegners hat ein Polospieler zu überwinden, wenn er den 130 Gramm schweren Ball aus gepreßtem Bambusholz mit dem Querholz seines Polostocks, mit der «Zigarre», in das sieben Meter breite gegnerische Tor treiben will. Die Spieler haben viel Platz zum Galoppieren auf dem 270 x 180 Meter großen Platz, und die sogenannten Poloponys sind hochtrainierte kleine Pferde, die voller Passion mitzuspielen scheinen.

1869 kam Polo nach Europa, nachdem Offiziere des zehnten britischen Husarenregiments es in Silchar am Hof des Maharadschas von Manipur kennengelernt hatten. Major McCulloch

Oben: Polospiel auf dem großen Platz von Isfahan. Miniatur, auf einen gespaltenen Kamelknochen gemalt.

Rechts: Polospiel in Gilgit, Pakistan

gehörte zu den Gründern des ersten englischen Clubs, des *Monmouthshire Poloclubs,* der heute noch über die Regeln wacht. Diese Regeln sind streng und dienen vor allem dem Schutz der Pferde. Die ärgste Sünde ist das Kreuzen. Ein Weg eines Reiters, der dem Ball folgt, darf auf keinen Fall gekreuzt werden, aber man darf ihn «abreiten», sein Pferd von seiner Linie abdrängen. Fällt ein Reiter, wird weitergespielt, kommt ein Pferd zu Fall, wird das Spiel sofort unterbrochen. Ein Spielabschnitt, ein «Chukka», dauert siebeneinhalb Minuten. Dann werden die Pferde gewechselt.

Der Schiedsrichter ist beritten.

KATHI-PFERDE UND TENT PEGGING

Unten: Das Herz zwischen den Ohren. Die seltsame Sitte, den Fohlen die Ohren so zu formen, daß sich ihre Spitzen fast berühren, verleiht den indischen Kathi-Pferden ihr Kennzeichen.

In Saurasthra, einer Bergregion im Nordwesten Indiens, lebt eine extrem seltene, vom Aussterben bedrohte Pferderasse: die Kathi-Pferde. Diese verhältnismäßig kleinwüchsige Rasse (Stockmaß 1,40–1,50 Meter) zeichnet sich durch Adel, Härte und große Trittsicherheit in den Bergen aus. Sie eignet sich auch gut für das Polospiel. Ihr Ursprung ist nicht bekannt.

Ein besonderes Merkmal ist typisch für diese sympathischen Pferde: Nach alter Tradition werden den Fohlen die Ohren so lange massiert und geformt, bis die Spitzen nach innen zeigen. Wenn das Pferd die Ohren spitzt, berühren sie sich sogar. So sagt man von den Kathi-Pferden, sie trügen ihr Herz zwischen den Ohren.

Rechts: Das traditionelle «Niza Bazi» in Afghanistan heißt heute in Europa «Tent Pegging». Früher stachen Lanzenreiter bei einem Überfall auf ein feindliches Lager zuerst die Zeltpflöcke aus dem Boden, worauf die Zelte über den Verteidigern zusammenbrachen. Heute ist das ein offiziell registrierter Sport, der besonders in der britischen Armee gepflegt wird.

HORSEBALL & MOUNTED GAMES

Für Kinder und Jugendliche ist Spiel und Wettkampf auf Ponys oder kleinen Pferden die aufregendste und unterhaltsamste Art, ihre Gewandtheit im Sattel zu schulen und Disziplin innerhalb der Mannschaft zu entwickeln. Für die Zuschauer ist es eine spannende Sache.

Horseball ist verhältnismäßig jung. In den siebziger Jahren kam ein französischer Reitlehrer und Rugbyspieler, Jean-Paul Depon, auf die Idee, eine Kreuzung zwischen Rugby und Basketball zu Pferde als Mannschaftssport einzuführen. Inzwischen hat sich das Spiel weithin verbreitet und ist als Reitsportdisziplin international anerkannt.

Der Ball ist ein Fußball in einem Ledergeschirr mit sechs Handgriffen. Zwei Mannschaften spielen auf einem etwa 65 mal 25 Meter großen Feld. Von den je sechs Reitern sind jeweils vier im Spielfeld erlaubt. Bei Spielunterbrechungen kann ausgetauscht werden. Es gilt, den Ball in das Netz des Gegners mit einer einen Meter großen Öffnung zu werfen, das an einem dreieinhalb Meter hohen Mast hängt. Vorher müssen mindestens drei Pässe in der Mannschaft gespielt werden, und kein Spieler darf den Ball länger als zehn Sekunden halten. Wer in den zwei Halbzeiten von je zehn Minuten die meisten «Tore» schießt, hat gewonnen.

Wendige, gehorsame und startschnelle Pferde braucht man für dieses Spiel.

Prinz Philip, der Herzog von Edinburgh, ist der Erfinder der Mounted Games. Er stiftete 1956 den ewigen Wanderpreis, um den in England seitdem Jahr um Jahr die Ponyclubs streiten. Das Konzept dieser Spiele beruht auf den Wettbewerben der britischen Kavallerieregimenter. Es sind Mannschafts-Staffetten auf einer

Oben: Die Urform des heutigen Horseball: das aserbaidschanische Reiterspiel «Sjur-Papach». Die ausgestopfte Schafsmütze muß durch den Ring geworfen werden.

Links und unten: Horseball bei der «Royal Show» in Windsor. Swedish Cottage Horse Feed gegen North London. Genau beobachtet die berittene Schiedsrichterin, wie lange der blauweiße Reiter den Ball hält, den er eben gefangen hat. Nur zehn Sekunden sind erlaubt.

60–80 Meter langen Bahn mit den verschiedensten Geschicklichkeitsaufgaben.

Da müssen Flaggen geholt und gebracht und in eine Vase gesteckt werden. Da muß während des Rittes abgesessen und über eine Reihe von umgekehrten Töpfen getrippelt werden. Da müssen Würfel abgeholt und zu einer Pyramide gestapelt werden. Da müssen Becher gebracht und auf Stangen in der Bahn gesteckt werden. Oder es muß einfach mit einem Staffelstab Slalom um Stangen geritten werden. Es sind alles Spiele, die Tempo, Geschicklichkeit, Mut, Sattelfestigkeit und Teamgeist verlangen.

Mounted Games sind wirklich ideale Jugendwettbewerbe, denn sie sind gemacht für «normale Kinder» und «normale Ponys». Man braucht keine teuren Spitzenpferdchen. Sie müssen nur rennen können und – einigermaßen – gehorsam sein. Und wenn sich auch einige Kinder in ihrer Mannschaft hervortun, Startum ist ausgeschlossen. Was zählt, ist ausschließlich das Team. Mounted Games haben sich in ganz Europa verbreitet und begeistern die Zuschauer auch auf internationalen Großturnieren. Ziele sind neben der Erziehung zum Sportsgeist die Begegnung junger Menschen verschiedener Nationen und die Freundschaften, die dabei geschlossen werden.

Oben und links: Mounted Games zu Füßen von Schloß Windsor. Auf- und Abspringen im Galopp, das ist nichts Besonderes in diesem Spiel. Schwieriger wird es, wenn das Pony stillstehen soll, weil ein Buchstabe für das Wort «Ponyclub» aufgehängt werden muß.

Das Pferd,
mit dem du die Gefahr
teilst in der Corrida,
muß ganz dein eigen sein,

dein Freund
und Mitkämpfer,
sonst sterbt ihr beide.

Oben: Don Angel Peralta, Stierkämpfer zu Pferde, vor dreißig Jahren. Bei einer Schau in der Berliner Deutschlandhalle gab er eine Probe des Könnens seiner Pferde.

Rechts: Don Angel Peralta, siebzigjährig, zu Pferde: Mit der langen Hirtenstange, der Garrocha, grüßt er sein Publikum im Hallenstadion in Zürich 1996.

Don Angel Peralta, jenseits der siebzig, mit scharfer Hakennase unter zusammengezogenen Augenbrauen, die hohe Stirn weiß über den sonnengebräunten Wangen, der Mund schmal wie ein Strich, geht zu Fuß ein wenig steif, ist aber im Sattel geschmeidig und souverän, hoch aufgerichtet, mit ruhigem Sitz und leichter Hand den muskulösen Schimmelhengst zur Piaffe zwingend.

Der Mann in der Tracht des andalusischen Caballero ist die Personifizierung des spanischen Edelmanns. Aber auch unter seinesgleichen ist er eine herausragende Figur. Sein Leben kennzeichnen die vielseitigsten Interessen. Von Geburt adliger Landwirt, neigte er doch von früher Jugend an zu Kunst und Wissenschaft. Und so wurde aus ihm ein Philosoph, Dichter, Komponist und ein mit hohen Orden dekorierter Botschafter andalusischer Kultur und Tradition. Schon zu Lebzeiten hat man ihm an manchen Stellen des Landes Denkmäler gesetzt. Auf dem 450 Hektar großen Landsitz Peraltas, «El Rocio», in der Nähe des Dorfes Puebla del Rio, südlich von Sevilla, werden Kampfstiere gezüchtet und Pferde, die für die Corrida des toros zugeritten werden. Unzählige Male ist Don Angel an der Spitze der «Cuadrilla» in die Arena geritten und hat sich als «Rejoneador» mit dem Stier gemessen. Der Stierkampf und die Wahrung andalusischen Brauchtums, das ist sein Leben.

Auf dem Rancho «El Rocio». Ein Wagenpferd wird in der Doppellonge trainiert und an den Zug gewöhnt.

Die Sattelkammer auf «El Rocio». Kostbares historisches Sattelzeug, wie es getreu der Überlieferung auch heute noch benutzt wird, neben modernen englischen Sätteln.

In Don Angels eigener Stierkampfarena wird mit den Andalusiern regelmäßig geübt. Auch Vorführungen für Gäste und Touristen werden dort veranstaltet. Schulen über der Erde an der Hand.

Eine lokale Schau vor Zuschauern. Der Andalusier als Hirtenpferd wird vorgeführt. Eine kleine Pferdeherde wird durch die Arena getrieben.

Andalusien,
das ist spanische Musik in seinem Namen:
Almeria – Càdìz – Cordoba –
Granada – Huelva – Màlaga – Sevilla.

Wo die adlige Familie Peralta zu Hause ist, wird die Alltagsarbeit in der Landwirtschaft und die der Hirten auf den

Weiden immer wieder unterbrochen durch Feste, Feiern, Vorführungen für Gäste und öffentliche Veranstaltungen. So schwankt die Zahl der Beschäftigten im Haus und auf den Feldern und Weiden im Laufe des Jahres zwischen 70 und 150. Die Grundlage aber bilden die Landwirtschaft und die Stierzucht. Rund 1500 Stück Vieh und 250 Pferde leben auf dem Rancho «El Rocio». Die Pferdezucht richtet sich streng nach den Vorschriften des Zuchtbuches der «Pura Raza Espanola», wie die Andalusier in heutiger Zeit genannt werden. Das ist jene Rasse, deren Blut rund um die Welt so viele andere Pferderassen beeinflußt hat, von den Quarter Horses Amerikas über die dänischen Frederiksborger, die holländischen Friesen, die russischen Orlow-Traber, bis zu den Lipizzanern der Spanischen Reitschule. Die Pferde sind der Stolz der andalusischen Menschen.

Die Mutterkühe auf den Weiden sollen Stiere zur Welt brin-

gen, die an Mut und Angriffslust nicht ihresgleichen haben, denn ihnen ist bestimmt, bei der Corrida des toros in der Arena zu sterben. Die Hirten, die zu Pferde mit der langen Stange, der Garrocha, die Herden bewachen, prüfen die Jungstiere immer wieder. Mit der

Stange treffen sie einen davongaloppierenden Stier so geschickt in die Seite, daß er den Boden unter den Hufen verliert und sich überschlägt. Jene, die dann aufspringen und das Hirtenpferd wütend attackieren, die sind richtig. Die anderen, die sich ergeben, sich demütig beiseite trollen, werden ohne den Ruhm der Corrida im Schlachthof enden.

Weiträumige Stallungen beherbergen die Pferde, die in Ausbildung stehen, Junghengste grasen auf den bewässerten Koppeln in der Gluthitze des andalusischen Sommers. Auf den Äckern werden Reis und Futtermittel für die Tiere angebaut. Die Hacienda ist ein straff organisierter kommerzieller Betrieb. Don Angel und sein Bruder Rafael haben von ihrem Vater, der eine etwas schillernde Figur in der sevillanischen

Dekoration ist das Thema dieser Seiten. Der prachtvolle Schmuck der Pferde und Reiter. Der lederne, fein bestickte Beinschurz der Reiter, der überreiche Blumenschmuck der Wagenpferde, die dekorativen Behänge am Sattel, die eingeflochtenen Schweife der Pferde und der prächtige Kopfputz der Damen.

Gesellschaft war, das unternehmerische Geschick geerbt.

Wie die Chefs, geübt in vielerlei Geschäften, so ist alles Volk auf dem Rancho «El Rocio» dem spanischen Brauchtum verpflichtet, kenntnisreich im Umgang mit den Pferden, in der Dekoration traditioneller Kleidung, der Pracht des Schmucks, mit dem Reiter und Pferde bei der Feria, dem spanischen Fest mit seinen Umzügen und dekorativen Schaustellungen, herausgebracht

Schmücke dich,
wenn du zu Pferde
steigst, denn jedesmal
soll es ein Fest sein.

werden. Als Don Angel und seine Leute 1996 zu einer großen Schauvorführung beim internationalen Reitturnier im Hallenstadion in Zürich eingeladen wurden, begann auf dem Rancho in Andalusien eine professionelle Probenarbeit. Der Festumzug, die Quadrillen, der Rahmen für die Flamencotänzer, die Einzeldarbietungen wurden minutiös eingeübt. Trainiert wurde auch noch einmal das Einflechten der Pferdemähnen mit dem reichen Blumenschmuck, das Flechten oder Einbinden der Schweife auf die traditionelle Art. Andalusien sollte sich in der Schweiz aufs Prächtigste vorstellen.

In großer Inszenierung sollten die reiterlichen Vorführungen zusammenklingen mit der Musik und den Tänzen einer Tanzkompanie mit ihren Tänzen, Sevillanas, Flamencos und Farrucas. Ein Bild wie auf einem Fest in Sevilla sollte sich entfalten, eine Demonstration spanischer, andalusischer Kultur. Und das Ganze mit schweizerischer Pünktlichkeit und Präzision.

Es ist eine Eigenart des Zürcher Hallenturniers, jedes Jahr im März, seinem Publikum eine Mischung aus großem Sport und großer Unterhaltung zu bieten. Und immer ist es der Blick auf die heimatliche oder fremde Volkskultur, der die Zuschauer gefangennimmt. Die riesige, strahlende Halle in Zürich empfing die Pfer-

deleute aus Andalusien mit blendendem Licht der Scheinwerfer und dem Brausen einer im Dunkel verschwimmenden Menschenmenge. Es waren mehr als 10 000 Zuschauer bei jedem Auftritt. Es muß ein Schock für Menschen und Pferde gewesen sein, als der künstliche Nebel ihre Beine umwogte, so daß sie nicht sehen konnten, wohin sie traten. Geblendet vom grellen Scheinwerferlicht, der aus der Dunkelheit stach, spürte ich selbst auf dem Andalusierhengst *Indio* beim Einreiten in die Arena, wie ein Zittern durch den Pferdekörper lief, und ein leichtes Zögern spannte seinen Rücken. Aber auf die Galopphilfe sprang er gehorsam an und trug mich in regelmäßigen, gesetzten Sprüngen in die Finsternis der Halle. Und staunenswert war es, mit welcher Gelassenheit alle diese Pferde, die solches noch nie erlebt hatten, in diese Halle eintraten, am losen Zügel, mit gerundetem Hals, auf-

Links: Der Autor auf dem neunjährigen Andalusierhengst Indio, einem ausgebildeten Stierkampfpferd, als Moderator der Schau. Der Ritt ins Dunkel, geblendet vom Scheinwerferlicht.

Unten: Das Zürcher Hallenstadion, festlich geschmückt, während einer Springkonkurrenz. Links von oben: Eintritt der Tänzer durch das Spalier der Vaqueros. Der traditionell angespannte spanische Fünferzug.

Welt dieser Pferde, dazu sind sie erzogen. Und der ihnen innewohnende Mut läßt sie die Angst des Fluchttieres in stolzer Haltung überwinden. Es war ein großes reiterliches Erlebnis, nicht nur für die Zuschauer.

Meisterhafte spanische Tänze paaren sich mit reiterlichen Glanzleistungen. Flamenco, der Tanz, der die spanische Seele offenbart, choreographisches Theater, Spiegelbild der Landschaft, der Arbeit, des Festes. Einmal von bedrückender Traurigkeit, dann von ansteckendem Frohsinn. Flamenco bleibt ein spanisches Rätsel. Der Solotänzerin Brigitta gesellen sich zwei Reiter in den Passagen und Piaffen der «Equitacion Torera». Dazu die Umzüge und Quadrillen, die Caballeros mit ihren Damen auf den Kruppen der Pferde. Und die Pferde mit der doppelten Last im Galopp, mit fliegenden Wechseln in präziser Formation, und, noch schwieriger, in der Passage, in

merksam auf die Hilfen ihrer Reiter. Sie hatten ja alle bisher nur einen offenen, sonnenbeschienenen Platz gesehen, und der Applaus klang hier, unter dem hohen Dach, als solle eine rauschende Woge über sie hereinbrechen. Aber der über lange Zeit gewachsene Gehorsam, das Vertrauen zu den Hilfen der Reiter, das zu tun, was seine Zeichen befehlen, wo immer es auch sei, ob Menschenmassen jubeln oder ob ein Stier angreift, das ist die

Rechts: Francisco Crespo, der Künstler mit der langen Hirtenstange, der Garrocha, zeigt die «Filigranas Camperas».

Linke Seite: Spanischer Tanz und spanische Reiter auf andalusischen Pferden. Die «Ronda de Vaqueros», die große Quadrille der reitenden Hirten.

Links: Der Chef der Familie, Don Angel Peralta, siebzig Jahre alt, in der Quadrille mit Damen.

kraftvollem Abschwingen der Tritte. Der Tanz zu Pferde mit der langen Stange, «Filigranas Camperas» mit der Garrocha, aus der Hirtenarbeit ein Kunststück gemacht. Schließlich die große Geste, die «Ronda de Vaqueros», die große Quadrille mit der Garrocha. Hingerissen das Publikum von der Hommage an Andalusien, seine Kultur, seine Pferde.

THE ROYAL CANADIAN MOUNTED POLICE

Oben: Probe in Pakenham für die Schau in Zürich. Die Attacke wird geübt, «The Charge», in wildem Galopp, aber mit rechtzeitigem Abbremsen vor den Zuschauern.

Wo Sport und Show zusammentreffen, wo mit größter Präzision jedes Jahr eine reiterliche Prachtschau geplant und in Szene gesetzt wird, im Zürcher Hallenstadion, traf im März 1997 eine Flugzeugladung Pferde aus Kanada ein. Und die Zuschauer beklatschten und bejubelten dann in der Arena eine der berühmtesten und exaktesten Quadrillen der Welt, das Lanzenkarussell der *Royal Canadian Mounted Police*. Mit einer selten gesehenen Vielfalt von schwierigen Figuren, auf ihren edlen, im eigenen Gestüt gezogenen Rappen, den breitkrempigen Stetson-Hut auf dem Kopf, mit braunem Lederzeug und über sich die schwarz-roten Wimpel unter den blitzenden Lanzenspitzen, sind die Reiter in der Schweiz als Wahrzeichen ihres Landes gefeiert worden wie wohl selten zuvor.

Diese Polizisten, für nur drei Jahre freiwillig bei der reitenden Truppe, tragen die Tradition der einstigen *North-West Mounted Police*, gegründet 1873, um für Gesetz und Ordnung zwischen der Grenze Manitobas und den Rocky Mountains zu sorgen. Zu Pferde zogen sie damals aus, dreihundert Mann, in die Wildnis, die heute Süd-Alberta ist, und bauten das Fort McLeod. In dem Strom von Siedlern, der ihnen folgte, waren sie die einzige staatliche Autorität. Sie stoppten den Handel mit Whisky, der die Indianerstämme ruiniert hatte, sie verfolgten und verhafteten Mörder, Viehdiebe und Desperados und hielten die kriegerischen Sioux im Zaum. Unter ihrem Schutz wurde der Eisenbahnbau nach Westen vollendet. 1905 wurden die Provinzen Saskatchewan und Alberta gegründet und versicherten sich sogleich der Dienste dieser Polizeitruppe. 1920 erhielt sie ihren jetzigen Namen: *RCMP*. Heute ist das eine moderne, perfekt organisierte Polizeiorganisation, und Pferde gibt es nur noch für zeremonielle Zwecke. Aber die Polizei züchtet sie im eigenen Gestüt in Pakenham nahe der Hauptstadt Ottawa. Erst kürzlich hat die *RCMP* einige Hengste und Stuten vom Hannoveraner Verband gekauft.

Der «Musical Ride», die Quadrille, wurde 1887 zum erstenmal gezeigt, als die «Mounties», wie sie überall in Kanada heißen, noch die Freunde und Helfer der Siedler im Westen und der Indianer waren. So wird die Tradition

Oben und rechts: Lucky, der Star des «Musical Ride», das älteste Pferd der Truppe. Der hübsche Vollblüter ist vierundzwanzig Jahre alt und trägt als «Charger» den Kommandeur der Schau, Inspector Gerry Bennet, bei der Schau während des CSI 1997 im Zürcher Hallenstadion.

dieser einzigen berittenen Truppe des Landes nie aufgegeben werden. Die «Mounties» im scharlachroten Rock sind zu einem Symbol Kanadas geworden. Und sie gehören ohne Zweifel zum Besten, was es an berittenen Schautruppen in der Welt gibt. Drei Jahre sind eine kurze Zeit für einen Reiter. Nach drei Jahren Freude mit Pferden tun die Reiter wieder Polizeidienst, irgendwo in Kanada.

THE KING'S TROOP ROYAL HORSE ARTILLERY

Unten: Die Schabracke eines «Chargers», eines Offizierspferdes, mit dem Abzeichen der Artillerie und ihrem Motto: Ubique = überall, dem Hinweis darauf, daß die Artillerie an unzähligen historischen Schlachten der Geschichte ruhmvoll beteiligt war.

Ganz unten: Das Rappengespann vom 6. Geschütz zieht die Lafette mit dem Sarg von Diana, Prinzessin von Wales, zur Trauerfeier in der Westminster Abbey am 6. September 1997.

Eines der prächtigsten Schaubilder zu Pferde wird nicht geritten, sondern gefahren. Auf diesen Seiten präsentiert sich eine britische Paradetruppe, der *King's Troop Royal Horse Artillery.* Das ist die Salutbatterie des britischen Königshauses, die bei besonderen Anlässen mit weithin hallendem Kanonendonner aus dem Hyde Park dem Volk verkündet, daß der Souverän Geburtstag hat oder daß ein Jubiläum gefeiert oder ein fremdes Staatsoberhaupt in London empfangen wird.

Der *Troop* (die Batterie) hat sechs Kanonen, historische Dreizehnpfünder, gebaut zwischen 1904 und 1916, und eines dieser «Stücke», wie die Artilleristen ihre Geschütze nennen, gab den ersten scharfen Schuß im Ersten Weltkrieg ab. Heute werden sie

nur noch für zeremonielle Zwekke eingesetzt. Sie wiegen zusammen mit der Protze, dem zweirädrigen Karren, an den sie angehängt sind, eineinhalb Tonnen – und haben keine Bremse. Das Bremsen müssen die Stangenpferde besorgen, die an der Deichsel vor der Protze gehen. Von den sechs Pferden, die eine Kanone ziehen, bezeichnet man die linken als Sattelpferde, die rechten als Handpferde. Die Reiter auf den Sattelpferden nennt man in diesem Fall Fahrer.

Die *Gunpuller*, die *Hairies*, wie die Zugpferde im *King's Troop* genannt werden, sind kleine, stämmige Iren, meist Kreuzungen zwischen Irish Draught und Vollblütern. Mit Ausnahme von Schimmeln sind alle Farben vertreten. Das sechste Geschütz, *F Sub*, wird von Rappen gezogen, denn von den sechs Kanonen, die mit den ersten Buchstaben des Alphabets bezeichnet werden, ist *F Sub* «The Funeral Gun», das Geschütz, auf dessen Lafette bei Staatsbegräbnissen der Sarg transportiert wird.

Diese kleinen, so gut erzogenen und trotzdem charakter- und temperamentvollen Soldatenpferde verfügen über die erstaunlichsten Qualitäten. Wer-

Unten: Mehrstimmige, kunstvolle Fanfarensignale eröffnen eine Schau des King's Troop zusammen mit der Garde-Kavallerie. Das gab es bis jetzt nur einmal bei der Weihnachtsschau in London.

Rechts: «Lead Driver A Subsection», der Vorderfahrer des ersten Geschützes. Er hat besondere Verantwortung für Tempo und Präzision der Quadrille. Dienstrang WOI, «Warrant Officer First Class» – das ist sonst nicht üblich, sein Rang ist zu hoch für einen Fahrer. Aber Kevin Woods, Reitlehrer des King's Troop, reitet hier zum letztenmal an der Spitze der Batteriekolonne, am Tag vor seiner Pensionierung nach zweiundzwanzig Dienstjahren.

Unten: Die goldenen Sergeantenwinkel auf dem Ärmel, darauf die Kandare mit der Kinnkette: Reitlehrer im Range eines Wachtmeisters. Darunter: Der «Parade Commander» in Paradeuniform, langgehängt der Degen, den er nur zum Salut aus der Scheide zieht. Das goldverschnürte kurze «Shelljackett» ermöglicht höchste Beweglichkeit im Sattel. Kettensporen und ein Stiefelputz, wie man es sonst nirgends in der Armee findet.

den sie doch nicht nur vor der Kanone eingesetzt, sondern auch bei vielfältigen sportlichen Aktivitäten. Ein Teil von ihnen geht Vielseitigkeitsprüfungen, andere Dressur- oder Springprüfungen, und eine auserwählte Schar von jeder der sechs Geschützbespannungen läuft im April jeden Jahres in beachtlichem Tempo ein Querfeldeinrennen über Hindernisse.

Dieser *King's Troop RHA* ist überhaupt, sportlich gesehen, wahrscheinlich die erfolgreichste Militäreinheit der Welt, denn

Angehörige des *Troop* nahmen bis jetzt an sieben Olympischen Spielen teil und gewannen dabei sieben Medaillen, davon vier goldene. Wer erinnert sich nicht an Frank Weldon, der auf seinem berühmten *Kilbarry* 1956 in Stockholm in der Uniform des *King's Troop* die olympische Bronzemedaille in der Einzelwertung und die Goldmedaille in der Mannschaftswertung entgegennahm. Und natürlich mußte *Kilbarry* alltags bei Paraden, beim Salut im Hyde Park und bei den Fahrquadrillen als Kommandeurspferd vor dem *King's Troop* gehen. Wer denkt nicht auch an James Templer, der während seiner Dienstzeit beim *Troop* auf dem seinerzeit weltberühmten *M'Lord Connolly* die beiden schwersten Militaryprüfungen Englands in Burghley und in Badminton gewann. Er ritt auch in der britischen Olympiamannschaft in Tokio 1964 neben Sergeant Ben Jones, beim *King's Troop* einst Vorderfahrer vom ersten Geschütz, der später seine reiterliche Laufbahn auf *The Poacher* mit der Mannschaftsgoldmedaille in der Military in Mexiko 1968 krönte.

Der militärische Alltag aber ist beherrscht von Arbeit und Training. Und einhundertdreißig Pferde machen viel Arbeit. Sie leben in der Obhut von zweihundert Soldaten im Nordwesten Londons in St. John's Wood in einem modernen Kasernenkomplex mit luftigen Stallungen und gehören zu den am besten gepflegten – und erzogenen – Pferden des Landes. Zu den ältesten Bauwerken in «The Wood» zählen die großartige Reithalle, 1824 erbaut, und das Haus der Offiziersmesse, die beide unter Denkmalschutz stehen. Das tägliche Training gilt dem Salut, dem Auftritt im Hyde Park, bei dem der ganze Troop, sechs Kanonen, einundsiebzig Pferde und dreiundfünfzig Reiter, vom Nordende des Hyde Park in die vorbereitete Feuerstellung galoppieren, und zwar so schnell die Pferde laufen können. Dort sitzen die Geschützbedienungen noch im Galopp ab, richten die Kanonen ein, die Pferde mit den Protzen verschwinden im Galopp, und um Punkt zwölf Uhr fällt der erste von einundvierzig Salutschüssen.

Noch weit mehr Training aber verlangt der weltberühmte *Musical Drive*, die Fahrquadrille mit sechs Kanonen mit komplizierten Figuren und Evolutionen, auch sie in teilweise schärfstem Galopp geritten. Damit verdient der *King's Troop* zum Teil seinen Unterhalt. Den Sommer über zieht er als Schautruppe durch die Lande, mit Mann und Roß und Kanonen, überall als Attraktion auf Turnieren und Landwirtschaftsschauen im In- und Ausland gefragt. Tradition wird großgeschrieben in St. John's Wood. Uniform und Drill haben sich seit zweihundert Jahren nicht geändert. Aber auf den

Rechts: Komplizierte Figuren einer Quadrille, Artillerie und Kavallerie kombiniert. Höchste Aufmerksamkeit in beiden Formationen, denn wie alles bei der reitenden Artillerie wird auch dies im Galopp absolviert.

Rechts: Der Abschluß jeder Quadrille – Kanonensalut. Streng nach Drill: «Geradeaus – Platzpatrone – Feuern nach Kommando – zwei Schuß Batteriefeuer – Nummer Eins: Feuer!» Und – Bummmmm.

Unten: Der kommandierende Offizier beim Ausgaloppieren. Sein «Charger» beherrscht die Sache und legt beachtliches Tempo vor. Bei diesem letzten Galopp Richtung Ausgang rennen die Pferde so schnell sie können.

Namen sind diese Soldaten besonders stolz, und der ist noch gar nicht so alt.

Nach dem Zweiten Weltkrieg wünschte König Georg VI., daß der alte Brauch des Kanonensaluts wieder aufgenommen werde und daß eine reitende Batterie in ihrem alten Quartier in St. John's Wood aufgestellt werden sollte – «with the appropriate uniform». Wie in den Jahrzehnten zuvor, seit 1880, lebten also wieder Pferde in der alten Kaserne, und am Tor stand «The Riding Troop RHA», wie schon seit sechsundsechzig Jahren. Dann, am 24. Oktober 1947, besuchte der König den *Riding Troop*, wie er damals hieß, und die Inspektion der Pferde und der Artilleristen «in full dress» verlief zu seiner vollen Zufriedenheit. Als dann der Lieutenant Eddie Boylan dem König das Gästebuch zur Unterschrift präsentierte, nahm Georg VI. einen Stift, strich das Wort «Riding» im Titel aus und schrieb darüber «King's». Diese historische Geste erfüllt die *Gunner* bis auf den heutigen Tag mit Stolz, da der *King's Troop* seinen Titel auch unter Elisabeth II. behalten hat.

Der *King's Troop Royal Horse Artillery* beschert im Laufe eines Jahres unzähligen Zuschauern ein prächtiges reiterliches Schaubild voll Pracht, Schwung, Präzision

und Kühnheit im Gold und Blau der Uniformen mit blitzenden Geschirren und blanken Pferden. Noch mehr Freude mögen freilich die Besucher haben, die einen Blick hinter die Kulissen werfen können, in die Stallungen der Kaserne in St. John's Wood. Wenn sie sehen, daß die Pferde dort auch respektiert werden, wenn sie beobachten, wie die Soldaten mit ihnen umgehen, wenn sie hören, wie die *Gunner* von ihren Pferden sprechen – dann werden sie gewahr, was in dieser Truppe in erster Linie gelehrt wird: *pure horsemanship*. So wie es auch in ihrer «Charter» steht, in der Gründungsurkunde: «Den Umgang mit Pferden zu fördern und zum Reiten zu ermutigen in der ganzen Armee ...»

Unten: «Gallop out» – laßt sie laufen, die Pferde: Hier zeigt sich der Ehrgeiz dieser Kanonenhusaren. Der Galopp, auf den sie stolz sind, wenn den Zuschauern der Atem wegbleibt.

Reiterei – Quo vadis?

Unten: Epona, die keltische Göttin der Pferde, Maultiere und Esel, Schutzpatronin der Stallknechte, Fuhrleute und Eseltreiber. Ihr Kult war vor allem in Ost-Gallien

verbreitet und dehnte sich von dort in viele Länder des römischen Imperiums aus. (Kalksteinrelief, 2./3. Jahrhundert n. Chr.)

Links: Zwei Heroen des internationalen Spitzensports. Einst kannte jeder ihre Namen. Langsam haben sie sich an das Leben auf der Rentnerweide gewöhnt. Ob sie die Zeit vergessen haben, in der sie jede Woche auf einem anderen Platz über Stangen, Mauern, Gräben sprangen? Faszinierend ihre Gesichter – wach, aufmerksam, alterslos, fast ein wenig weise: Walzerkönig und Deister.

Vorhergehende Doppelseite: Die Schau der klassischen Reitkunst. Vorführung der Spanischen Reitschule in der Winterreitschule, dem Festsaal Fischer von Erlachs in der Wiener Hofburg. Einst dem Kaiserhof und dem Adel vorbehalten, heute jedermann zugänglich. Mehr als eintausend begeisterte Zuschauer erleben jahrhundertealte überlieferte Reitkultur in der Schulquadrille mit acht Lipizzanerhengsten.

Ich bekenne, ich bin schon früh mit dem «virus equensis» infiziert worden, und die lebenslange Entzündung der Seele, die Pferdepassion, hat sich als unheilbar erwiesen. Der «Patient» wollte auch gar nicht geheilt werden. Nach langem Studium der Geschichte, nach vielen Erfahrungen, und in der Erkenntnis, daß man mit Pferden nie auslernen kann – auch ein Meister kann das nicht –, mündet diese Leidenschaft meines Lebens aber in die Frage: Reiterei – wohin gehst du? Was wird aus dir werden?

Der Blick auf die Gegenwart beschwört diese Frage herauf, denn die Welt der Reiter und Pferde ist voll von Schlagzeilen, die von üblen Machenschaften berichten. In der Zucht gibt es Hengste, die nicht die Väter ihrer Kinder sind, Roßtäuscher sind am Werk. Die finanziellen Verflechtungen und Manipulationen in Zucht und Reiterei sind nicht mehr zu durchschauen. Instrumente, die nur in Meisterhand gehören, gebraucht heute auch der Durchschnittsreiter. Mit dem Schlaufzügel werden Pferde «in Haltung» gebracht.

Auf kleinen und mittleren Turnieren gewinnen Reiter schnelle Springen, von denen man sagt, sie könnten gar nicht reiten. In der Dressur, bis hinauf in die schwere Klasse, wird starker Trab mit aufgerolltem Hals demonstriert – und teilweise noch hoch benotet. Die harte, gefühllose Hand feiert fröhliche Urständ.

Rechte Seite, links oben: Ein Reiterdenkmal von höchster künstlerischer Qualität auf der Piazza San Zanipolo in Venedig: Der Heerführer Bartolomeo Colleoni (1400–1475). Der gepanzerte Mann auf schwerem Pferd im Paßgang. Der Künstler erreicht den Eindruck des Vorwärtsstürmens durch eine Neigung des Pferdes nach vorn. Und doch hat er sich im Reiterlichen geirrt, er zeigt ein Wagenpferd im Augenblick des Anziehens. Unter dem Reiter würde das Pferd beim nächsten Schritt vornüberstolpern. Der Reiter im Stehsattel, mit weggestrecktem Schenkel. Das war die Reiterei jener Zeit. (Andrea del Verrocchio, 1436–1488)

Rechts: Eine Gruppe aus dem Reiterfries des Parthenon-Tempels in Athen. Der Panathenäenzug, das Hauptfest zu Ehren der Stadtgöttin, der jungfräulichen Athene (Parthenos – griechisch für Jungfrau), an dem sich die vornehmen Jünglinge zu Pferde beteiligten. Reliefdarstellungen, die als die höchsten Leistungen griechischer Plastik bewundert werden. Bewundernswert aber auch der reiterlich vollkommene, intuitiv im Pferd ruhende Sitz der Reiter. Ein künstlerisches und reiterliches Ideal der klassischen Antike.

Unten: Das Pferd im alten China. In einer Seitenkammer des Grabes von Zhang aus der späteren, östlichen Han-Dynastie (25–222) hat man Bronzemodelle von Wagen, Pferden, Soldaten und Dienern, zu einer Prozession geordnet, gefunden. Die Figuren zeugen von großer Pferdekenntnis. Die Kavallerie war der Stolz der Armee zur Zeit der Han.

Die «technischen» Parcours mit unpassenden Distanzen zwischen den Hindernissen beherrschen die Turniere, und wenn man heute ein Stechen in einem Großen Preis ansieht, können einem manchmal die Haare zu Berge stehen. Solche Probleme lösen viele Reiter mit der Hackamore, oft geht es gar nicht anders.

Und die Pferde machen das alles mit. Was haben wir heute für fabelhafte Pferde! Man könnte sagen, die Pferdezucht sei der heutigen Reiterei weit voraus. Und wie zu den Zeiten, als die Pferde eine Alltagsnotwendigkeit waren, ziehen sie die Menschen an. Der Zustrom zur Reiterei wird anhalten. Das Pferd, seine Natur und die Natur des Lebendigen ziehen die Menschen aus ihrem Leben in den Betonwüsten der Städte magisch an. Nur: Das Verständnis für die Pferde, die selbstverständlichen Kenntnisse des Umgangs mit ihnen, sind den heutigen Menschen, die ihrer nicht mehr bedürfen, weitgehend abhanden gekommen. Und eben darum wird es auch weiterhin zu viele Menschen geben, die zu wenig von Pferden verstehen und die ihnen dennoch in Liebe und Begeisterung verfallen sind.

Die großen, die internationalen Reitturniere sind ein Showgeschäft geworden. Pferdefreunde und Reitervereine können ohne professionelle Helfer, die Sportagenturen, kein Turnier mehr veranstalten. Agenturen aber verdienen daran. Der Sport ist auf dem Wege, zum Objekt der Manager zu werden. Und wenn das passiert, wenn die gut verkäufliche Show den Sport überwuchert, dann haben unsere jungen Reiter – und unsere jungen Pferde – in den eigens für sie eingerichteten Prüfungen auf den Großturnieren, die Zuschauermassen und das Fernsehen anziehen, nichts mehr zu suchen, dann können sie nicht mehr vor der großen, der internationalen Öffentlichkeit erscheinen. Und die Freude an dem Eifer und der Passion des Nachwuchses geht verloren. Heute ist in komplizierten Verträgen, in öffentlichen und geheimen Abmachungen, festgelegt, was ein Geldgeber, was der Sponsor auf dem Turnier für Gegenleistungen zu erwarten hat. Die Pferde und ihre Leistungen tragen seine Werbebotschaften. Es geht wohl nicht anders, und im übrigen, zu allen Zeiten ist mit der Reiterei Geld verdient worden. Die großen Reitmeister der Geschichte waren auch Berufsreiter. Nur wenn jenes Wort umgeht, das kein Reiter geprägt hat: «Wenn es um finanziellen Gewinn geht, muß der Sport hinter der Ökonomie zurückstehen», dann kommt die Frage wieder auf: Reiterei – quo vadis?

Die Frage, wohin die Reiterei sich wenden wird, gilt aber nicht nur den Größen des professionellen Sports, nicht nur den Stolzen und Edlen, sondern ebenso auch der allgemeinen Reiterei. Vielleicht verändert sich die Einstellung der Menschen ganz allgemein gegenüber einem Tier, das sie seit Jahrtausenden begleitet hat und ihnen dienstbar war, wenn sie seiner nicht mehr bedürfen. Vielleicht hat die Technik das Bewußtsein so weit verändert, daß das

Gefühl für den Umgang mit dem lebendigen Wesen verlorengeht. Ein technisches Gerät kann man ausschalten und wegstellen. Ein technisches Gerät ist spezialisiert auf eine besondere Funktion. So kann man doch auch Pferde spezialisieren, und zwar von Anfang an, nach den Begabungen und Neigungen der Reiter. Ein Vater befindet dann: Für die Tochter ein Dressurpferd, für den Sohn ein Springpferd. Und was anderes brauchen die Kinder dann nicht mehr zu lernen. Solche Spezialisierung ist bei den Ponyreitern schon heute zu beobachten.

Einst war die Erziehung und Ausbildung eines Pferdes für Menschen überlebenswichtig, und sie mußte durch eigenen, persönlichen Einsatz geleistet werden. Heute kann man das alles kaufen. So können leicht jahrhundertealte Erfahrungen versanden. Über die praktischen Wege der Reitlehre, über das simple Sich-behaupten auf dem Pferderücken hinaus, muß doch schließlich ein Vorstoß zum Kern möglich sein, zum geistigen Hintergrund der Verbundenheit mit dem Pferd. Und das muß eben nicht auf höchstem Niveau stattfinden, in Piaffen und Passagen. Die Qualität der Reiterei muß nach der Harmonie zwischen Reiter und Pferd beurteilt werden und nach ihrem äußeren Ausdruck. Die Voraussetzung dafür ist aber, einander verstehen und sich miteinander verständigen zu können.

In der Geschichte konnte man oft den Kulturstand eines Volkes danach beurteilen, wie es mit seinen Pferden umging. Ein historischer Rückblick offenbart für uns Heutige manche Überraschung und auch manches, was für die Gegenwart und die Zukunft von Bedeutung sein kann.

Der Umgang mit Pferden war eine kulturelle Erscheinungsform im Leben der Völker. Reiterei war eine Kunst, der im Kulturleben der Platz eingeräumt wurde, der auch den schönen Künsten zukam. Doch waren die Zeiten der Hochblüte der Reitkunst eben zugleich auch die Zeiten des unbekümmerten Verbrauchs von Pferden im Kriegs- und Arbeitsdienst. Die Reiterei ist zu allen Zeiten ein Spiegel ihrer Zeit gewesen.

Was wir als «klassische Reitkunst» bezeichnen, wurzelt in der Antike. Hat doch schon 400 Jahre v. Chr. ein griechischer Feldherr Treffendes, Richtiges, eben Klassisches über die Reiterei und die Ausbildung von Pferden geschrieben. Xenophon hätte die augenfälligsten Illustrationen für seine Schrift *Peri Hippikaes* am Parthenontempel, dem Heiligtum der jungfräulichen Athene, finden können. Bildwerke, Reliefs, vor denen wir heute bewundernd stehen. Sie zogen sich einst als breites Band um den 477 bis 432 v. Chr. von Iktinos und Kallikrates errichteten Tempel und zeigten den Panathenäenzug der griechischen Jünglinge zu Pferde. Keines dieser Pferde trabt, alle gehen sie im Galopp. In Einzelheiten dieser Darstellung erblicken viele heute noch das Ideal des Sitzes «im Pferd» und der Versammlung des Pferdes unter dem Reiter. Die erhaltenen Teile dieses Frieses sind heute im Britischen Museum in London zu bewundern. Zwi-

Oben: Kaiser Leopold I. (1658–1705) erließ im ersten Jahr seiner Regierung, am 7. Dezember 1658, eine Gestütsordnung mit Zuchtvorschriften für das Hofgestüt Lipizza. Ihre strikte Einhaltung erhielt die Lipizzanerrasse in Reinzucht bis heute. Der zeitgenössische Stich von Cornelius van Dahn zeigt den Kaiser auf einem Lipizzaner.

Ganz oben: Kaiser Karl V. am Abend der Schlacht bei Mühlberg (24. 4. 1547), als er den sächsischen Kurfürsten Johann Friedrich I. geschlagen und gefangengenommen hatte. Eines der bedeutendsten Bilder der Renaissance, der Zeit der Wiedergeburt der Antike. Der Kaiser sitzt im Feldharnisch wie selbstverständlich zu Pferd, das nur eine leichte Tuchrüstung und kleine Roßstirn trägt. Die Einheit von Roß und Reiter wirkt unwiderstehlich. (Tiziano Vecellio, 1477–1576, Prado, Madrid)

Als die Not am größten
in tödlicher Umklammerung des Eises,
unter tödlicher Drohung der Feinde,
waren Pferde die letzte Rettung.
Doch zahlten viele mit ihrem Leben.

Oben: Ostpreußen 1945. Flucht über das vereiste Haff. Zuchtstuten schleppen in Hunger und Kälte die Treckwagen mit der letzten Habe der Bauern in einem schauerlichen Wettrennen mit der vorstoßenden Sowjetarmee. Die vermutlich härteste Leistungsprüfung, die Pferden je auferlegt wurde, haben viele nicht überstanden. Aber wie vielen Menschen hat letztlich die Treue ihrer Pferde das Leben gerettet.

schen 1803 und 1812 wurden sie von einem schottischen Adligen, Thomas Bruce, Earl of Elgin and Kingardine (1766–1841), nach England gebracht. So kennt die Kunstwelt sie heute als «The Elgin Marbles». Diese Plastiken beweisen, auf welch hoher Stufe die Reitkunst der Griechen gestanden hat. Und Xenophons Bücher sind der andere Beweis. Dieser Mann war ein Schüler des Sokrates und schrieb in reinem, attischem Griechisch. Von ihm erfuhr die Reiterwelt zum ersten Mal etwas über die Einfühlung in das Wesen des Pferdes, über die Ausnutzung seiner Instinkte. Er lehrte die Erziehung des Tieres durch gute Behandlung, durch Vermeidung des Zwanges. Einer von Xenophons Lehrsätzen gehört auch heute noch zu den wichtigsten: «Wenn das Pferd den Nacken hebt, mußt du sogleich mit dem Zügel nachgeben. Denn wenn sich das Pferd durch das Gebiß belästigt fühlt, bekommt es gespannte Tritte. Gibst du aber mit dem Zügel nach, so wird es dich in stolzer Haltung tragen.» Und eines der Zitate aus seinen Schriften ist so treffend, so logisch und dabei so poetisch, daß man es besser auch den heutigen Reitern nicht sagen kann: «Ein Tänzer, der mit Peitsche und Stachel zum Umherspringen gezwungen wird, ist auch nicht schöner als ein Pferd, das gleichermaßen behandelt wird.»

Im Römischen Reich verflachte die Reitkultur der Griechen. Wir erkennen das auch in Bild-

Oben: Letzte Rettung: das Pferd. Was hilft, wenn alle moderne Technik versagt? Wie der Kriegsfurie entkommen, wenn kein Motor mehr geht? Wie den Weg finden zwischen zerschossenen Panzern und zerdroschenem Kriegsgerät? Ein Pferd zieht das Fluchtgefährt der Menschen auf dem Balkan, 1997.

werken und Monumenten. Die Römer waren keine guten Reiter.

Im Mittelalter war es um die Reiterei schlecht bestellt. Zur sogenannten Ritterzeit begannen Roß und Reisige sich schwer zu panzern. Schwere Pferde mußten die eisernen Rüstungen schleppen, und wie sollten sie da noch lebendig und beweglich sein? Was war das Pferd zu jener Zeit? Ein Panzer, eine Kriegsmaschine, ein lebender Tank. Der Reiter stand, selbst schwer gepanzert, mit weggestreckten Beinen in seinem hochlehnigen Stehsattel und konnte den Pferdeleib mit dem Schenkel gar nicht erreichen, nur mit den langen Sporenspießen, und bremsen konnte er den Koloß unter dem Sattel nur mit der langen Hebelkandare. Wie müssen die Ritterfäuste in den armen Pferdemäulern gewütet haben! Nein, mit der Reiterei der Ritterzeit war wirklich kein Staat zu machen.

Erst im 15. Jahrhundert, im italienischen Quattrocento, bahnte sich die Wiedergeburt der Antike an. Wir wissen, besonders durch die Gemälde von Paolo Uccello, wie die Florentiner um die Mitte des 15. Jahrhunderts ritten. Die krampfhafte Handreiterei wird gelöst, die schlimmsten Zeiten der Reiterei sind vorbei. Und dann bringt die Zeit der Renaissance die Entwicklung großer Reitkunst, bringt das erste wegweisende Werk eines Reitmeisters, Frederico Griso, mit seinen *Ordini die Cavalcare*

Oben: Pferde überall auf der Welt. Freunde und Freude des Menschen. Auch heute, im Atomzeitalter, sind sie noch unsere Begleiter. Oft sind sie auch heute noch unsere Helfer, als Hirtenpferde oder als Transport in unwegsamem Gelände, als Sportkameraden oder einfach als Gefährten unserer Freizeit. Die Edelsten erfreuen sich der besonderen Aufmerksamkeit und Liebe. Eine Araberherde im australischen Busch.

(1550). Eine Reihe großer Könner mit eigenen und manchmal auch eigenartigen Ideen führte die Reiterei auf manchen Irrweg. Der Herzog von Newcastle lehrte, das Pferd müsse auf den inneren Zügel geritten werden und der Reiter solle nicht auf seinem Gesäß, sondern auf dem Spalt sitzen. Und so mancher mag zu jener Zeit auch schon gefragt haben: Reiterei – quo vadis? – wenn das Ziel nur Pracht und Dekoration ist?

Viele Reitmeister haben im Zeitalter des Barock wieder rechte Wege gewiesen, haben die Natur des Pferdes studiert und versucht, ihr mehr gerecht zu werden als sie zu unterwerfen. François Robichon de la Guérinière lehrte als erster, daß Gehorsam nur nach der Losgelassenheit kommen kann. Als schließlich die Zerbrechlichkeit des Rokoko an der Begeisterung für die Antike, am Klassizismus, zerbrach, als Mozart mit dem *Don Giovanni* und der *Zauberflöte* der Musik des Rokoko den Garaus machte, da räumte die Aufklärung auch mit den alten Werten der nur dekorativen Reiterei auf.

Es gab noch manche Verirrung auf dem langen Weg der Reiterei bis in unsere Zeit. Etwa wenn der Königsberger Stallmeister Seidler lehrte: «Was wir in der Bewegung erlangt haben, vervollkommnen wir im Stillstehen», oder «Beim Landen nach dem Sprunge muß man das Pferd mit den Zügeln in die Höhe richten, damit es nicht zusammenstürze». Große Könner jedoch führten immer wieder auf den rechten Weg zurück. In manch heutiger Reitbahn ist Stallmeister Steinbrechts wichtigstes Wort aus seinem Buch *Das Gymnasium des Pferdes* aus der zweiten Hälfte des 19. Jahrhunderts an die Wand geschrieben: «Richte dein Pferd gerade und reite es vorwärts!» Wie manchem Reiter auf einem drei- oder vierjährigen Pferd möchte man mit Steinbrecht zurufen: «Die meisten jungen Pferde werden durch zu frühes Reiten von Seitengängen verdorben.»

Wenn heute die Freizeitreiterei den Turniersport zu etwas mahnen kann, dann zu mehr Respekt vor der Natur des Pferdes, zu noch genauerem Einhalten der körperlichen und psychischen Grenzen des Tieres. Der Freizeitreiter muß im Sattel deutlich unter den Grenzen des Leistungswillens und des Leistungsvermögens seines Pferdes bleiben, an die sich der Hochleistungsreiter immer wieder herantastet, ja oft-

Was nützen all die Pferdedenkmäler?
Wenn jeder einzelne von denen, die mit uns umgehen, gelernt hat,
uns richtig zu füttern, zu pflegen, zu gebrauchen und zu erhalten,
und die täglichen unnützen Quälereien zu vermeiden,
dann haben uns die Menschen das schönste Denkmal gesetzt.

So spricht das Pferd ‹*Altgold*› in dem gleichnamigen Buch von Gustav Rau.

mals in der Versuchung ist, sie zu überschreiten. Ein wenig öfter und ein wenig deutlicher unter dieser Grenze zu bleiben, das ist das Rezept für weniger überforderte, für zufriedenere Pferde.

O nein, wir wollen unsere Pferde nicht in Watte packen. Wir dürfen sie fordern zur Leistung. Gerade das hält sie gesünder als die verhätschelten, denen man jede Kälte, jeden Regen, jede Hitze und gar noch jede Bewegung ersparen möchte. Wir dürfen sie fordern zum Gehorsam, wenn wir uns durch Geduld und Verständnis das Recht des «Leittieres» erworben haben. Aber wir müssen begreifen, daß Grobheit nicht zum Ziel führt, sondern nur ein fein abgestimmtes Wechselspiel zwischen Abschmeicheln und Abfordern, zwischen viel Lob und wenig Strafe. Und wir müssen ihre Art und ihre Reaktionen verstehen lernen. Wir dürfen nicht vergessen, daß sie Pferde sind. Und Freude an den Pferden ist nur möglich, wenn wir sie Pferde sein lassen. Das ist vielleicht die schönste Aufgabe, die Pferde in ihrer langen Geschichte hatten: Menschen in eine Schule zu nehmen, in eine lange Schule der Selbsterkenntnis, der Geduld, der Toleranz und der Achtung vor der Kreatur. Die Geschichte der Menschen lag zu einem großen Teil auf dem Rücken der Pferde. Nun sind sie unser Erbe, das zu bewahren wir uns verpflichtet fühlen sollten. Wir haben ihre Dienste noch nicht vergolten, und wir haben wohl auch viel gutzumachen an ihnen.

Reiten lernen, unter Schweiß, Schmerzen und manchmal Tränen, das gehört zu den Pflichten des Menschen, der ein Reiter sein will, und auch wenn er nur spazierenreiten will. Mit Pferden reitergerecht umgehen, auch das muß gelernt werden. Pferde wirklich zu verstehen, aus den Kategorien des menschlichen Verstandes herabzusteigen in die Instinktwelt des Tieres und das Erfühlte mit dem Verstand wirksam werden zu lassen, das bedarf eines längeren Weges der Erfahrung.

Erhebendes und Erschütterndes umfaßt das Pferdeleben. Und Mitleid mit ihnen hat nie genützt. Die Menschen haben das Leben ihres treuesten Haustieres stets nur nach der Nützlichkeit beurteilt. Nun sind sie aller Kriegs- und Arbeitsdienste ledig. Nun überleben sie als Sport- und Freizeitkameraden. Das vieltausendjährige Zeitalter der Pferde in der Menschheitsgeschichte ist vergangen. Ist nun im beginnenden Zeitalter der Allherrschaft der Technik der Umgang mit diesem stolzen, sanftmütigen Tier eine – Gnadenfrist? Oder lehren sie uns etwas, was wir gerade heute in unserem Dasein mit Satellitennavigation und Genmanipulation dringender brauchen als je zuvor?

Vielleicht aber wird eines Tages das Reiten auf Pferden verboten, wie manche Tierschützer es heute schon wollen. Dann führt ihr Schicksal vielleicht in einige Naturreservate oder in die zoologischen Gärten – oder auf den Schlachthof.

Das Arsenal der Mittel zur Beherrschung des Pferdes war zu allen Zeiten umfangreich und ausgeklügelt. Heute reicht es bis zur chemischen und medizinischen Beeinflussung. Für die Pferde ist das der Weg in die Sklaverei – für den Menschen ein Zeichen der Schande. Wird die Natur des Pferdes vergewaltigt, verliert sie ihren durch nichts zu ersetzenden Glanz. Wer diesem stolzen Geschöpf seinen Adel nimmt, es zum Sklaven macht, degradiert sich selbst als Mensch. Die gebändigte Kraft aber, die von ihrem Adel nichts eingebüßt hat, ist ein lebendiges, bewegtes Kunstwerk, wenn es auch nur für den Augen-

Oben: Es ist mehrfach gesagt worden in diesem Buch: Menschen und Pferde können einander sehr nah sein, wenn sie sich verstehen und verständigen können – und wenn daraus Vertrauen wächst.

Folgende Doppelseite: Bei den Züchtern der Welt wächst Jahr für Jahr neues Leben heran. Das vieltausendjährige Zeitalter der Pferde in der Menschheitsgeschichte ist vergangen. Die Liebe dauert fort. Munter, keck und voller Lebensmut ein Fohlen, das die Erde nicht berührt, neben seiner Mutter. Was für ein Schicksal steht ihm bevor?

Links: Weite und Freiheit kann der Mensch erfahren als ein Geschenk der Pferde. Zu Pferd steigen zu dürfen, ob es ein Vollblüter ist oder ein Islandpferd, ist immer ein Geschenk.

blick Bestand hat, wenn es auch verklingt – wie ein Akkord in der Musik.

Vielleicht befinden wir uns aber doch auf dem Weg zu einer Erneuerung unserer Beziehungen zur Natur. So wie das Verständnis für den Schutz unserer Umwelt zu wachsen scheint, so wie wir langsam beginnen, der technischen Zerstörung der natürlichen Welt Einhalt zu gebieten, so könnten wir auch der Versklavung eines Geschöpfes wehren, das über Jahrhunderte der Menschheit vieles geleistet hat, was später die industrielle Technik übernahm.

Ist heute nicht die Zeit, in der wir nicht mehr fragen können, was das Pferd für uns tun muß, sondern fragen müssen, was wir für das Pferd tun können? Heute, wo die Achtung vor den Menschen ohne Ansehen von Rasse und Religion sich Bahn brechen soll, wo die Toleranz unter Menschen im dichten Zusammenleben immer nötiger wird, sind jene Lehren wichtiger denn je, die schon das Kind, die jeder Reitanfänger im Umgang mit Pferden in sich aufnehmen muß. Ein Wesen zu leiten, das so viel stärker ist als man selbst, ist erzieherisch. Selbstvertrauen zu gewinnen durch Erfolgserlebnisse, die einem zuerst unmöglich schienen, das ist so wichtig wie die Gewinnung von Zucht, Maß und Vernunft, ohne die das Reiten nicht möglich ist. Der Umgang mit einem Wesen, das unbestechlich ist, bei aller Wildheit des Sinnes doch sanft, nie schmeichlerisch oder unterwürfig, das seinen eigenen Stolz hat, das mutig ist nur durch Vertrauen zum Menschen, das ängstlich ist, wo es die Angst anderer verspürt, das Fehler wohl verzeiht, sie aber nie unerkannt läßt, nimmt den Menschen in eine Schule, in der er auch für sein Leben unter seinesgleichen viel gewinnen kann, weit über die Fertigkeiten im Sattel hinaus.

Freude mit Pferden, die Seligkeit des Pa-dabam im Galopp, ist für jeden erreichbar. Es braucht keine Meisterschaft im Sattel, um sie zu verspüren. Auf dem Wege dahin, abseits vom Ehrgeiz nach sportlichen Erfolgen, bieten sich viele Kostbarkeiten. Auch fern von Zuschauern heißt Reiten: Herr sein, zunächst über sich selbst, und dann erst – und dadurch – über das Tier, den Raum, die Welt. Das Pferd lehrt es jeden, der den Fuß in den Bügel setzt.

MEIN KÖNIGREICH FÜR EIN PFERD …

… so schloß das erste Buch, das ich geschrieben habe, «Das Königreich des Pferdes», vor fast dreißig Jahren. Damals wie heute habe ich vielen Menschen zu danken, die mir geholfen haben. Menschen und, natürlich, Pferden.

Dieses Buch ist voll von Erinnerungen, aus denen ich lernte – und nicht aufhöre zu lernen. Wer älter wird, schaut öfter zurück als in der Jugend. Und mir blieb die früh gelernte Mahnung: «Wer keine Vergangenheit haben will, der hat auch keine Zukunft.» (Wilhelm v. Humboldt).

Mir blieb die lebenslange Passion für die Pferde, die mir den Blick nicht verengt, sondern erweitert hat. Diese Leidenschaft teilte ich mit einem Mann, den wir während der Arbeit an diesem Buch vermißt haben, Emil Martin Bührer, Gestalter des «Königreichs des Pferdes». Von ihm stammte die Idee des «Pa-da-bam», die nun, lange nach seinem Tod, ohne ihn, so gut es ging, verwirklicht worden ist.

Oben: Siegel König Richards III. von England (1452–1485), den Shakespeare in der Schlacht bei Bosworth ausrufen läßt: «Ein Pferd, ein Pferd, mein Königreich für ein Pferd!»
Bis auf den heutigen Tag gibt es Menschen, bei denen es – in anderem Sinne – heißt: Alles, was ich habe, alles, was ich bin und was ich kann – für ein Pferd.

REGISTER

Die Pferdenamen sind in kursiver Schrift aufgeführt.

BILDNACHWEIS

Autor und Verlag danken ganz besonders dem Verlag C. J. Bucher, München, der im Jahre 1969 mit Hans-Heinrich Isenbart und Emil M. Bührer «Das Königreich des Pferdes» realisierte und daraus zur Verfügung stellte: Vorsatz und die Seiten 12, 33–35 (Illustrationen von Walter Linsenmaier), 52/53.

Die Zeichnungen der Seiten 37–44: Jan Sovák, Calgary

American Warmblood Registry: 50 oben links
Anthony-Verlag (Werner Curth): 162
Götz Balonier: 160 Mitte, 176 unten links
Otmar Baumli: 74, 78 unten
Bibliothèque Nationale, Paris: 172 oben links
Gabriele Boiselle: 6/7, 10, 16, 21, 24, 25, 29, 30, 31, 54, 55, 56, 61 oben u. Mitte, 62 unten, 63, 71 oben, 86 oben, 106, 107, 108 oben links u. oben rechts, 111 oben, 119 oben rechts, 120/121, 123 unten, 128/129, 142/143, 150, 151, 152 oben, 155, 163 Mitte rechts, 198, 202/203
Felix Bühler's Horseland, Muhen: 108 unten
Lisbeth Bührer: 40 oben, 82, 83
British Museum, London: 194 oben
Deutsches Jagdmuseum, München: 157 Mitte
Deutsches Pferdemuseum, Verden: 71 unten
Hans D. Dossenbach: 2, 8/9, 14, 15, 18/19, 22, 26/27, 37 oben, 38 oben, 39 oben, 41 oben, 42 oben, 44 oben, 45, 47 oben, 48 oben links, 49 unten rechts, 51, 61 unten, 62 oben, 64, 66, 67, 68, 69, 70, 75, 76/77, 78 oben, 79, 80 links, 86 links, 87, 88, 89 oben u. Mitte, 90 unten, 92, 93, 94, 95, 103, 112, 114, 115, 116/117, 118, 127 rechts, 130, 131, 132, 133 Mitte u. unten, 134, 135, 136 oben u. unten rechts, 137, 138/139, 140, 141 oben u. Mitte links, 144, 176 oben, 177 oben links
Monika Dossenbach: 36 links, 46 oben links, 49 oben links, 65, 89 unten, 90 links u. oben, 97 rechts, 104/105, 126, 133 oben, 136 links unten, 141 unten u. Mitte rechts, 199, 200/201
Dukas / Sipa (Sama): 197
Wolfgang Ebert: 122, 123 oben
EMB Archiv: 195 oben links
Werner Ernst: 43 oben, 57, 96, 98/99, 102, 152 unten, 153, 192
Feldschlösschen Rheinfelden: 119 mittlere Spalte oben u. Mitte
‹Die Förderer› Landshut (Winfried Moser): 170/171, 172 unten, 173 links
Hackney Horse Society, Warminster: 46 unten
Hisae Immai: 5
Thomas Hoffmann: 176/177 unten
Kit Houghton: 13, 50 unten, 154, 178 Mitte u. unten, 179
Andreas Hutter: 124 links, 158
Hans-Heinrich Isenbart: 161 unten, 180 links, 187 oben, 188, 189, Archiv: 101, 143 rechts
Max Jacoby: 110
Jomm Ranches: 145 oben
Jacob Melissen: 48 oben Mitte
Veronika Mesarosch: 125
Mirror Syndication International: 149
Motovun Tokyo (JTB): 174, 175
MVG Archiv: 11 rechts, 20, 23 rechts, 36 rechts, 46 oben rechts, 49 oben rechts u. unten links, 60 links, 137 ganz oben, 148 oben, 159 oben rechts, 160 oben u. unten, 161 oben, 163 unten, 167 oben, 169 rechts, 173 rechts, 178 oben, 190/191 (Kurt J. Mrkwicka), 193 Mitte, 194 unten, 196 links
Vic Novas: 204
Hannes Opitz: 163 oben rechts
Österreichische Nationalbibliothek, Wien: 195 unten rechts
Fritz Peyer: 156
Prado, Madrid: 195 oben rechts
Hans-Jörg Ratjen: 146, 147
Reuters SA: 187 unten rechts
RSPCA Photolibrary (Nigel Rolstone): 166 links, 167 unten
Straßeninspektorat Luzern: 108 Mitte links
Studio MAK: 58/59, 113
Sutter / Explorer: 109 (Ken Stralton), 168 (R. Rosenthal)
Sutter (J.-M. Labat & Y. Arthus-Bertrand): 177 rechts oben u. rechts unten
Swedish Warmblood Association: 48 oben rechts
Jacques Toffi: 180 rechts, 184/185, 186 unten, 186/187 unten
Roberto Topatigh: 72, 73, 81
Trakehner-Verband (Beate Langels): 47 unten
VIVA AG: 181, 182/183, 186 oben
Zentralbibliothek, Luzern: 4, 32, 159 linke Spalte u. unten, 164, 165, 196 Mitte, 205
Thomas Zimmermann: 148 unten

Autor und Verlag danken allen öffentlichen und privaten Leihgebern und Archiven für die Bereitstellung von Bildmaterial. Trotz intensiver Recherchearbeiten konnte für einige Abbildungen der Verbleib der Urheberrechte nicht eindeutig geklärt werden, wofür wir um Verständnis bitten.

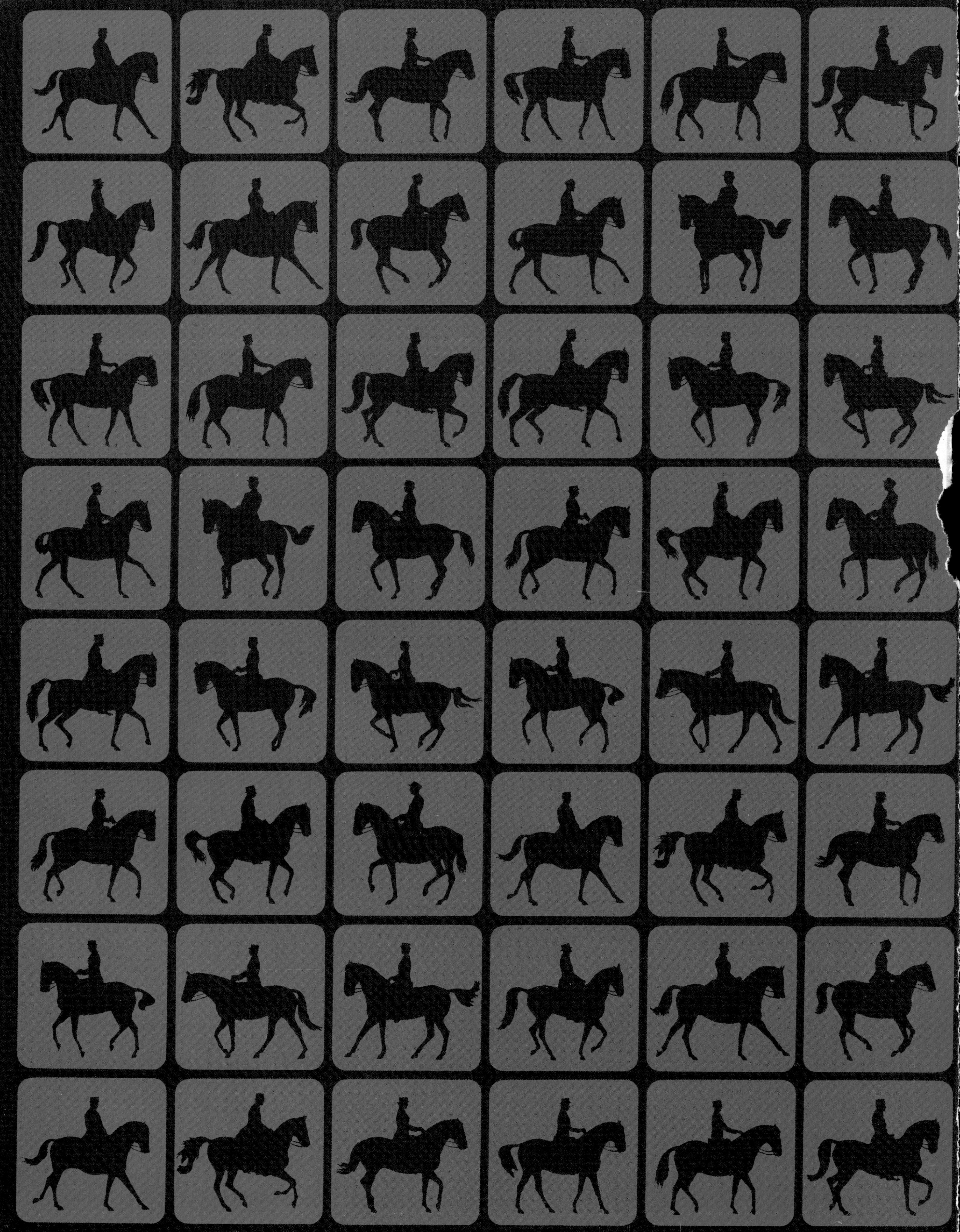